GOLDMANN **SCHOTT**

Der Autor

Leonard Bernstein, geboren in Lawrence (Mass.), 25. 8. 1918, studierte an der Harvard-Universität (bei W. Piston) und dem Curtis Institut in Philadelphia (bei F. Reiner und R. Thompson). Er ist einer der wenigen anerkannten Komponisten und Dirigenten, die ausschließlich in den USA ausgebildet wurden. Von 1956 bis 1971 war er Chefdirigent des New York Philharmonic Symphony Orchestra. Er komponierte Chor- und Orchesterwerke sowie mehrere Musicals. Seine drei Symphonien sind: JEREMIAS, DAS ZEITALTER DER ANGST und CADDISCH (Uraufführung 1963 in Tel Aviv). Musicals: ON THE TOWN (1949), WONDERFUL TOWN (1951), WEST SIDE STORY (1957) und OPUS ONE (1974).

Weitere Bücher des Autors in der Goldmann-Schott-Musikreihe:

»Von der unendlichen Vielfalt der Musik« (Nr. 33008)
»Musik – Die offene Frage« (Vorlesungen an der Harvard-Universität) (Nr. 33052)
»Freude an der Musik« (Nr. 33051)

LEONARD BERNSTEIN

Erkenntnisse

Wilhelm Goldmann Verlag

Musikverlag B. SCHOTT'S Söhne

Im Text ungekürzte Ausgabe
Aus dem Amerikanischen von Peter Weiser
Titel der Originalausgabe: Findings
Originalverlag: Simon and Schuster, Inc., New York

Made in Germany · 1. Auflage · 4/86
© der deutschsprachigen Taschenbuchausgabe 1986 beim
Wilhelm Goldmann Verlag
© der englischsprachigen Originalausgabe 1982, 1983 bei Leonard Bernstein
© der vom Autor autorisierten deutschsprachigen Hardcoverausgabe:
Albrecht Knaus Verlag GmbH, München und Hamburg, 1983
Umschlaggestaltung: Design Team, München
Umschlagfoto: Siegfried Lauterwasser
Druck: Presse-Druck Augsburg
Verlagsnummer: 33121
Lektorat: Gerda Weiss. Herstellung: Gisela Ernst
ISBN 3-442-33121-8

Inhalt

IV. *Die Jahre seit 1969*

Vorwort des Autors

Heute ist mein vierundsechzigster Geburtstag und für mich die Gelegenheit, mit dieser Einführung schriftlich festgehaltene Beobachtungen aus einem halben Jahrhundert abzurunden. Der gravitätisch-ernste Ton des ersten Stückes dieser Sammlung meiner Schriften läßt mich vermuten, daß ich es als Vierzehnjähriger schrieb. Es freut mich eigentlich, daß die Worte, die ich jetzt niederschreibe, rund fünfzig Jahre später entstehen. Ich habe runde Zahlen gern. Sie geben einem das tröstliche Gefühl, etwas erreicht, ja etwas vollbracht zu haben.

Ich habe gemischte Gefühle, wenn ich diese Sammlung noch einmal durchsehe, ehe sie in Druck geht. Zunächst einmal wünschte ich natürlich, ich wäre ein besserer Autor gewesen. Immer schon habe ich Worte genauso geliebt wie Noten und in beiden den gleichen Gefallen an Mehrdeutigkeit, an ihren innewohnenden Überraschungen, an anagrammatischen Verspieltheiten, an Anmut des Ausdrucks gefunden. Hätte ich bloß die Fähigkeit, all das umzusetzen – die Kunst eines Nabokov, eines Merrill, eines Auden ... aber man muß Tatsachen zur Kenntnis nehmen. Ich bin nun einmal kein Schriftsteller von Beruf. Ich habe nur mein Leben lang, weil ich es liebe, Worte aufgeschrieben. Und damit habe ich mich abgefunden.

Wenn auch Sie, geneigter Leser, sich damit abfänden, könnte dieses Vorwort bleiben, was es ist: ein Vorwort und keine Entschuldigung.

Meine gemischten Gefühle beinhalten auch eine gewisse

Art von Stolz auf manches, das ich während meiner Studienzeit geschrieben habe, besonders auf die Kritik über Cara Verson. Ich finde Vergnügen im Wiederlesen des Gedichtes über mein ganzes Urlaubsjahr, und besondere Freude macht mir heute noch die Rede vor den Studenten der Johns-Hopkins-Universität. Es rührt mich die Verehrung, die ich in meinen Schriften meinem Vater entgegenbringe und meinen musikalischen Vätern Copland und Koussevitzky (und meinen musikalischen Vorvätern Beethoven und Mahler).

Diese Schriften sind durchaus nicht als Memoiren gedacht. Sie sind tatsächlich eine Sammlung von *Erkenntnissen* – niedergeschriebene Gedanken und Gefühle aus der Jugendzeit, dem Erwachsensein und dem Älterwerden. Meine Memoiren muß ich erst schreiben. Das wird seine Zeit brauchen. Die gesamte Zeit, die mir, so Gott will, im Rest meiner Jahre verbleiben wird.

Was mich bei der letzten Durchsicht dieser Schriften am meisten frappierte, war das beklemmende Schweigen zwischen dem Tag meiner Promotion in Harvard (1939) und dem Ende des Zweiten Weltkriegs (1945). Ich habe in dieser Zeit so gut wie nichts geschrieben. Das erstaunt mich heute um so mehr, als damals nicht nur Krieg war, sondern der systematische Massenmord an Wehrlosen verübt wurde. Es waren für mich, wie für jeden, der damals erwachsen war, die traumatischsten, die grausamsten Lebensjahre.

Außerdem stelle ich mit der gleichen Überraschung fest, daß etwa gleich viele Schriften vom Judentum, das meine innere Heimat ist, Zeugnis ablegen wie von der Welt der Musik, die ich bewohne. Merkwürdig, daß ich dennoch nie den Drang verspürte, meine Gefühle während der Hitlerzeit festzuhalten. Vielleicht durchlebte ich dieselbe seelische Erschütterung, wie so viele andere, auch «wirkliche» Schriftsteller, sie durchlebten, und die dazu führte, daß man die Qual verdrängte und das innere Auge vor dem Umfang des Holocausts abwandte: nach ihm konnte die Welt nie mehr sein, was sie einmal war.

Ich schwieg auch über anderes. Über Hiroshima, einem weiteren traumatischen Weltereignis. Über das Phänomen eines Boulez, eines Stockhausen. Über die abscheuliche McCarthy-Zeit. Mir fällt ein herrlich treffendes Vorwort von Israel Zangwill ein: «Ich bedaure, daß dieses Buch nicht eine andre Art von Buch ist. Das nächste wird es sicherlich sein.»

Das nächste wird wirklich ein Buch anderer Art sein, obwohl mir dieses, trotz meiner gemischten Gefühle und obwohl ich's nicht erwartet hatte, im großen und ganzen gefällt. Mir gefällt die Summe der hier gesammelten Erkenntnisse, und ich bin allen, die ihr Zustandekommen ermöglicht haben, dankbar: meinem Freund und Manager Harry Kraut, der als erster den Einfall hatte; meiner ergebenen Sekretärin Helen Coates, die die Manuskripte und die Photographien fand; meinem (mehr als) Assistenten Craig Richard Nelson, der die Form erdachte, und meinem vortrefflichen Herausgeber Michael Korda.

Aber am dankbarsten bin ich meiner Mutter, der tapferen Jennie Bernstein, einer Frau mit Scharfblick und Charme, ohne die . . . und der ich die folgenden Blätter aufs liebevollste zueigne.

Leonard Bernstein, 25. August 1982

ERSTER TEIL

Jugendwerke

Die Bücher meines Vaters

Mein Vater ist ein sehr kompliziertes Wesen. Ein Mensch von schwankendem Gemüt und ungewöhnlichen Ansichten. Die rare Mischung von einem schlauen Geschäftsmann und einem Mann von glühender Frömmigkeit. Verbindungen dieser Art sind selten und gehen für gewöhnlich nicht Hand in Hand. Im Falle meines Vaters aber führe ich alle Erfolge, die er je erzielte, auf dieses sein zweites Tätigkeitsfeld zurück: auf die Beschäftigung mit seiner Religion.

Seine Bücher stehen im Einklang mit seiner Glaubenslehre und seinem Glaubensbekenntnis. Das Textbuch seines Lebens ist der Talmud. Der Talmud ist für ihn Leitfaden der Geschäftsmoral und Wegweiser durch das Wirtschaftsgefüge. So war es seit seiner frühesten Kindheit; er hatte nie einen anderen Lehrer. Für jedes geschäftliche Problem findet mein Vater im Talmud ein Gleichnis. Wer seine rechte Schreibtischlade öffnet, findet darin eine kleine Ausgabe der Bibel, abgenutzt vom täglichen Gebrauch.

Der Talmud ist meines Vaters Wegweiser zu sittlicher und gesellschaftlicher Moral. Wenn er eine Rede halten soll, beginnt er unweigerlich mit einem Talmud-Zitat. Er übergeht ihn auch nicht im täglichen Gespräch. Er ist sein unfehlbares Konversationslexikon. Er lebt nach dessen Grundsätzen und es tut ihm weh, wenn er sieht, daß andere anders leben.

Der Talmud ist seine ganze Lektüre. Er findet größeres Vergnügen an den vielen Geschichten, die der Illustration biblischer Feinheiten dienen, als an irgendeinem Roman. Die englischen Klassiker sind ihm unbekannt, weil er nicht den Wunsch verspürt, sie kennenzulernen. Er kennt kein einziges englisches Gedicht, weil ihm die Musik der talmudischen Prosa genug Zerstreuung bietet.

Warum stimmt das alles zusammen? Wie kann ihm der Talmud die ganze Literatur ersetzen? Weil erstens sein Verstand für das Studium des Talmuds wie geschaffen ist: sein wißbegieriges Wesen kann durch nichts gesättigt werden, das weniger pedantisch als der Talmud wäre. Weil zweitens der Talmud von solcher Vielfalt ist, daß er literarischen Stoff jedweder Art anzubieten hat. Und weil schließlich der Talmud seine geistige Nahrung war, seitdem er lesen konnte: er wurde ein Teil seiner selbst. Dank seiner unermüdlichen Beschäftigung mit dem Talmud ist auch sein Geschäft aufgeblüht: mein Vater ist eine Zierde seines Berufes – der lebende Beweis dafür, daß ein weiser Mann das Leben meistert, indem er Geistiges und Materielles in Einklang bringt.

Schularbeit für das Gymnasium in Boston, geschrieben am 11. Februar 1935

Der Spinner

Nie zuvor hatte ich in den acht langen Jahren meines Lebens eine derartige Angst gehabt. Die Frau rannte, wie nur eine Rasende rennen kann. Als ich sie zuerst bemerkte, war sie ein paar Meter vom Haupteingang der Anstalt entfernt: gespensterhaft war ihr Gesicht von schmutziggrauem Haar verdeckt, in ihrem verzweifelten Fluchtversuch reckten sich ihre Arme wie hilfesuchend nach vorne, ihre rechte Hand umklammerte einen Suppenschöpferstiel. Ihr weißer Kittel hatte sich geöffnet und ihre gewaltigen Brüste, die grausam auf sie einschlugen, als sie rannte, boten sich den Blicken der verblüfften Leute dar, die sich an der Straßenecke angesammelt hatten. Zwei üppige Pflegerinnen keuchten hinter ihr her, bemitleidenswert in ihrem Versuch, sie einzuholen. Hinter ihnen raste mit unglaublicher Geschwindigkeit ein Mann heran.

«Charlie!» schrie etwas in mir.

Charlie hatte die beiden Pflegerinnen wie der Blitz überholt und war der Frau, die am Ende ihrer Kräfte war, bereits auf den Fersen. Er fing sie auf, als sie taumelte und erschöpft hinfiel; sie blutete stark aus der Nase. Charlie löste seinen Griff, beugte sich über sie und redete sehr ruhig auf sie ein.

«Du darfst nicht davonlaufen, Bessie. Du gehörst hinein. Ich – ich bin kein Spinner. Aber du, ja; du spinnst. Du mußt drinnen bleiben, sonst tun sie dir weh. So wie du dir jetzt weh getan hast, weil du weggelaufen bist.

Wenn du nicht spinnen würdest, wär' das anders. Sie
würden dich herauslassen, wie mich. Aber du, Bessie, du
würdest dann nicht mehr zurückkommen. Stimmt's?
Deshalb lassen sie dich eben nicht heraus. Mich lassen
sie, weil ich – ich bin kein Spinner . . .»
Hochrot und schnaufend erreichten die beiden Pflegerinnen die zwei, kurz darauf kam ein Rettungswagen.
Die beiden hoben die bewußtlose Frau hinein und setz-
ten sich neben sie. Charlie verfolgte all das mit wachen
Augen und redete weiter halblaut und ganz normal vor
sich her: «Hundertmal hab' ich dir gesagt, daß du nicht
abhauen sollst . . .» Als der Rettungswagen zur Anstalt
zurückfuhr, lehnte sich eine der Pflegerinnen heraus
und lächelte ihn dankbar an. Charlies Gesicht öffnete
sich wie ein Fächer zu einem riesigen Lächeln. Aus seiner
Tasche zog er ein Päckchen Tabak hervor, strahlte die
Neugierigen an, die herumstanden, und drehte sich eine
Zigarette.

2

Charlie teilte mein Dasein, solange ich zurückdenken
kann. Er war von unbestimmbar fortgeschrittenem Alter, sehr mager, sehr stark. Durch ihn bekam ich zum ersten Mal ein Gefühl für den Begriff «dürr». Keiner von
uns wußte auch nur das Geringste über das Vorleben
dieses seltsamen Menschen mit den dünnen Strähnen
langer, weißer Haare; wir wußten nur, daß er seit Jahren
Insasse der Anstalt war, die auf dem Hügel über unserem Haus stand. Er gehörte zur kleinen, bevorzugten
Gruppe, die nachmittags den Anstaltsbereich verlassen

durfte. In dieser Zeit verdiente er sich in der Nachbarschaft mit Gelegenheitsarbeiten eine Art Taschengeld. Jeden Samstagnachmittag tauchte er bei uns in der Küche auf und putzte wie besessen die Wasserleitungsrohre hinter dem Herd. Das schien seine Lieblingsbeschäftigung zu sein. Rohre faszinierten ihn. Viel länger als nötig saß er auf dem warmen Fußboden neben dem Herd und putzte die metallenen Rohre, bis sie funkelten, als stünden ihnen Schweißperlen auf der Stirn. Während er putzte, bewegte sich die selbstgedrehte Zigarette beim Reden unaufhörlich auf und ab. Denn Charlie redete ohne Unterlaß. Mit sich selber.

Ich weiß nicht mehr, wann ich zum ersten Mal den Mut hatte, mich hinter der Tür zu verstecken und seinen Selbstgesprächen zuzuhören. Ich fand sie keineswegs komisch; ernst und aufmerksam lauschte ich jedem seiner Worte. Sehr bald entdeckte ich Charlies liebstes Selbstgesprächsthema: er lud sich selber als Gast zu einem Fest ein, das er demnächst zu geben beabsichtigte. Rückblickend grenzte das Vorstellungsvermögen dieses Mannes ans Wunderbare. Mein Mund wässerte geradezu, wenn er die lange Liste ausgesuchtester Delikatessen vortrug, mit denen er aufzuwarten gedachte. Seine Kunst im Tischdecken und sein Fingerspitzengefühl für erlesenen Tischschmuck hätten die meisterhafteste Gastgeberin vor Neid erblassen lassen. Zuletzt («damit ich nur ja keinen vergeß'») sagte er sich die mit größter Sorgfalt zusammengestellte Gästeliste auf, und dieses Thema hob sich Charlie jeweils für den Schluß seiner Selbstgespräche auf; wenn er es in allen seinen Details ausgekostet und somit erschöpft hatte, seufzte er glücklich und dennoch voll Bedauern: denn nun mußte er von seinen Rohren Abschied nehmen.

Eines Tages war er gerade am Ende eines seiner Selbstgespräche angelangt und eben dabei, ein neues Thema anzufangen, als ich mein Versteck verließ und hervortrat.

«Hallo», sagte Charlie überaus freundlich.

«Hallo», antwortete ich, von meiner Kühnheit entzückt.

«Bist du der Charlie?»

«Natürlich», sagte er, «aber ich bin kein Spinner.»

Ohne zu ahnen, was ein «Spinner» war, war ich von seiner Feststellung ungemein beeindruckt.

«Diese Rohre schauen so aus, als würden sie glitzern», sagte ich und hoffte, daß er mich auf eines seiner Feste einladen würde.

«Sie schauen so aus, *weil* sie glitzern», sagte er, todernst. «Rohre, die glitzern, könnte ich eine Ewigkeit lang anschauen. Du auch?»

«Ja», sagte ich etwas befangen. «Du hast lang an ihnen herumgeputzt.»

«Damit sie nicht schwarz und schmutzig werden, wenn ich weggehe.» Diese feierliche Erklärung habe ich nie vergessen. Irgendwie berührte sie mich tief. Ich verstehe jetzt, warum. Wenn ich an Turgenjews beiläufige Bemerkung über die Blätter an einem Baum denke, begreife ich, warum dieses inspirierte, ungebildete, brillante, kranke Gehirn fortwährend darauf bestand, anders zu sein als das seiner Mitmenschen. Ich begreife das Verlangen dieses einfachen, aber ungeheuer schöpferischen Gemüts nach einem Elfenbeinturm ganz für sich selbst. «Ich – ich bin kein Spinner!» war sein Eintritts-

und sein Abschiedsgruß, das erbarmungswürdige Motto seines ganzen Daseins.

Während einer der zahllosen Unterhaltungen, die wir von da an hatten, fragte ich, was er denn mit dem Geld anfinge, das er verdiente.

«Oh, ich hab' eine Menge Geld», sagte Charlie. «Tabak krieg' ich von *denen* da oben. Also geb' ich nichts aus. Ich spar' auf eine Schreibmaschine.»

Ich sah ihn bewundernd an. «Das muß fabelhaft sein, wenn man eine Schreibmaschine hat.»

Charlie sprang auf. «Ich geb' sie dir, wenn du sie willst», sagte er strahlend. «Nur muß ich sie hie und da benützen dürfen.»

«Warum?» fragte ich mit der selbstverständlichen Undankbarkeit eines achtjährigen Kindes.

«Damit ich nur ja keinen . . .» Er hielt inne. Dann sehr vorsichtig: «Hab' ich dir schon einmal von meinen Festen erzählt?»

Ich log: «Nein.»

«Nun – ich gebe Feste», sagte er.

Ich war störrisch.

«Warum willst du hie und da deine Schreibmaschine benützen?»

«Damit ich nur ja keinen vergeß'», sagte er und seine Augen spannten sich zu grimmigen Kreisen.

«Wo gibst du deine Feste?» fragte ich.

«Da oben in meinem Zimmer. Sie erlauben es mir. Sie vertrauen mir. Denn ich bin kein Spinner.»

3

Wochen später führte mich meine Mutter an einem Sonntagnachmittag ins Kino. Sie hatte Charlie sehr gern und nicht die mindesten Bedenken, ihn allein im Haus zu lassen.

Als wir wieder zurückkamen, sagte sie: «Schau nach, ob Charlie noch in der Küche ist.»

In der Küche war ich sprachlos vor Schreck. Charlie stand verzweifelt neben dem Herd. Hinter ihm rauschte ein Wasserfall.

Das Schauspiel war zu erstaunlich, um wirklich angst-einflößend zu sein. Als meine Sprachlosigkeit vergangen war, klang meine Stimme schrill. «Was ist los?»

Charlie schwieg. Die Arme hingen kraftlos an ihm herab, seine Schultern waren nach vorne eingesunken. In der rechten Hand hielt er einen Gegenstand. Ich besah das Ding und begriff mit einem Mal, was geschehen war. In seiner einfältigen Neugier hatte der bärenstarke Charlie das Rohrgewinde mit bloßen Händen aufge-schraubt. Das Wasser schoß aus dem Rohr, geradewegs auf die Füße des armen Kerls. Er war bis ans Schienbein patschnaß.

Innerhalb von fünf Minuten war alles vorüber. Ich hatte die Mutter herbeigebrüllt, sie sah die Bescherung und drehte den Haupthahn ab. Plötzlich hörte man nichts mehr außer den Schritten meiner Mutter, die langsam die Kellerstiege heraufkam. Charlie konnte nicht, wollte nicht sprechen. Die Mutter stand in der Tür.

«Wie ist das passiert?» fragte sie leise. Sie war blaß, aber eher aus Enttäuschung als vor Zorn.

Charlie blieb so still, daß es weh tat. Wir warteten. Aber er blieb still.

«Ich glaube, Sie können nicht mehr zu uns kommen», sagte meine Mutter.

Charlie schloß die Augen. Mir dämmerte zum ersten Mal, wie alt er war. Er legte das Rohrgewinde behutsam auf den Herdrand und huschte durch die überschwemmte Küche dem Hinterausgang zu. Dann hielt er sich plötzlich mit beiden Händen die Ohren zu und war verschwunden.

4

Als ich Charlie wiedersah, war er ein Held. Er hatte gerade eine Irre, die flüchten wollte, erwischt. Und soeben hatte ihn eine Pflegerin dankbar angeblickt. Er drehte sich eine Zigarette. Er sah sehr alt und sehr müde aus. Er schnappte nach Luft und seine Wangen waren purpurrot. Der rasende Lauf war für ihn zu viel gewesen. Plötzlich sah er mich und strahlte in stolzer, triumphierender Fröhlichkeit. Da stand er, abwechselnd nach Luft schnappend und grinsend, wie eine geisterhafte Gliederpuppe. Dann brannte er ein Streichholz an, um seine Zigarette anzuzünden, aber der Wind blies es aus.

Aufsatz für die Harvard University,
geschrieben am 20. März 1938

Neue Musik in Boston

Boston hat sich soeben von seinem zweiten Anfall von Prokofieff erholt. Dieser erstaunliche Mann beendete seine Amerika-Tournee in Boston; er dirigierte hier einen reinen Prokofieff-Abend mit dem Boston Symphony Orchestra. Dieser Abend unterschied sich eher vorteilhaft von jenem Prokofieff-Konzert, das im Januar von Koussevitzky dirigiert und in der vergangenen Nummer dieser Zeitschrift besprochen worden war.

Am brillanten Beginn dieses Abends stand eine Suite aus dem Ballett «Der Schut» – eine Musik, die den Begriff «Geschicklichkeit» bis aufs äußerste strapaziert. Es ist ein gut komponiertes Werk mit einem Schuß Genialität darin. Heutzutage ist man für jedes Stück Konzertmusik dankbar, dessen Finale sich beim Hinausgehen nachpfeifen läßt.

Im Lichte dieser Musik nahm sich das nachfolgende I. Klavierkonzert, vom Komponisten selbst gespielt, armselig aus. Wahrlich kein gutes Stück. Es hat eine Menge schwieriger und glänzender Läufe für das Klavier; man kann sie sogar hören, denn das Orchester ist nur bescheiden besetzt; aber die einzige wirkliche Melodie wird ausgewalzt (offenbar, weil sie in D-Dur steht), bis sie den Geist aufgibt; dem Stück fehlt der innere Zusammenhang, und es klang so schülerhaft, wie es tatsächlich ist. Als es vorüber war, fragte man sich: «Wozu?»

Aber dann machte Prokofieff alles wieder gut. «Peter und der Wolf», ein Märchen für Orchester, ist in seiner

Art ein Meisterwerk. Das Stück gibt vor, russischen Kindern die verschiedenen Orchesterinstrumente beibringen zu wollen, indem jedes in diesem Märchen vorkommende Tier (und es kommt eine Unmenge von Tieren darin vor) von einem bestimmten Instrument dargestellt wird, das seine Ente, seinen Vogel, seinen Wolf auf dessen verwirrender Wanderschaft begleitet. Außerdem gibt es einen Erzähler, der die Handlung vorantreibt – jedenfalls eine bessere Methode als die des Opernrezitativs. Und zumindest zerredet er die Sache nicht. Das Stück selbst zerfällt in viele kleine Stücke, die wundersam und wunderschön zusammenhängen. Die bestmögliche Schilderung des Werkes liegt in der kleinen Melodie, die zum kleinen Peter, dem Helden des Stückes, gehört.

Mit der zweiten Suite aus seinem Ballett «Romeo und Julia» beendete Prokofieff das Konzert. Das ist ein ernster zu nehmendes Werk, auch wenn es für eine Suite fast zu lang ist. Einiges darin ist von einer sehr seltsamen Schönheit – wohl auf Grund des Paradoxons, daß hier ein Komponist, außerstande, tragische Musik zu komponieren, Romeos Weh an Julias Grab in Tönen zu schildern versucht. Das ergibt eher sanfte Schwermut als unsagbares Weh, eher Bitterkeit als Weltschmerz; wer aber über die Handlung, die hinter dieser Musik steht, hinwegsehen konnte, war zweifellos imstande, das musikalisch Schöne zu genießen. Dennoch errang das Werk keinen eindeutigen Erfolg, denn Länge und Umfang lagen im Widerstreit mit dem musikalischen Stoff.

*

Eine sehr wichtige Uraufführung war die der I. Symphonie von Walter Piston, einem Komponisten, auf dessen großes handwerkliches Können man sich immer verlassen kann. An ungünstigen und einander widersprechenden Kritiken fehlte es nicht; einige fanden das Largo ungebührlich lang und uninteressant, andere waren der Meinung, dem Werk fehle jegliche innere Ausstrahlung. Wie auch immer (denn in Übergangszeiten wie diesen sind Urteile notwendigerweise immer sehr persönlich gefärbt): keiner vermochte die gekonnte Behandlung des Orchesters leugnen, den Einfallsreichtum bezüglich neuer instrumentaler Klangfarben, den untrüglich guten Geschmack, das makellose Ebenmaß der Struktur und das lyrische Feingefühl, dem Walter Piston auch früher nur selten untreu geworden ist.

*

Sonst gab es wenig zeitgenössische Musik zu hören, und wenn, so dankte man dies Serge Koussevitzky. Er führte Ravels selten gespielte «Scheherezade» auf, ein sehr reizvolles Triptychon für Sopran und Orchester. Olga Averino sang mit erstaunlicher Einfühlungsgabe und Klangschönheit.

Vor kurzem leitete Koussevitzky eine aufregende Wiedergabe von Florent Schmitts «49. Psalm» für Orchester, Orgel, Chor und Soli. Sonst wurden wir mit Pizzettis anregend gefälligem «Concerto dell' Estate» verwöhnt, sowie mit Malipieros II. Symphonie («Elegiaca»), die demnächst in New York zu hören sein wird.

Auch schlechte Musik begab sich. Unlängst hatten wir das Pech, das Cellokonzert eines gewissen Thomas de Hartmann (schon wieder ein frankophon gewordener Russe!) hören zu müssen. Musikalischer Unrat ohne Sinn und Zweck. Aber der Cellist, Paul Tortelier, das absolute Wunder eines Cellisten, einer jener seltenen Künstler, der «alles» besitzt – dabei sitzt er sonst im Orchester –, spielte seinen Part so fabelhaft, daß sich viele über den Wert des aufgeführten Stückes einer Täuschung hingaben.

Schließlich erwähne ich – lediglich aus Pflichtgefühl und nur sehr ungern –, daß der rumänische Gastdirigent Enescu ein Werk seines Landsmannes Alessandrescu zur Aufführung brachte: «Actaeon», ein symphonisches Gedicht von keinerlei Bedeutung.

Während der Studienzeit in Harvard 1937 geschrieben, in der Zeitschrift «Modern Music» veröffentlicht

Wahre Geschichte mit Moral

«CARA VERSON SPIELT REIN ZEITGENÖS-SISCHES PROGRAMM» stand im «Boston Sunday Herald». Ich war skeptisch, aber von einer freudigen Skepsis. Immerhin konnte es ja sein, daß Cara Verson eine Märtyrerin für die gute Sache der Verbreitung von Kunst um jeden Preis war. Aber ein zeitgenössisches Programm? Seltsam, daß eine Frau – vor allem eine Frau – die Kühnheit hatte, sich in einem von ihr gemieteten Konzertsaal an einen ebenfalls von ihr gemieteten Konzertflügel zu setzen, um ein Programm zu spielen, das – großzügig gerechnet – bestenfalls hundert Leute interessieren konnte. Ich zog folgenden Schluß: diese Frau war entweder sehr reich und leidenschaftlich darauf aus, öffentlich aufzutreten; oder sie war eine Märtyrerin; oder sie war eine schlechte Pianistin, die sich hinter einem unkontrollierbaren Programm versteckte und hoffte, daß man sie als Märtyrerin feiern würde, wie miserabel auch immer sie spielte; vielleicht aber war sie auch ein Trottel. Man muß wissen, daß Boston keine Stadt ist, mit der man spielen kann. Wenn Boston schlafen will, kann es sehr unangenehm werden, wenn man es mit Gewalt aufweckt. Das Temperament von Boston ist wie das Wetter dort: es macht einen schläfrig. Und vom vielen Schlafen ist Boston in seinen wachen Stunden in ungewöhnlich guter Form. Die Widerstandsfähigkeit dieser Stadt gegen Veränderungen und kulturellen Fortschritt ist phänomenal.

Als ich las, daß Cara Verson drauf und dran war, den

schlafenden Hund aufzuwecken, jauchzte ich geradezu vor Freude. Soviel ich wußte, hatte ein zeitgenössischer Klavierabend in Boston noch nie stattgefunden. Ich jauchzte geradezu, denn ich sah endlich eine Gelegenheit, daß dieser arme, alte Nabel der Welt gute, zeitgenössische Musik zu hören bekommen würde. Und außerdem jauchzte ich in der Vorfreude auf die Gesichter in der stinkfeinen fünften Reihe Parkett.

Es ging mir aber nicht nur ums Grundsätzliche. Cara Verson, wer immer sie sein mochte, hatte ein Programm von bestürzenden Proportionen ausgewählt. Es war lang, schwierig und vielfältig; es beinhaltete amerikanische Musik (was am bestürzendsten war); und beinahe jedes Werk war für die zeitgenössische Musik wirklich repräsentativ. Das Programm lautete:

Malipiero:	Masken, die vorüberziehen
Kodaly:	Epitaph
Castelnuovo-Tedesco:	Sonate
Rudhyar:	Sonate
	Die schaumgeborene Venus(!)
Verrall:	Vier Stücke
Copland:	Klaviervariationen
Szymanowski:	Scheherezade
Hindemith:	Pantomime

Das erfreulichste Stück in dieser langen Liste waren natürlich die Copland-Variationen.

Jedem, mit dem ich zu tun hatte, erzählte ich von dem bevorstehenden Ereignis. In jeder Unterhaltung, worum immer sie sich drehte, kauerte Cara Verson auf meinen Stimmbändern, bis sich mir endlich eine Gelegenheit bot, sie unauffällig loszuwerden. Ich war wirklich aufgeregt. Ich kaufte mir sogar eine Eintrittskarte.

Eine sonderbare Mischung von etwa fünfzig Leuten bevölkerte den Konzertsaal; sie nahmen sich wie bunte Fähnchen aus, die auf einer Landkarte exponierte Punkte zu markieren haben. Ich erkannte aufstrebende Komponisten, ein paar aufkeimende Klavierbegabungen, zwei Kritiker (ein dritter kam mit großer Lässigkeit eine halbe Stunde später), drei Dilettanten und mehrere Avantgardisten. Es herrschte eine merkwürdige, beinahe angespannte Stille; die einen blickten stolz und trotzig um sich, die anderen verschämt und schuldbewußt. Das übliche Konzerterlebnis, in der Menge unbeobachtet beobachten zu können, stellte sich nicht ein: jeder beobachtete jeden. Wie ein einziger Luftzug war die Leere des Saales zu spüren. Man hatte das Gefühl eines Balanceaktes im Wipfel eines Baumes, mit nichts als Luft rund um sich.

Ich murmelte düster vor mich hin. Wie erwartet hatte Boston weder Interesse noch Mut gehabt, hierherzukommen, um herauszufinden, worum es denn gehe. Ich murmelte düster vor mich hin, denn mein Traum von den Gesichtern in der stinkfeinen fünften Reihe Parkett war ausgeträumt. Die fünfte Reihe Parkett war leer.

Die Lichter verlöschten und die Programmhefte raschelten wie verrückt. Das übliche Konzertsaalgeräusch, für gewöhnlich undifferenziert und homogen, zerfiel diesmal in eine Reihe messerscharf getrennter, schmerzhaft hörbarer Einzelgeräusche. Gestenreich schlossen die Billeteure die Türen, und stille Bangigkeit stellte sich ein. Aus einer im Bühnenhintergrund geheimnisvoll sich öffnenden Tür kam eine lange Schleppe aus blauem Seidenflor nach vorn; sie wurde von einer alltäglich aussehenden Frau in mittleren Jahren gezogen; die Frau hatte kurzes, dauergewelltes Haar und an ihrem linken Ohr einen exotischen Ohrring. Sie war weder nervös noch über Gebühr gleichgültig; sie bewegte sich ihres Körpers sehr bewußt und mit Methode. Ihr Auftrittsapplaus erinnerte mich an das Geräusch ausgetrockneten Reisigs, auf das jemand tritt; sie verbeugte sich und setzte sich ans Klavier. Es gab ein längeres Vorspiel, während dem sie auf dem Flügel ein geeignetes Plätzchen für ihr Taschentuch suchte und zahllose kleine Seidenflorkrausen an Hals und Schultern zurechtnestelte. Mitten in einer dieser Bewegungen begann sie plötzlich zu spielen.

Ich muß zwar gestehen, daß ich «Masken, die vorüberziehen» nicht sehr gut kenne, aber ganz bestimmt hat Malipiero nicht vorgeschrieben, daß das Pedal von Anbeginn an niederzudrücken und bis zum Schluß in dieser Position zu belassen sei. Das Stück klang so, als würde irgend jemandes Nichte ein Scherzo von Chopin spielen. Außerdem war die arme Frau nicht in der Lage, das Klavier zum Klingen zu bringen. Ihr Steinway besaß einen donnernden Baß, und auf welche Art immer sie mit der Rechten in die Tasten drosch, sie konnte keine Balance zustande bringen. Es war also eher so, als würde irgend jemandes Nichte ein Scherzo von Chopin spielen, aber die rechte Hand weglassen. Oder, bestenfalls, bloß andeuten.

Bei Kodalys «Epitaph» sah ich einen Hoffnungsschimmer, denn das Stück war langsam und deshalb irgendwie deutlich. Aber dieser Schimmer verschwand mit kobold-

hafter Schnelligkeit, als Frau Verson die Sonate Castel-
nuovo-Tedescos begann. Die alten Fehler kamen wieder
zum Vorschein und neue stellten sich ein: Gedächtnis-
fehler und ein Mangel an Schattierungsvermögen, der
einem die Ohren mit einem Pfropfen aus ein und derselben Lautstärke verstopfte. Das peinvollste an der Sache
aber war der Umstand, daß die Pianistin zweifellos fin-
gerfertig und dadurch leichter in der Lage war, ihr Publikum hinters Licht zu führen. Die Zuhörer selbst befanden sich in einer eigentümlichen Situation: sie waren
offensichtlich unruhig, wagten aber nicht, ihre Plätze zu
verlassen, damit man ihnen nicht nachsagen könne, sie
hätten kein Verständnis für zeitgenössische Musik.

In einem weiteren verhängnisvollen Zwischenspiel wurden Rudhyar und Verrall von dieser erstaunlichen Person mit dem ihnen zugedachten Strafausmaß eigenhän-
dig gezüchtigt.

Dann zog Frau Verson seelenruhig und absichtsvoll am
Strang, der an der Glocke meines Argwohnes befestigt
war, und ließ die ersten vier Noten der Klaviervariationen Aaron Coplands los. «O Gott!» dachte ich. «La com-
media è finita.» Ich befand mich in einem schrecklichen
Irrtum. Sie hatte eben erst begonnen.

Man wird mir zwar keinen Glauben schenken, aber ich
muß trotzdem versuchen zu erzählen, was war. Frau
Verson fing mit dem Anfang an (was ich rückblickend
eigentlich selber kaum glauben kann). Sie spielte ungefähr die Hälfte des Themas und ließ in den Takten, die
sie spielte, ungefähr die Hälfte der Noten aus. Dann
folgte eine flüchtige Andeutung der ersten drei Variationen. Dann sprang sie behend auf Seite 12 über. Ein

paar Takte, dann ging's zurück zum Schluß der Variation VII. Dann Variation IX, die Frau Verson so spielte, als hätte man ihr Handschellen angelegt, dann ein Getröpfel aus den Variationen XVI bis XIX, dann eine rasende Schußfahrt zum Schluß, dann war es vorbei.

Mit dem letzten Akkord – bei dem sie im übrigen danebengriff, stürzte ich ins Freie.

«Dummkopf!» herrschte ich anderntags einen Musikkritiker an. «Wie kann man über einen so abscheulichen Betrug eine Kritik so voller Nachsicht schreiben?»

«Befehl von oben», sagte er gedrückt: «Wir müssen vorsichtig mit ihr umgehen. Eine unserer besten Inserentinnen.»

Während der Studienzeit in Harvard 1937 geschrieben,
im «Harvard Advocate» veröffentlicht

Lernen und Wissen

Als ich ein Kind war, da dacht' ich bestimmt,
Daß jeder Kork etwas birgt, wodurch er obenauf
                                        schwimmt.
Später begriff ich – doch durch eigenes Erproben:
Er ist leichter als Wasser, deshalb drängt er nach oben.

Lernen ist Meute und Beute, Unterrichten ist Jagd.
Das Gejagte wird oft flüchtig, das Gesagte versagt.
Der Mensch verständigt sich kläglich. Ein Stümper im
                                        Wort.
Ausgenommen die Kunst. Doch die Kunst erklärt nicht
                                        den Kork.

Lernen ist im Grunde unendlich privat,
Intimer als Haarausfall oder ein Bad.
Mit viel Fleiß wußt' ich einmal sehr viel in Chemie;
Doch mein Wissen vom Kork, das vergesse ich nie.

PS.   Da forscht alle Welt, um den Krebs zu ergründen,
Und kann doch die richtige Antwort nicht finden.

Harvard, 1938

Deutsch von Elly Weiser

Das Geheimnis

I

Als Carl ins Zimmer trat, war es voll von Griechen. Es dauerte eine ganze Weile, ehe er die Verwirrung los wurde, die ihn jedes Mal beim Betreten eines überfüllten Raumes überkam. Die Leute teilten sich mittlerweile in zwei der Stirnseite des Zimmers zugewandte Gruppen; schließlich standen sie da wie die Rechtecke zweier Phalangen. ‹Wie Spartaner›, dachte Carl belustigt. Er suchte verzweifelt den Ehrengast, Eros Mavro, aber er sah bloß eine Menge Leute, die sichtlich erpicht darauf waren, daß ein Flötist und ein Pianist zu spielen begännen. ‹Zu erpicht›, dachte Carl. Plötzlich spürte er, daß er jemandem die Sicht verstellte. Ohne sich umdrehen zu müssen, wußte er, daß Eros Mavro in seinem Rücken war und ihn von hinten fixierte.

Während er versuchte, unauffällig in der Phalanx zu seiner Linken zu verschwinden, riskierte er einen flüchtigen Blick auf den großen griechischen Dirigenten, zu dessen Ehren der Empfang gegeben wurde. Er sah seinen massiven, kuppelartig gewölbten, kahlen Schädel, auf dem die Strahlen der kalifornischen Nachmittagssonne funkelten. Nur den Kopf und die halbgeschlossenen Augen konnte Carl erspähen; rasch und verlegen wandte er sich zu den Solisten, die zu spielen begannen. Das Flöten-Concertino von Chaminade war ihm nie so lang, nie so fad vorgekommen. Ein zweites Mal drehte er sich um und spähte in die Richtung Mavros. Der Dirigent langweilte sich offenbar grenzenlos.

Als das Stück endlich aufhörte, war Mavro im Nu von zahllosen Leuten umringt, die ihm teils Tee und Gefrorenes anboten, teils bloß darauf aus waren, ihn mit Leerformeln begrüßen zu dürfen. Carl brauchte über eine viertel Stunde, ehe ihm klar wurde, daß auch er sich dieser Prozedur unterwerfen mußte. Als er auf Mavro zutrat, stand dieser auf und kam ihm entgegen. Carl war wie gelähmt.

«Sie sind Student?» Carl sah, wie sich, zum Unterschied von der starken Nase, der breite, volle Mund beim Sprechen kaum bewegte, und sah aus den kleinen, blauen Augen, die sich ins Schädelinnere zurückgezogen zu haben schienen, entwaffnende Liebenswürdigkeit aufleuchten.

«Ja», antwortete Carl.

«Was studieren Sie?»

Die Menschen rundherum starrten ihn gnadenlos an.

«Musik.»

«Musik? Mmmm. Bene. Molto bene.» Er streichelte Carls Kopf. «Wie heißen Sie?»

«Carl Fevrier.» Carl fiel plötzlich eine Zeile ein, die er in der Früh gelesen hatte. ‹Für Plato ist der Eros Mittelpunkt aller Gefühle›.

«Spielen Sie auch?» Mavro illustrierte seine Frage mit langen, knochigen Fingern.

«Ja.» Plötzlich wurde Carl Mavros seltsamer, kosmopolitischer Sprechweise gewahr, die er mit keinem Land, das ihm einfiel, in Verbindung bringen konnte.

«Würden Sie etwas für mich spielen?»

«Gern», sagte Carl, bereits unfähig, des betäubenden Hämmerns in seinen Schlagadern Herr zu werden.

Mavro setzte sich neben das Klavier, als Carl seine Finger zur Ruhe zu bringen versuchte. Er rang mit einem Nocturne von Chopin und seine feuchten Finger glitten ohne Halt über die Tasten. Es war eine Wiedergabe von abenteuerlicher Leidenschaftlichkeit. ‹Eros ist der Mittelpunkt aller Gefühle›, dachte es in ihm, während er nur noch halb bei Bewußtsein war. Er spielte eine halbe Stunde lang und auf Mavros Wunsch auch einige eigene Sachen. Der Nachmittag wurde immer wirrer, eine verrückte Mischung aus Flötenspiel, Torten und Tee, und gipfelte in jenem Augenblick, als Mavro Carl zu seinen Proben einlud.

«Wenn sie Schwierigkeiten machen sollten, Sie hereinzulassen, fragen Sie nach mir», sagte er im Weggehen und ergriff Carls ausgestreckte Hand mit beiden Händen.

2

Halb von Sinnen warf sich Carl auf sein Bett. Es war das größte Erlebnis, das er bisher gehabt hatte, und es brachte ihn beinahe um den Verstand. Die Sache hatte irgendein Geheimnis. Er versuchte, seine Gedanken zu ordnen. Ich bin achtzehn Jahre alt. Ich studiere hier an der Universität. Ich möchte Musiker werden. Er ist der größte Dirigent, den ich je gehört habe. In der ganzen Welt wird er umjubelt. Warum hat er sich gerade mich ausgesucht, gerade mich angesprochen? Und dabei die Leute, die sich bis dahin mit ihm unterhielten, brüsk stehengelassen? Er konnte doch nicht gewußt haben, daß ich Musik studiere? Er konnte überhaupt nichts von mir gewußt haben. Er hat mit mir gesprochen. Er hat mich gebeten, ihm vorzuspielen.

Die Geschichte hatte aber schon von ihrem unscheinbaren Anfang an etwas Unnatürliches an sich. Vor zwei Tagen, nach dem Nachtmahl, stritt ich noch mit mir herum, ob ich in die Halle gehen und Klavier spielen sollte oder nicht. Freunde hatten mich darum gebeten, aber ich hatte etwas zu lernen. Trotzdem bewog mich irgend etwas, hinunter in die Halle zu gehen. Geheimnis Nummer eins.

In der Halle war Peter, der in einer Zeitschrift blätterte. Ich kannte ihn eigentlich nur vom Sehen; die Worte, die wir gewechselt hatten, lassen sich zählen. Da lädt er mich auf ein Fest ein. Irgendwie hatte ich Lust hinzugehen und sagte, daß ich kommen würde, wenn es sich ausginge. Dann vergaß ich die Sache. Aber ich ging auf das Fest, und wieder weiß ich nicht, warum. Geheimnis Nummer zwei.

Ich ging also auf dieses lächerliche Fest, auf dem ich eine Menge Leute traf, die sich vormachten, daß sie sich blendend unterhielten. Außerdem traf ich Pan, einen jungen Griechen, den ich schon eine Ewigkeit nicht mehr gesehen hatte. Er erzählte mir von einem Empfang, den seine Gesellschaft am Sonntag für Eros Mavro geben wollte, der auf Gastspiel in San Francisco war, und lud mich dazu ein. Sehr beiläufig, natürlich: «Wenn du Lust hast, ihm in kleinem Rahmen zu begegnen.» Das war alles. Und auch das vergaß ich. Aber ich ging hin. Geheimnis Nummer drei.

Denn wieder weiß ich nicht, warum. Ich saß am Klavier, als mir plötzlich der Empfang einfiel. Es war schon spät;

der Empfang würde vermutlich vorbei sein, ehe ich hinkam. Aber ich war dort, ehe ich begriffen hatte, daß ich von zu Hause überhaupt fortgegangen war. Ich bin ihm nicht in kleinem Rahmen begegnet. Ich habe ihm vorgespielt. Es hat keinen Sinn darüber nachzudenken, denn die ganze Sache ist undenkbar und von irgend etwas Übernatürlichem umgeben. Gott sei Dank, daß ich langsam einschlafe.

3

Die folgende Woche war die denkwürdigste und verworrenste seines Lebens. Es war die Woche vor den Prüfungen. Carl vergaß sie. Am Montag war er zehn Minuten vor Probenbeginn bestellt. Er saß in der letzten Reihe und wartete auf Eros Mavro. Als dieser Punkt zehn Uhr das Podium betrat, applaudierte das Orchester. Mavro sah Carl, winkte ihn nach vorne in die erste Reihe und gab ihm die Partitur zum Mitlesen; er hatte sie zur Gänze in seinem phänomenalen Gehirn. Die Musik war großartig. Zwei Stühle zerbrach Mavro auf dieser Probe, als er sich, um ein plötzliches Diminuendo anzuzeigen, in unentwegter Hochspannung auf sie fallen ließ. Als er beim ersten Mal durch das Rohrgeflecht seines Sitzes fiel, mußte ihm der Konzertmeister zu Hilfe kommen; beim zweiten Mal befreite er sich selbst, ohne im Dirigieren innezuhalten, ohne auch nur eine Sekunde lang die Musik zu unterbrechen, obwohl das Orchester bereits zu kichern begann. Carl verspürte mit einem Mal eine große und furchtbare Zuneigung zu diesem Mann. Nach der Probe verschwand Carl in höchster Eile; er fürchtete sich vor einem Gespräch mit seinem herrlichen Abgott. Erst nach der Mittwoch-Probe entschloß er sich, Mavro zu fragen, ob er ihm ein Trio zeigen dürfe, das er gerade komponiert hatte. Er schwang sich aufs Podium und folgte Mavro zum Ausgang. Mavro drehte sich um: «Ich wollte Sie gerade suchen», sagte er. «Wollen Sie mit mir Mittag essen?» Carl wand sich. Es war grausam. Er bedankte sich tausendmal.

Während des Mittagessens enthüllte sich Mavro als ein wahrhaft Großer, von jener Größe, für die Liberalismus, Toleranz, schrankenlose Begeisterung und völlige Hingabe an die Kunst selbstverständlich sind. Carl fiel beinahe in Ohnmacht, als ihm Mavro auf seiner Gabel eine Auster anbot.

Donnerstag aßen sie ein zweites Mal miteinander. Diesmal waren zwei Assistenten Mavros dabei. Der Dirigent saß schweigend am Tisch. Niemand sprach ein Wort. Plötzlich blickte Mavro auf und ließ seine weitgeöffneten Augen über Carls Gesicht wandern. Carl wurde unruhig.

«Wißt ihr», sagte Mavro langsam und schwerfällig, «wißt ihr, daß ich in der Sekunde, als ich ihn sah, etwas ... etwas –» er suchte nach einem Wort – «die Anwesenheit von etwas ... etwas Großem spürte? Von etwas ... Genialem?» Carls Augen schlossen sich unwillkürlich. Er war über das Gehörte völlig kraftlos geworden. Der Mann hatte es ausgesprochen. Er hatte das Rätsel gelöst.

Am Freitag war keine Probe und Carl blieb den ganzen Tag zu Hause; er lag wie auf der Folter. Samstag am Abend würde das letzte Konzert sein, dann würde

Mavro abreisen, nach Griechenland oder Monte Carlo oder nach irgendeinem anderen Ort, irgendwohin, wo er unerreichbar sein würde. Dieser Freitag war ein Tag des Verzweifelt- und des Zerfahren-Seins, des Sich-Fragens, warum die Zeit denn aufgehört habe, zu vergehen, des Unfähig-Seins, das Geringste zu tun. Um nicht den Verstand zu verlieren, mußte Carl plötzlich mit der ganzen Geschichte vor seiner lieben, gütigen, aber nicht gerade feinnervigen Mutter herausplatzen; und mußte erleben, daß sie ihm Antworten gab wie: «Du hast in letzter Zeit abgenommen.» Er zog sich an und aß und zog sich aus. Er wartete. Er wartete bis Samstag abend.

Dann kam das Konzert, und Carls Sinne, durch die Gemütsbewegungen der Woche geschärft und empfindlicher geworden, reagierten auf die Musik mit riesenhaft vergrößerten Wogen des Gefühls. Als er spürte, wie das Publikum unter dem Eindruck der Persönlichkeit des Dirigenten vor Erregung förmlich bebte, erfüllten ihn diesem gegenüber inmitten seiner Freunde sowohl äußerste Demut als auch so etwas wie Besitzerstolz. In Ravels «Spanischer Rhapsodie» begriff er plötzlich die geballte Kraft und das Feuer spanischen Temperaments, im langsamen Satz von Schumanns II. Symphonie schien es ihm, als müßte er in einer furchterregenden Mischung von Stolz und Kleinmut vergehen. In der Pause hatte er nicht die Kraft, seinen Platz zu verlassen.

Nach dem Konzert gab es dreizehn Hervorrufe für den Dirigenten. Das Publikum trampelte und lärmte mit den Sitzen. Die meisten begannen vor Begeisterung zu schreien. Frauen warfen Blumen aufs Podium. Die Orchestermusiker applaudierten auf ihren Instrumenten.

Mavro strahlte, verbeugte sich immer wieder, hob alle Blumen auf und küßte sie mit Gesten, als würfe er den ihm Zujubelnden Kußhände zu.

Das Künstlerzimmer war voller Freunde, Bewunderer und Autogrammjäger. Mavro unterbrach sofort ein Gespräch, als er Carl erblickte, und winkte ihn herbei. Carl schlängelte sich zu ihm durch; jetzt war er nur noch von Stolz erfüllt. Mavro zog ihn ins Badezimmer, um mit ihm allein zu sein. Er schloß artig die Tür und legte seine Hände auf Carls Schultern.

«Du mußt mich eines Tages sehr stolz auf dich sein lassen», sagte er. «Es ist mir völlig klar, daß du das Talent besitzt, ein großer Komponist zu werden. Du hast eine geradezu ideale Empfindsamkeit – sag nichts, ich weiß es. Aber du mußt arbeiten, schwer arbeiten. Jede Sekunde, die du erlebst, mußt du an dein Talent abliefern. Und du mußt dir deine Reinheit erhalten. Du darfst dich von Schmeichlern nicht schmutzig machen lassen. Du hast alles, was man zu wahrer Größe benötigt, aber es hängt von dir ab, ob du ein Großer werden wirst.» Er zog etwas aus seiner Tasche und drückte es Carl in die Hand. «Für dich», sagte er. «Du darfst mich nicht enttäuschen.»

Er verließ ihn. Carl wankte. Langsam öffnete er den Umschlag, den Mavro ihm ausgehändigt hatte. Er fand ein Privatphoto. Mavros Kopf war edler denn je, die Lippen, zugleich sanft und entschieden, deuteten ein Lächeln an. Das Photo war Carl «in großer Sympathie» gewidmet. Carl dachte an die Doppelbödigkeit dieses Wortes in den romanischen Sprachen und mußte plötzlich laut lachen. Schweißgebadet und unbeschreiblich rot geworden lehnte er an der kühlen Kachelwand des Badezimmers und lachte, bis ihn Erschöpfung verstummen ließ.

4

Ein Jahr verging. Carl arbeitete wie ein Rasender an einem Ballett. Es schien vielversprechend zu sein. Er hatte erstaunliche Fortschritte gemacht, sich in jeder Beziehung entwickelt. Seine Kompositionen ernteten günstige Urteile und auch als Pianist wurde er anerkannt.

Er war müde vom Schreiben, legte seinen Bleistift hin und betrachtete Mavros Photographie, die in einem Rahmen vor ihm stand. Es war der Jahrestag seiner Bekanntschaft mit diesem großen Mann. Ein Jahr, das von Eros Mavro erfüllt war: für Carl hatte die Zeit seine Persönlichkeit ins Überdimensionale vergrößert. Carl errötete, wann immer Mavros Name genannt wurde. Er hatte dafür tausend Erklärungen, aber insgeheim konnte er sich des Gefühls nicht erwehren, daß sein Verhältnis zu Mavro nur dem Umstand entsprang, daß dieser Große jedem, dem er begegnete, Liebe entgegenbrachte. Carl hatte diese Geschichte das Jahr über oft und ausführlichst erzählt, und die meisten hatten auf sie mit der Bemerkung reagiert, daß irgend etwas Geheimnisvolles im Spiel sein müsse. Dieser Gedanke ließ Carl nicht los.

Eines Tages erfuhr er, daß Mavro eine Konzertsaison lang in einer Stadt des Mittleren Westens dirigieren würde. Carls erster Gedanke war, daß er von ihm hören würde. Aber es kam keine Nachricht, und nach zwei

Wochen rang sich Carl zur Überzeugung durch, daß er an Mavro schreiben müsse. Er redete sich ein, daß er kein Recht habe, einen Brief von jemandem zu erwarten, der jede Stunde, die er erlebte, der Kunst opferte. Aber als er zu schreiben begann, erlebte er die ganze Angelegenheit von neuem, und sein Brief, den er viermal von vorne begann, war eigentlich nichts als eine Aneinanderreihung von Glaubenssätzen. Die Geständnisse der Bewunderung für ihn wurden vom Anfang bis zum Ende nur von Geständnissen der Sehnsucht nach ihm unterbrochen. «Bitte, lassen Sie von sich hören», schrieb er, «und füllen Sie die Leere aus, die niemand und nichts zu füllen vermochte, seitdem Sie von mir gingen.» Er schloß den Brief mit den Worten «in großer Sympathie». Dann wartete er. Er rechnete sich aus: drei Tage würde der Brief brauchen, um Mavro zu erreichen, drei Tage würde es dauern, bis ihn dessen Antwort erreichte. Er wartete sechs Tage.

Am sechsten Tag raste er nach Hause. Seine Mutter erwartete ihn an der Tür.

«Ein Brief von deinem Freund mit dem komischen Namen ist da», sagte sie. Carl riß ihn aus ihrer Hand und eilte in sein Zimmer. Er las den Brief ein Dutzendmal; dann gab er ihn in eine Schublade und kam ins Speisezimmer zurück. Er setzte sich und sah starr vor sich hin. Die Mutter deckte den Tisch fürs Mittagessen.

‹Für Plato ist der Eros der Mittelpunkt aller Gefühle›, dachte Carl immer wieder. ‹Eros, der Mittelpunkt aller Gefühle.› Dieser Daktylos ging in seinem Kopf um und um. Seine Mundwinkel verzogen sich verbittert nach unten. Wie betäubt murmelte er vor sich hin.

«Ich begehre Dich. Ich habe es bis jetzt nicht zu glauben ge-
wagt. Komm . . .»

«Ein netter Brief?» fragte seine Mutter. «Weißt du, ich
habe immer das Gefühl gehabt, daß etwas Geheimnis-
volles war, zwischen dir und diesem Mann.»
Carl erstarrte in seiner Qual. Er wurde weiß wie die
Wand.
«Ja», flüsterte er, «das stimmt.»

Aufsatz für die Harvard University,
geschrieben am 24. Februar 1938

ZWEITER TEIL

Nachdenkliches aus der Nachkriegszeit

Bekenntnis:
Dirigieren und Komponieren

Es ist mir unmöglich, eine endgültige Wahl unter meinen verschiedenen musikalischen Tätigkeiten zu treffen – ob Dirigieren, Komponieren, für das Theater schreiben oder Klavier spielen. Was immer mir im gegebenen Moment als richtig erscheint, muß ich tun, wenn auch auf Kosten anderer musikalischer Aufgaben. Ich werde keine einzige Note komponieren, solange mein Herz an einer Konzertsaison hängt; anderseits bin ich nicht bereit, wegen einer IX. Beethoven einen Schlager, der mir gerade durch den Kopf geht, ungeschrieben sein zu lassen. Es gibt da eine ganz bestimmte Rangordnung, deren Einhaltung zugegebenermaßen schwierig ist; sie muß aber peinlich genau befolgt werden. Denn der Endzweck all dessen ist die Musik an sich – und keineswegs das Musikgeschäft. Die Mittel zu diesem Zweck sind meine Privatangelegenheit.

New York, geschrieben am 15. Oktober 1946

«Spaß»
an der Kunst

Welchen Ihrer mannigfaltigen Interessen werden Sie am Ende den Vorzug geben?» war die Frage, die mir von einer New Yorker Tageszeitung einmal gestellt wurde. Meine Antwort: «Ich möchte jeweils das tun, was mir den meisten Spaß macht.» Die Folge: ein wutentbrannter Brief, in welchem mir ein ebenso beredter wie heißblütiger Leser mit der Begründung, ich nähme meine Kunst auf die leichte Schulter, Oberflächlichkeit gegenüber der Musik und Verantwortungslosigkeit gegenüber der Gesellschaft vorwarf. Was ich heute schreibe, ist als eine Art Replik auf diesen Brief von damals gedacht. (Daß ich nicht schon seinerzeit replizierte, möge von der Ohnmacht des Menschen und von der Macht der Presse ein stummes Zeugnis ablegen.)

Die Hauptschwierigkeit bei der Behandlung dieses Themas liegt darin, daß der Ausdruck «Spaß» zu oft wiederholt werden muß. Nach unserem heutigen Sprachverständnis gibt es im Grunde kein einziges Synonym für dieses Wort.

Wir haben Spaß an all dem, das wir nicht aussprechen können, wenn wir zum Beispiel Beethovens Streichquartett Opus 131 hören (und Beethoven muß diese Art von Spaß verspürt haben, als er es komponierte).

Was das sei, woran wir Spaß haben, ist das letzte Ziel der gesammelten ästhetischen Forschungsarbeiten von David Prall, Dewey, Richards und Santayana. Spaß ist das «x» in jener Gleichung, die herauszufinden sucht, warum es die Künste überhaupt gibt.

Der Durchschnittsamerikaner assoziiert mit dem Begriff «Spaß» eine Unterhaltung: eine Party, ein Herumfaulenzen, eine Zerstreuung, eine Fahrt mit der Hochschaubahn, einen Krimi, einen Hot dog. Ich sehe da keinen Widerspruch zum oben Gesagten: Es genügt, diesen Spaß des Alltags auf das Gebiet der Kunst zu übertragen, die Erfahrungswerte zu vertiefen. Flüchtigkeit zu Stetigkeit zu verfestigen, sogar zu annähernder Beständigkeit. (So wie himmlische und irdische Liebe keineswegs voneinander grundverschieden sind. Sie sind lediglich zwei verschiedene Erscheinungsformen ein und desselben Phänomens, mit unterschiedlichen Beweggründen und unterschiedlichen Folgen. Und man kann an beiden Spaß haben.)

Ist es sonderbar, daß ausgerechnet ein Musiker dieses Problem justament in einer Ballett-Zeitschrift zur Debatte stellt? Mitnichten. Welche beiden Kunstsparten wären bessere Beispiele für den Begriff «Spaß haben» als die Musik und der Tanz?

Im Grunde gibt es nur eine Kluft im weiten Land der Künste: es ist die, welche die darstellenden Künste von den nicht-darstellenden trennt. Die Künste sind ein Ganzes, sieht man von dieser Unterscheidung ab. Es ist diese Unterscheidung, die es dem Schriftsteller oft so schwermacht, die grundlegenden ästhetischen Triebkräfte des Komponisten zu verstehen (und umgekehrt). Es ist diese Unterscheidung, welche Schuld trägt an den endlosen Auseinandersetzungen über den Vorrang von

Ausführung oder Inhalt, von Form oder Funktion, von Ausdruck oder Gefälligkeit, von der Warte des Marxismus oder jener des Elfenbeinturms.

Was die Musik anbelangt, so ist ihre Bedeutung, von jedem der obigen Standpunkte aus gesehen, stets eine rein *musikalische*. Man möge einem Musikstück jeden beliebigen Titel geben, möge es mit einem ganzen Wust von Erklärungen versehen, es wird doch nichts anderes daraus werden als eine bestimmte Anzahl von Noten, geordnet nach verschiedentlichen Regeln und unterschiedlichen Mustern. Man kann den Anfang von Beethovens V. Symphonie als das Schicksal, das ans Tor pocht, empfinden oder als jenen Morse-Code, der im letzten Krieg «Victory» bedeutete – beiden Empfindungen liegt dennoch nichts anderes als die dreimalige Wiederholung der Note G und ein abschließendes Es zugrunde. *Sonst nichts.* Aber im Unikum Mensch spukt irgendein Kobold, der es zustande bringt, daß diese vier Noten in diesem besonderen rhythmischen Muster die Macht besitzen, eine ganz bestimmte Wirkung auf uns zu haben. Ist das nicht spaßig? Stimmt: spaßig.

Dieses verwirrende Problem verdient es, in jeder Beziehung und viel, viel gründlicher, als es hier geschehen konnte, untersucht zu werden. Ich spreche nur Reizwörter aus, die weiterwirken sollen. Man denke bloß an den Begriff «darstellend» und was es für das spinnwebenfeine Seelenleben eines Künstlers bedeutet: ein riesiges, unerforschtes Gebiet liegt hier vor uns! Vielleicht werden wir dem Begriff «Bedeutung» eines Tages eine ganz neue Bedeutung unterlegen, in einem ganz neuen, für uns heute noch nicht erahnbaren Bezugsrahmen? Vorläufig haben wir «abstrakten» Künstler, wir, die wir uns der Musik und dem Tanz verschrieben haben, uns selbst eigentlich nur das zu sagen: Entspannen. Erfinden. Aufführen. Spaß haben.

Auszug aus einem Artikel, den «Dance Magazine»
im Juni 1946 veröffentlichte

Leben

Im Wasser beginnt alles Leben.
Nicht im Tiefen. An den Ufern. Am Strand.
Sickert aus saftigen Drüsen
In das trockene Land.

Alles Leben ist Saat der Vermählung
Von festen und flüssigen Stoffen.
In den Tümpeln, den Sümpfen, verborg'nen Kanälen
Beginnt unser Hoffen.

Leben ist Ausscheidung, Schleim,
Ist geschwollener Leib der Kröte.
Ist glotzendes Aug', gallertiges Ei
Im Sog der Sekrete.

Leben ist Alge und Rogen,
Ist das Heer der madigen Brut,
Das sich stürzt aufs verwesende Aas
Das da treibt in der Flut.

Leben ist Plasma, ist Zelle,
Ist Paarung im dunklen Morast,
Ist knietiefer Fungus, den Krabben
Zur Nahrung und Rast.

Leben ist Quappe und Qualle,
Ist Wühlen in giftgrünem Kot.
Ist Gewimmel im Finstern. Der Ausweg
Ist einzig der Tod.

Denn der Tod ist das Spröde, das Reine,
Ist Rost und raschelndes Laub.
Ist klassische Kühle, ist das Dürre, Sterile,
Ist der trockene, trockene Staub.

Entstanden am 2. Juli 1947
in Stockbridge, Massachusetts

Deutsch von Elly Weiser

Plädoyer

Ich kann nicht verstehen, warum auf dem Gebiet der Information und des Einander-Kennens in unserem Zeitalter der Lichtgeschwindigkeiten ein derartiger Abgrund zwischen Europa und Amerika klafft. Zeitungen können sich Nachrichten und Photographien in Telegrammsekunden verschaffen; Waren, Muster, Ideen, Menschen können über Nacht von New York nach Paris geflogen werden; von dort ist es vergleichsweise nur ein Katzensprung nach Beirut, Tunis, Tel-Aviv. Und dennoch: während meiner jüngsten Europa-Tournee hat man mir in jedem Land die ewig gleiche Frage über das Leben in anderen Ländern gestellt; ich bin überall dem gleichen Informationshunger, der gleichen Gutgläubigkeit, der gleichen kritischen Neugier, dem gleichen Wissensdurst des Menschen nach seinem Mitmenschen begegnet.

Viel davon kann durch Begriffe aus dem Bereich der Machtpolitik, der Einflußgebiete, der Sicherheitszonen – kurzum: durch Begriffe, die aus der Angst kommen, erklärt werden. Nach meiner dreimonatigen Reise erscheint mir die Welt nur noch als ein Ort des Mißtrauens und der Feindseligkeiten, der Grenzen, der Barrieren und der Verdächtigungen.

Von Holland bis Ägypten spürt man überall – selbst in den Ländern, die besetzt sind – einen neuen Nationalismus aufkommen. Das Zerbrechen der alten König- und Kolonialreichgefüge hat neue, nationalistische Aufstände ausbrechen, neue Machtzusammenballungen lokalen oder regionalen Charakters entstehen lassen. All das zu einem Zeitpunkt, da internationale Zusammenarbeit so verzweifelt nötig wäre wie nie zuvor.

Symptome für diese Entwicklungen zeigen sich überall; da die Musik seit jeher eine Art Barometer für gesellschaftliche Strömungen gewesen ist, sind die Zeichen der Zeit auf diesem Gebiet besonders deutlich erkennbar. Die Tschechen weichen noch immer Konzertprogrammen mit deutscher Musik aus – sie verpönen sogar Bach. Die holländische Regierung verlangt, daß man ausschließlich holländische Musiker beschäftige, und macht das Engagement ausländischer Solisten davon abhängig, ob sie bereits vor dem Krieg in Holland aufgetreten sind. Selbst in Paris, der Weltstadt unter den Weltstädten, gehen Gerüchte um, daß in Hinkunft nur französische Musiker angestellt würden. Vom Standpunkt der Gewerkschaften, aus der Perspektive der Sorge um Arbeitsplätze ist all das zu verstehen, und wir können sogar Sympathie für die Tschechen aufbringen, die sechs Jahre lang nichts als deutsche Musik hören konnten. Jedoch wird niemand leugnen können, daß diese Zustände einen beachtlichen Beitrag zum Ansteigen der allgemeinen nationalistischen Fieberkurve zu leisten vermögen.

Nach meiner Rückkehr entdeckte ich, daß man in Amerika sehr viel mehr über Europa weiß als in Europa über Amerika. Wir haben die alertesten Nachrichtenagenturen; unsere Zeitungen haben fabelhaft organisierte Auslandsredaktionen; unsere Musikprogramme könnten nicht internationaler sein. Und – und das ist auf dem Musiksektor das entscheidende – wir haben eine blühende, unternehmungsfreudige Schallplattenindustrie.

Durch Schallplatten hätten wir die optimale Möglichkeit, für die internationale Verbreitung internationaler Kunst zu sorgen.

Aber wie können wir unsere Schallplatten tatsächlich der ganzen Welt zugänglich machen? Die geschäftlichen Beziehungen zwischen amerikanischen und europäischen Firmen sind unendlich kompliziert; es ist höchste Zeit, daß sie entwirrt werden – sowohl musikalisch als auch politisch. Die europäische Schallplattenindustrie kann keine führende Marktposition einnehmen: Platten sind rar, Materialien schwer zu beschaffen, Preise prohibitiv. Amerika, auf das die Blicke der ganzen Welt gerichtet sind, damit es der Kunst, dem Design, der Innovation, der demokratischen Organisation der Wirtschaftsmethoden neue Bahnen breche – Amerika hat hier eine ungeheure Verantwortung.

Dies hier ist ein Plädoyer zur Übernahme dieser Verantwortung. Wir können so vieles tun, um dieser strauchelnden, beunruhigten, in Aufruhr befindlichen Welt zu helfen. Dies ist keine Ammenmärchen-Nächstenliebe; dies ist unsere Pflicht vor uns selbst; und unser ureigenstes Bedürfnis.

Auf Ersuchen der RCA-Schallplattengesellschaft am 8. Juli 1947 geschrieben und in den verschiedensten Zeitungen der USA veröffentlicht

Allgemeingut

Ich bedauere nur eines: daß ich Minneapolis noch vor dem Jazz-Konzert von diesem Sonntag verlassen muß. Und da ich weiß, daß Sie ein kluges Publikum sind, möchte ich Sie, da ich wegfahre, ermahnen, diese Zauberkunst sehr ernsthaft anzuhören. Natürlich wird sie Ihnen auch einen Riesenspaß machen; aber denken Sie daran, daß dieses Konzert Ihnen die seltene Gelegenheit bieten wird, der amerikanischen Musik auf den Grund zu gehen – bis an ihre Wurzeln.

Denken Sie daran, daß amerikanische Komponisten es immer wieder unternommen haben, ganze Schulen «amerikanischer» Musik zu gründen. Einige, die unter dem Einfluß Mac Dowells standen, waren davon überzeugt, daß die Gesänge der eingeborenen Indianer die Basis einer amerikanischen Volksmusik abgeben müßten; andere, wie Henry F. Gilbert, setzen in dieser Beziehung auf die Folklore der unter Zwang eingewanderten Neger. Alle diese Schulen scheiterten, denn die Amerikaner sind weder nur Indianer noch nur Neger, noch nur Iren; und jede auf eine bestimmte Bevölkerungsgruppe bezogene folkloristische Musik muß einem Teil der Bevölkerung exotisch vorkommen.

Nur der Jazz ist Allgemeingut geworden. Als er nach dem Ersten Weltkrieg in die ernste amerikanische Musik einzudringen begann, kam sein Einfluß daher, daß er in der Luft lag, daß er im Unbewußten verhaftet, daß er jedermanns Eigentum war. Von diesem Ausgangspunkt, durch knapp drei Jahrzehnte, ist die amerikanische Musik gewachsen. Am Anfang war der Jazz.

Denken Sie daran und hören Sie ernsthaft zu. Sie werden mit den echten, ursprünglichen Wurzeln einer großen, neuen Kultur konfrontiert werden. Ich bedauere, daß ich nicht dabei sein kann.

Glosse anläßlich der «We call it Jazz!»-Konzerte in Minneapolis, Dezember 1947

Glosse

Ich nehme an, daß jeglicher Komponist, danach befragt, welchen Zweck er in seinen Werken verfolge, zur Antwort geben würde, er versuche, seiner Persönlichkeit letzten Ausdruck zu verleihen. Ich hoffe, daß die verschiedenen Elemente meiner Herkunft und meines Werdeganges, aus denen sich die «persönliche» Eigenschaft, oder Natur, meiner Musik zusammensetzt, bald zu einer Einheit verschmolzen sein werden; im Augenblick sind sie es nicht.

Eines habe ich allerdings schon erkannt: ich habe eine echte Affinität zur Bühnenmusik. Die meisten meiner Kompositionen waren in irgendeiner Art fürs Theater bestimmt, und die meisten der übrigen ruhen auf einem unverkennbar dramatischen Fundament. Diese Erkenntnis belastet mich keineswegs, sie erfüllt mich vielmehr mit Stolz, da ich doch weiß, daß es den Giganten Mozart, Weber und Strauss ebenso ergangen ist. Wohin mich das führen wird, weiß ich noch nicht. Wenn ich aber je imstande sein sollte, eine wirklich berührende amerikanische Oper zu komponieren, die jeder Amerikaner zu verstehen vermag und die dennoch ein ernstzunehmendes Musikwerk ist – dann werde ich ein glücklicher Mensch sein.

Geschrieben am 14. Januar 1948
in New York

Ein Zwiegespräch

1. Szene

(An Bord der «Queen Mary» im Hafen von New York. In einer Stunde wird das Schiff in See stechen. Diejenigen, die je eine Kabine mit einem fremden Passagier geteilt haben, kennen die feinen Subtilitäten dieser Stunde. Die Besucher, Gratulanten, Verwandten und Photographen sind bereits von Bord; ein endlos und sinnlos erscheinendes Tuten und Pfeifen hat eingesetzt, als kämen diese Töne aus Öffnungen direkt unter dem eigenen Bett; plötzlich fängt man ein hektisches Auspacken an. Die Atmosphäre besteht aus einer Mischung von Argwohn, Einsamkeit und Enttäuschung (weil der fremde Passagier nicht zumindest Jean-Paul Sartre ist) sowie aus der Spannung, wer wohl als erster etwas sagen wird. Ich riskiere einen verstohlenen Blick. Mein künftiger Bettnachbar ist ein hochgewachsener, magerer Fünfziger von der intellektuellen Sorte, also mit Hornbrille bewaffnet; was er auspackt, scheint irgendwie nicht zu ihm zu passen und erlaubt keine Rückschlüsse auf seine Person. Wahrscheinlich ist er Franzose. Vielleicht ist er . . .)

L. T.   *Léon Trirème. Sociologue.* (Der Klang einer Stimme überraschte mich. Eine Sekunde herrscht lauerndes Schweigen.)

L. B.   *Enchanté, Monsieur. Leonard Bernstein, Musicien.* (Händeschütteln. Weiteres, emsiges Auspacken.)

L. T.   Sie sind Musiker? Komponieren Sie? Spielen Sie?

L. B.   Beides. Aber in Europa werde ich hauptsächlich
dirigieren. (Das hätte ich viel eindrucksvoller for-
mulieren können.)

L. T.   (Wird plötzlich gesprächig:) Es ist ein Glück,
wenn man, wie Sie, schon in jungen Jahren die
Welt kennenlernen kann. Bei meinem jetzigen
Amerika-Besuch ist mir klargeworden, daß das
Hauptproblem der Amerikaner darin liegt, daß
sie internationale Zusammenhänge nicht erfassen. Gewiß der Krieg . . . (Wie gesagt: ein Intel-
lektueller. Weg mit der geschenkten Champa-
gner-Flasche. Die Gehirnzellen müssen sechs
Tage lang in Form sein. Es gibt Ärgeres.)

2. Szene

(Das Schiff sticht in See. Wir stehen am Achter-
deck und beobachten das Verlöschen der Lichter
New Yorks. Die Sprachen der halben Welt pro-
menieren an uns vorbei, aber die Engländer sind
in der Überzahl. Ein eleganter Herr im Frack
bleibt vor mir stehen: «Meine Gesellschaft
wünscht Ihnen eine sehr glückliche Reise,
Mr. Bernstein.» Dann geht er weiter.)

L. B.   Wer hat ihm das angeschafft?

L. T.   Das, mein Lieber, war der Vertreter der Cunard
Line, und Sie, mein Lieber, stehen auf der sogenannten «Prominenten-Liste». Sie werden sich
daran gewöhnen müssen.

L. B.   Was würde er wohl sagen, wüßte er, daß ich soeben die künstlerische Leitung des Symphonie-

Orchesters von Palästina übernommen habe? Würden ihm die Worte im Hals steckenbleiben?

L. T. Das darf nicht wahr sein! Sie sind mir ein sonderbarer Internationalist! Ein Amerikaner, ein Weltbürger, bindet sich an die nationalistischste Bewegung, die auf dieser Erde existiert! Sind Sie Zionist?

L. B. Zumindest nicht mit einem großen Z. Aber es gibt nichts, das mich stärker berührte. Ich gebe zu, daß ich sehr lange gebraucht habe, um mich zu entscheiden ... Ich habe alles mögliche dafür aufgeben müssen ... Ich will Sie mit den Details nicht langweilen ... Aber schließlich habe ich nicht mehr widerstehen können ...

L. T. Wem haben Sie nicht mehr widerstehen können?

L. B. Der Versuchung, helfen zu können. Wir haben alle dieselbe Schwäche: dorthin gehen zu wollen, wo man uns braucht, wo man auf uns wartet.

L. T. Wobei wollen Sie helfen? Doch nicht beim Schießen?

L. B. Nein. Aber ich kann moralisch helfen. Ich möchte dazu beitragen, daß so etwas wie eine palästinensische Musik entsteht, ich möchte mithelfen, daß eine neue Zivilisation zum Durchbruch kommt.

L. T. Heißt das, daß Sie in Palästina leben wollen?

L. B. Keine Spur. Und die drüben haben mich vollkommen verstanden. Ich werde die Konzertsaison eröffnen, zwei Monate dirigieren, über Programme, Dirigenten, Solisten und über die Zusammensetzung des Orchesters entscheiden und dann gehen können, wohin ich will. Ich glaube, es wird eine Art künstlerische Leitung durch Fernsteuerung werden.

L. T. Ich würde Sie so gern verstehen. Wir unterhalten uns seit zwei Stunden und wissen schon einiges voneinander. Sie werden vielleicht schon erkannt haben, daß ich als Soziologe ein Liberaler und als Mathematiker ein Musikliebhaber bin. Ich habe in der französischen Widerstandsbewegung gekämpft und daher eine gewisse Erfahrung. Außerdem bin ich sicher kein Antisemit – eine meiner Großmütter war Jüdin. Ich müßte also in der Lage sein, Sie zu begreifen. Aber ich begreife Sie nicht. Wie können Sie Ihre Vorstellungen über eine fortschreitende Internationalisierung mit einer regional und völkisch so gebundenen Bewegung in Einklang bringen?

L. B. Natürlich ist das schwierig. Das ist ein Konflikt, vor den auch viele meiner Freunde gestellt worden sind, und manche von ihnen haben ihn anders gelöst als ich. Aber ich glaube, es ist mir gelungen, die Widersprüche auf einen gemeinsamen Nenner zu bringen – auch wenn es nicht leicht war. Es läßt sich alles erklären.

L. T. Schießen Sie los.

L. B. Erstens: ich bin kein Nationalist – in keiner wie immer gearteten Weise. Seit Jahren weiß ich, daß wir erst nach der Erstickung der letzten nationalistischen Flamme anfangen können als eine Menschheit zu existieren, statt, wie bisher, als eine Ansammlung menschlicher Parteien. Nichts wäre mir lieber, als alle Grenzschranken und Grenzpfähle fallen zu sehen; ich kann's nicht erwarten, daß man mit den Pässen und Passierscheinen, den Deklarationen und den Zöllen, den Kontrollen und den Nationalflaggen endlich aufräumt. Ich sehne mich nach dem, was ein amerikanischer Präsidentschaftskandidat einmal die «Eine Welt» genannt hat, was die Kirche die allumfassende Brüderlichkeit nennt, was die Kommunisten als Internationale bezeichnen und die Industriellen als Freihandel, was bei den Demokraten als volle Gleichberechtigung und bei den Yogis als Teil des Alls gilt. Ich glaube, jeder hat in irgendeiner Weise eine derartige Sehnsucht, aber irgendeine Angst steht ihm im Weg. Und momentan sieht es danach aus, als würde diese Angst den Weg, den die Sehnsucht gehen will, für längere Zeit blockieren ...

L. T.   Weiter.

L. B.   Wenn man so weit ist, das einzusehen, lernt man auch einzusehen, daß wir in einer aus Nationen bestehenden Welt leben müssen, ob wir es wollen oder nicht. Aber es gibt eine Ausnahme: eine einzige ethnische Gruppe besitzt keine nationale Identität – die Juden. Für mich bedeutet das, daß die Juden, allein um überleben zu können, das Recht erhalten müssen, gleichberechtigt mit dem Rest der Welt leben zu dürfen: als Nation. Das ist alles.

L. T.   Glauben Sie nicht, lieber junger Freund, daß die Juden viel wertvoller wären, würden sie sich als eine Streitmacht verstehen, die die Internationalisierung vorantreiben soll – zumindest, solange sie sich in ihrer gegenwärtigen Lage befinden? Wenn Sie wirklich an die Möglichkeit des Zusammenwachsens der Völker glauben, müßten Sie doch in dieser Richtung tätig sein, statt etwas zu unternehmen, das nur der Aufrechterhaltung des Status quo dienen kann. Sie sind beinahe ein Reaktionär.

L. B. Ich glaube, ich verstehe Sie. Sie spielen auf die allgemein verbreitete Ansicht über eine Allianz zwischen Judentum und Kommunismus an.

L. T. Irgendwie schon. Es müßte mit dem Teufel zugehen, wenn es eine solche Allianz nicht gäbe. Aber Sie –

L. B. Aber ich leugne es. Ich glaube, die Juden haben nicht mehr viel Zeit, um sich jene Achtung zu verschaffen, die es ihnen erlauben wird, zur Ruhe zu kommen.

L. T. Sie glauben, in Palästina könnte das gelingen?

L. B. Ich glaube, in Palästina könnte das gelingen. (New York ist verschwunden. Und nichts ist internationaler als der unendliche Ozean.)

3. Szene

(Wieder in der Kabine. Wir sind in unseren respektiven Betten verschwunden, diesen unglaublich tiefen Daunenbetten, die einem allnächtlich das Gefühl geben, man würde sich himmlisch zu Tode schlafen. Tiefe, schaukelnde Finsternis ist rundum und verstärkt diese Illusion.)

L. T.   Eines noch. Vorhin haben Sie mich verwirrt. Sie
        haben davon gesprochen, daß Sie mithelfen wol-
        len, eine palästinensische Musik ins Leben zu ru-
        fen. In dieser Hinsicht sind Sie ja schon wieder
        ein Nationalist! Sie wollen zur Entstehung einer
        nationalen Kunst beitragen. Steht das nicht im
        Widerspruch zu Ihren sonstigen gesellschaftli-
        chen Theorien?

L. B.   (Es ist zwar schon sehr spät für eine solche Un-
        terhaltung, aber was kann ich tun?) Überhaupt
        nicht. Haben Sie in den dreißiger Jahren nie den
        Wahlspruch der Sowjets gehört: «Nationalismus
        in der Kultur, aber Internationalismus in der Po-
        litik?» Ich finde, die haben damals recht gehabt.

L. T.   Sie glauben also, daß es richtig ist, das Entstehen
        einer eigenen – oder sagen wir: eigenständigen –
        Musik in Palästina zu fördern? Ich glaube das
        nicht.

L. B.   (Ich zünde die Bettlampe an und setze mich auf,
        soweit es in diesem brunnentiefen Bett überhaupt
        geht.) Hören Sie zu: weder ich noch Beethoven,
        noch ein Terrorkommando können in Palästina
        eine nationale Musik in die Welt setzen. Nicht
        einmal die dortigen Komponisten können das.
        Sie kann entstehen oder nicht entstehen. Und
        wenn sie entsteht, so im Einklang mit dem Ent-
        stehen eines nationalen Gemeinschaftsgefühls,
        im Einklang mit dem Einsetzen einer nationalen
        Integration. Oder gar nicht. Das ist so sicher, wie
        zwei und zwei vier sind.

L. T.   Aber erst kürzlich habe ich von einer neuen Stil-

richtung in der palästinensischen Musik gehört –
ich glaube, man nennt sie «Mittelmeer-Stil» –,
und das kommt mir...

L. B. Aber...

L. T. Sie unterbrechen mich andauernd. Mir kommt
vor, als wäre das eine sehr überlegt kreierte, ganz
bewußt eingeschlagene Stilrichtung, die nichts
mit der nationalen Integration der Gesellschaft
zu tun hat. Wenn Sie dem Musikleben in Palästina helfen wollen, müssen Sie sich doch dann
auch für diesen neuen Stil einsetzen, nein?

L. B. Nein. Man kann einem Stil nicht helfen. Vor allem diesem nicht. Seine Vertreter sind zumeist
aus Deutschland stammende Komponisten, die
sehr überlegt arabisches thematisches Material
benützen. Was herauskommt, klingt, als hätte
Max Reger Bauchtänze komponiert.

L. T. Aber hier handelt es sich doch um einen Sonderfall. Palästina wird immerhin von einer Flüchtlingsgesellschaft gebildet...

L. B. Palästina ist kein Sonderfall. Es gibt Präzedenz-
fälle. Auch die Vereinigten Staaten haben als
Flüchtlingsgesellschaft begonnen und ihre
Flüchtlinge sind ebenso wie die Palästinas mitsamt ihren Traditionen und dem ganzen Gepäck
ihrer Bildung angereist gekommen. Und im
19. Jahrhundert sind dann unter den amerikanischen Komponisten zwei Epidemien ausgebro-
chen: Indianeropern und Negerquartette. Wo
sind die jetzt?

L. T. Wahrscheinlich in irgendwelchen Archiven.

L. B. Eben. Und warum? Weil sie gekünstelt waren. Weder unter den Komponisten noch unter dem Publikum befanden sich damals Indianer oder Neger. Die damaligen Komponisten glaubten aber, ihr neuerworbenes Amerikanertum durch Schaffung einer amerikanischen Volksmusik unter Beweis stellen zu müssen. Die einen haben darunter indianische Weisen verstanden, die anderen Negro Spirituals und Cakewalks, eine dritte Gruppe war für Baptistenhymnen. Auf die Dauer wurde diese Musik aber immer exotischer, denn ihre Komponisten waren und blieben Schüler von Brahms und Liszt.

L. T. Also gibt es eigentlich gar keine amerikanische Musik?

L. B. Natürlich gibt es eine. Und wenn die ausgeklügelten Versuche, sie zu schaffen, zu Ende sind, wird es auch eine palästinensische Musik geben. Die amerikanische Musik hat erst in den letzten 25 Jahren zu ihrer Eigenständigkeit gefunden. Vor allem durch den Jazz. Mit dem Jazz ist jeder Amerikaner vertraut. Aber ursprünglich wurde auch er sehr überlegt eingesetzt, und sogar Gershwin...

L. T. Ah, Gershwin! *Ça, c'était un maître!*

L. B. Im Erfinden von Melodien gewiß – da war er ein unbestrittener Maître. Aber wollen Sie behaupten, daß er ein Meister im Verschmelzen von Stilen war? Ist es «meisterhaft», eine beschwingte Jazz-Weise zu nehmen, sie à la Tschaikowsky melodisch fortzuspinnen und ihr dabei Debussy-

Harmonien anzuziehen? Ich bin da andrer Meinung.

L. T. Einverstanden. Aber welchem Komponisten ist es schon gelungen, Jazz mit seinem persönlichen Stil zu verschmelzen?

L. B. Das ist eine heikle Frage, auf die ich auch sehr subtil antworten muß. Der Jazz hat sich in die ernste Musik wie durch eine Osmose eingeschlichen, so daß er in ihr als Jazz gar nicht mehr erkennbar ist. Und doch besitzt diese mit ihm gewissermaßen «getränkte» Musik etwas Amerikanisches, das ebensowenig faßbar wie abstreitbar ist; geht man diesem Geheimnis nach, entdeckt man am Grunde der Musik versteckt den Jazz auf der Lauer liegen – wiewohl durch die Persönlichkeit des Komponisten bereits in anderes verwandelt. Das ist bei Piston so, bei Copland...

L. T. Auch bei Bernstein?

L. B. Ich glaube ja. Das Scherzo meiner «Jeremiah»-Symphonie ist zum Beispiel alles andere als Jazz – aber ich hätte es nie schreiben können, wäre mir nicht der Jazz durch und durch vertraut.

L. T. Und was hat das alles mit Palästina zu tun?

L. B. Ich wollte nur beweisen, daß es zwischen dem, was sich in der palästinensischen Musik jetzt ereignet, und dem, was die amerikanische Musik durchgemacht hat, Parallelen gibt. Die in Palästina haben das gleiche Problem, mit einem bewußten Nationalismus fertig zu werden, und sie werden herumzappeln und herumexperimentieren, bis der gesellschaftliche Verschmelzungsprozeß osmotische Prozesse erlaubt. Ich finde es ungeheuer aufregend, das alles miterleben zu dürfen.

L. T.   Wissen Sie was? Sie sind eine riesige Enttäuschung. Sie werden immer nationalistischer. Wozu brauchen wir überhaupt Nationalismus in der Musik? Im 19. Jahrhundert war so etwas verständlich. Damals fanden die Völker zu sich selbst, konnten sich voneinander abgrenzen oder miteinander vereinigen. Aber jetzt sind die verschiedenen Länder und ihre Kulturen miteinander verzahnt, voneinander abhängig und untereinander verschwägert: allein die Schallplatten und das Radio können die einzelnen Stilrichtungen über Länder und Kontinente blasen. Warum soll da ein deutscher Samen nicht in Frankreich aufgehen können?

L. B.   Er kann das ohne weiteres. Was tun die neuen französischen Komponisten? Sie komponieren Zwölftonmusik, die in Wien zur Welt gekommen ist. Und wer übt momentan den stärksten Einfluß auf das angelsächsische Musikleben aus? Der Russe Schostakowitsch. Selbstverständlich bewegen wir uns unaufhaltsam dorthin, wo Musik etwas Internationales ist; aber damit es zu solchen internationalen Kristallisierungen kommen kann, muß es zuvor nationale Musiken gegeben haben.

L. T.   Wenn ich Sie recht verstehe, sind Sie ein Internationalist, der glaubt, in unseren Tagen sei ein musikalischer wie ein politischer Nationalismus lebensnotwendig. Außerdem sind Sie ein Amerikaner, der mit einem Bein in Palästina steht. Schließlich sind Sie ein Dirigent, der mit dem Komponieren liebäugelt. Wissen Sie, wie Sie mir vorkommen? Wie die, die morgen an Bord den Seder-Abend feiern werden. Sie werden alle mit Inbrunst beten. Im Smoking. Und auf englisch.

L. B.   (Schon sehr schläfrig.) Das klingt enorm international.

L. T.   Es ist aber eher konfus als international. So wie Sie. Aber es wäre ja schließlich auch abnormal, wenn Sie mit dreißig schon vollkommen im Lot wären.

L. B.   Machen Sie mich nicht älter. Ich bin neunundzwanzig.

L. T.   Mit dreißig werden Sie nicht viel klüger sein als jetzt. Faust, der nach Antworten tastet. Hamlet, der sich in Zweifeln windet.

L. B.   (Im Halbschlaf.) Sie schmeicheln mir.

L. T.   Sollen wir jetzt die «Internationale» singen und dann schlafen gehen?

(Licht aus. Eigentümliches Gefühl im Magen. Wieder dieses Tuten, als käme es aus Öffnungen direkt unter dem eigenen Bett. Und irgendwo die feste Überzeugung, daß nur die einzelnen Nationen einen internationalen Zusammenhalt werden zustande bringen können. Und daß eines fernen Tages Palästina ein strahlendes Symbol dafür sein wird.)

April 1948

Briefe an Helen Coates

Liebe Helen!

Ihren zweiten Brief habe ich bekommen und ich beeile mich mit der Antwort: ich muß Ihnen von den bayrischen Alpen erzählen, da ich Ihre Schwäche für Berge kenne.

Gestern sind wir nach Garmisch und bis hinauf zum Eibsee gefahren, einem phantastischen Gebirgssee auf dem halben Weg zur Zugspitze. Ganz hinauf konnten wir nicht, da die Zahnradbahn eingestellt war (angeblich wegen eines deutschen Feiertages).

Aber welch eine Landschaft! In Amerika vergißt man immer wieder, daß Deutschland ein Land voll von Schönheiten ist und nicht eine stählerne Festung, voll von Leuten, die Stahlhelme tragen und Waffen schmieden. Ganz im Gegenteil! Und Bayern ist ein solcher Traum! Mein Gott, hier gibt es so viel Schönheit und Fröhlichkeit – warum kann es keinen Frieden geben? Müssen die Menschen immer wieder Verschwörungen aushecken, opportunistisch sein, Kriege führen, Angst haben?

Morgen ist das Konzert, obwohl es wegen eines Straßenbahnstreiks beinahe abgesagt worden wäre. Aber das Hilfskomitee für jüdische Deportierte wird für den Transport des ganzen Orchesters sorgen!* Ich finde, das ist die größte Geschichte aller Zeiten: Juden helfen den

* 16 Lastwagen, in denen früher Juden von und zu unsagbaren Orten transportiert worden sind.

Deutschen aus – in dieser Zeit, in dieser Atmosphäre!
Das wär' etwas für unsere Herren Kolumnisten!
Trotz meiner drei Brandmale (ich bin unter dreißig, Amerikaner – also unkultiviert – und Jude) scheint mich das Orchester gern zu haben. Heute nach der Vormittagsprobe sagte mir ein Geiger, daß es in Deutschland vielleicht zwei Dirigenten gäbe, die Schumann so gut wie ich dirigieren könnten, und beide wären schon über achtzig! Das größte Kompliment, das man mir bisher gemacht hat. Und das ausgerechnet in Deutschland!
Wenn sonst nicht gestreikt wird, ist also morgen Konzert. Hierzulande weiß man nie. Aber ich habe meinen Triumph ja eigentlich schon errungen: als ich das Orchester für mich gewann.
Montag gebe ich in zwei Lagern Konzerte für Deportierte – in Landsberg und in Feldafing. Das wird sehr aufregend. Sie sollten die Plakate sehen! Ich bringe eines mit. Für nichts in der Welt hätte ich all das versäumen mögen. Und ich habe so viel Glück gehabt dabei, mit meinem Quartier in Geiselgasteig, wo man ißt wie ein König; wo es Tag und Nacht warmes Wasser gibt, wo ich ein eigenes Dienstmädchen habe mit allem Drum und Dran – inmitten all der Not rundum.
Heute habe ich Ihnen wegen dem Mahler-Programm telegraphiert.
Danke für die vielen Mitteilungen. Mir geht es großartig, wenn ich auch immer am Sprung bin und mehr lerne, als mein Kopf aufnehmen kann. Ein unerhörtes Erlebnis, aber unfaßbar kompliziert – ich kann das in einem Brief nicht ganz erklären, warten Sie, bis ich zurück bin. Aber es kommt mir vor, als wäre Amerika ein großer,

plumper, tüchtiger, langweiliger Ort. Vielleicht ändere ich meine Meinung, bis wir in Budapest sind.

Helmut Grohe, der hiesige Orchester-Manager, ist ein Volltrottel und bringt alles durcheinander. Ich danke Gott für Moseley.

Bis Mailand.

An alle alles Liebe,
L.

Verona, 2 Uhr 30 früh
11. Mai 1948

Liebe Helen!

Ich sitze, vor Müdigkeit schwankend, zwischen zwei Zügen (dreieinhalb Stunden Wartezeit) in diesem verfallenen Bahnhof, trinke herrlichen italienischen Kaffee, bis an den Rand voll von der großartigsten Bahnfahrt, die ich je erlebt habe. Es war warm und himmlisches Wetter und wir sind von München über die phantastischen bayrischen Alpen durch Tirol gefahren und dann über den Brenner-Paß von Österreich wie mit einem Kopfsprung die Berge hinunter nach Italien. Es war abenteuerlich schön, aber wann ich in Mailand sein werde, weiß hier kein Mensch. Dennoch, und trotz der Erschöpfung, ist es dafürgestanden. Ich werde diese Fahrt nie vergessen.

Das Münchner Konzert war der größte Erfolg, den ich bisher hatte. Vor allem der drei Hindernisse wegen, die zu überwinden waren: Jugend, Amerikaner, Jude. Und was für ein rauschender Erfolg! Es gibt nichts, was einen mehr befriedigen könnte, als ein Opernhaus voll von begeisternd jubelnden Deutschen. Zu schade, daß Sie das nicht miterleben konnten. Für die amerikanische Militärregierung bedeutet es außerordentlich viel; die Musik war die letzte Bastion der Deutschen in ihrem «Herrenrassen»-Anspruch, und in München ist sie jetzt zum ersten Mal geplatzt.

Fast genauso aufregend waren die beiden Konzerte in den zwei Deportierten-Lagern am gestrigen Montag. Ich bin von einem Kinderspalier mit Blumen empfangen worden und mit allen sonstigen Ehren. Ich habe ein 20-Mann-Konzentrationslager-Orchester   dirigiert (noch dazu mit «Freischütz»!) und mein ganzes Herz hineingelegt. Ich kann Ihnen das alles jetzt nicht schildern – es sitzt so tief und geht so nah – und mein Zug ist bald fällig.

Zwei Stunden bin ich durch das nächtliche Verona gewandert, das altersschwach ist und langsam zerfällt und noch immer Dante atmet. Alles ist so umwerfend und schrecklich und schön und häßlich und chaotisch und begeisternd.

Alles Liebe,
L.

Per Luftpost schicke ich Ihnen ein Paket mit einer echten Häftlingsuniform aus einem Konzentrationslager. Ein Geschenk an mich. Passen Sie besonders gut darauf auf – es ist kostbar, so etwas zu besitzen.

An seine Sekretärin

Woran ich glaube

Ich glaube an den Menschen. Ich empfinde, liebe, brauche und schätze den Menschen mehr als alles andere, mehr als Kunst, als Naturschönheiten, als organisierte Frömmigkeit oder nationalistische Bündnisgebilde. Eine menschliche Gestalt auf einem Bergeshang kann den Berg für mich verschwinden machen. Ein Mensch, der für die Wahrheit ficht, macht mich die Platitüden von Jahrhunderten vergessen. Und ein einziges Menschenwesen, an dem Unrecht verübt wird, macht für mich das gesamte System, das dieses zuläßt, ungültig.

Ich glaube, es ist die edelste Gabe des Menschen, sich zu ändern. Damit ist er gott-ähnlich. Mit Vernunft begabt, kann er zwei Seiten erkennen und wählen: er kann göttlich irren. Ich glaube an das Recht jedes Menschen, sich im Irrtum zu befinden. Aus diesem Recht heraus hat er mit Mühsal und Liebe etwas geschaffen, das wir voll Ehrfurcht Demokratie nennen. Er hat sich dazu den steinigen Weg ausgesucht, und er geht diesen steinigen Weg weiter – aus Vernunft, aus freien Stücken, aus Irrtum, aus dem Wunsch nach Läuterung. Demokratie kann nur auf demokratische Weise zustande gebracht werden. Es gibt viel einfachere Methoden – flinkere, eindrucksvollere, scheinbar wirksamere. Aber sie bringen schlußendlich doch nichts zustande, wenn man sie mit der so schwierigen wie langsamen Methode vergleicht, in der die Menschenwürde des A von B anerkannt wird, ohne daß dabei die Menschenwürde von C

Schaden litte. Schwierig in der Tat, mit zwei Milliarden A's, B's und C's, die berücksichtigt werden müssen; aber jeder einzelne der wertvollen Schritte, die uns auf unserem langen Marsch dem demokratischen Ideal näherbrachten, ist solcherart erfolgt. Menschenwürde besitzt nur, wessen Zuneigung der Würde seines Mitmenschen gilt.

Ich glaube an die Möglichkeiten der Menschen. Ich kann nicht tatenlos zusehen, wenn jemand im Namen der «menschlichen Natur» resigniert aufgibt. Menschliche Natur ist nichts als tierische Natur, wenn sie unabänderbar ist. *Menschliche* Natur beinhaltet unter den Elementen, aus denen sie besteht, auch das Element der Verwandlungsfähigkeit. Ohne Wachstum gibt es keine Gottheit. Sobald wir glauben, daß der Mensch niemals eine Gesellschaft ohne Krieg zuwege bringen wird, sind wir auf ewig zum Kriegführen verurteilt. Das ist zweifellos der leichtere Weg. Aber der mühselige, von Liebe erfüllte Weg, der Weg der Würde und der Göttlichkeit, setzt einen Glauben an den Menschen voraus, an seine Fähigkeit, sich zu ändern, zu wachsen, sich mitzuteilen, und zu lieben.

Ich glaube an das Unbewußte im Menschen, an diesen tiefen Quell, der der Ursprung seiner Macht ist, sich mitzuteilen und zu lieben. Für mich ist alle Kunst eine Kombination dieser beiden Mächte; Kunst gilt mir nichts, wenn sie nicht imstande ist, auf der Ebene des Unbewußten eine Verbindung zwischen dem, der das Kunstwerk schuf, und dem, der es wahrnimmt, herzustellen. Wir können sagen, die Liebe sei die innigste und tiefste Art zweier Menschen, sich einander mitzuteilen. Die Kunst vermag diese Mitteilungsform auszuweiten, zu vergrößern und auf eine weit größere Zahl von Menschen zu erstrecken. Dazu bedarf es eines heißen Kerns, eines verborgenen Heizkörpers. Ohne diesen Kern ist Kunst nichts als Übung in Fingerfertigkeiten, nichts als Aufmerksam-Machen auf sich selbst, oder eitle Selbstdarstellung. Der Wärme und der Liebe wegen, die sie ausstrahlt, glaube ich an die Kunst, mag sie leichteste Unterhaltung, bitterste Satire oder erschütterndste Tragödie sein. Denn wenn Kunst erkaltet, ist sie unfähig, irgend jemandem irgend etwas mitzuteilen.

Ich glaube, daß mein Land jener Ort ist, an dem sich alle diese Dinge, von denen ich sprach, am sichtbarsten ereignen. Amerika steht am Beginn des bedeutendsten Abschnittes seiner Geschichte – des Abschnittes, in welchem es die Führung von Wissenschaft, Kunst und menschlichem Fortschritt zum demokratischen Ideal übernehmen muß. Ich glaube, daß sich Amerika in diesem Augenblick an einem kritischen Punkt befindet und daß es allen Glauben an sich und seine Ziele, den wir mobilisieren können, bitter nötig hat. Wir müssen fest, fester als zuvor, aneinander glauben – an unser Vermögen, zu wachsen und uns zu ändern. An unsere Macht, uns mitzuteilen und zu lieben. An unsere wechselseitige Menschenwürde. An unseren steinigen Weg zur Demokratie. Wir müssen Gefallen daran finden, unsere Kümmernisse, unsere Erfolge, unsere Leidenschaften nicht bis zur Neige auszukosten. Durch die Kunst müssen wir uns selbst besser kennenlernen. Wir müssen uns mehr auf die unbewußten Kräfte im Menschen verlassen. Wir dürfen nicht Sklaven von Dogmen werden. Wir müssen an die Machbarkeit des Guten glauben. Wir müssen an den Menschen glauben.

Aufgrund der Aufforderung, zusammen mit einer Reihe
anderer Verfasser, darunter Eleanor Roosevelt,
sein Credo für ein Buch dieses Titels zu verfassen,
im Januar 1954 geschrieben

Brief an Martha Gellhorn

Traummädel!

Ich habe neulich jemanden kennengelernt, der Sim oder Shim hieß, und habe daraufhin sofort «Weekend at Grimsby» wieder gelesen und gefunden, daß es eine echte, tief bewegende Geschichte ist und auch stilistisch und formal ein Ganzes. Deshalb freut es mich so ganz besonders, daß Du wieder Deine Schreibmaschine miß-handelst, auch wenn Du das, was dabei herauskommt, wahrscheinlich für einen riesigen Mist hältst. Eines Ta-ges wirst Du aus purem Zufall auf den Kern, auf das In-nerste der Sache stoßen, denn natürlich lag es schon die ganze Zeit da, in diesem kleinen Hinterhof Deines Schä-dels, und dann wird die Hölle los sein. Aber natürlich ge-schieht so etwas erst, wenn zunächst eine Unmenge von Mist da ist. Aber weiß Gott, Du gehörst eben zu denen, die gezwungen sind, ohne Unterbrechung zu arbeiten; das sagt Dir einer, der ununterbrochenes Arbeiten noch nötiger hat als Du. Auch ich spiele Familienleben, wenn auch nicht so intensiv und dramatisch wie Du, und habe meine kleine Alltagsküche und zwei oder drei weitere Karrieren obendrein und weiß, wie fürchterlich es ist, plötzlich das einzige zu tun, was Sinn hat, nämlich schöpferisch tätig zu sein, nachdem man es scheinbar jahrhundertelang hat sein lassen und sich fragt, wer man ist und wie man je darauf kommen konnte, daß man ir-gend etwas in die Welt setzen könnte außer Babies. Du siehst, auch ich habe damit angefangen, turmhohe Misthaufen zu errichten, und eines Tages wird etwas dabei herausschauen. Heuer wird komponiert; sehr wenig, wenn überhaupt, dirigiert, kein Europa, der ganze Winter findet in der 57. Straße statt, in meinem immer größer werdenden Familienkreis; ein neues Stück (etwas Tragisches diesmal) und eine Neufassung (der nicht endenwollende «Candide») stehen auf dem Programm, dazu ein großes Werk für Orchester zum 75. Geburtstag der Bostoner Symphoniker und sonstige Kleinigkeiten, mit denen ich Dich nicht langweilen will. Das wär's. Haargenau. Und wenn diesmal nichts daraus wird, werde ich Dich auf ewig auf endlosen Wanderungen durch Skandinavien begleiten.

Aber nun zu Alexander Serge Leonard B.!! Wie kann ich dieses Wunderwerk beschreiben? Er ist zweifellos auserkoren, unser erster jüdischer Präsident zu werden: schon jetzt schaut er wie Präsident Rutherford B. Hayes aus (allerdings ohne Bart. Und ohne Augenbrauen, Wimpern und sonstiges Haupthaar). Er ist männlich, nein, supermännlich: feist, ernst, ein großer Fresser und Schreier. Ich fühle mich ihm so nah, daß ich es nicht schildern kann. Er ist mir so vertraut, als wäre er immer schon da gewesen; anders als Jamie, um die in meinen Augen immer etwas Besonderes, Exotisches ist. Was ich sagen will, ist wahrscheinlich, daß Alexander wie ein Bernstein ausschaut – wie mein Vater, wenn er am Abend seine Zähne herausnimmt, ein bißchen auch wie Burtie, wenn er betrunken ist –, während Jamie wie eine Prinzessin aussieht, also wie Felicia, und unsagbar blond und zart und zauberisch ist. Kann es sein, daß es von solchen Dingen abhängt, welche Beziehungen man zu seinem eigenen Kind hat, das dann aus diesen Gründen dazu verurteilt ist, schluchzend auf der Couch eines Psychiaters zu landen? Das ist ja, wenn man Kinder hat, eines der qualvollsten Dinge, daß man wirklich nicht weiß, was man ihnen antut, indem man sie wie ein Wahnsinniger liebt, wie ein Falke beobachtet, für sie hofft und für sie betet. Aber irgendwie habe ich das Gefühl, daß Alexander all dem trotzen kann, daß ich ihn nicht mehr verwunden kann, sobald er mit acht Jahren sein Doktorat in Harvard macht. Er hat ein so liebes Hinterteil und ein so großes, krummes Lächeln. Jamie leidet unter der zu erwarten gewesenen Rivalität, und von Zeit zu Zeit ist sie gefährlich knapp daran, ihm den Schnuller in den Schlund zu stopfen, während sie ihm süßen Unsinn ins Ohr flüstert; aber man hat mir mitgeteilt, daß dies eine völlig normale Abnormalität sei, und sie wird sie sicher überwinden, wenn wir das alles überleben.

Fely hat nie hübscher ausgesehen. Sie hat sich unglaublich rasch erholt, so sehr, daß sie kaum einen Monat, nachdem das Kind zur Welt kam, eine hinreißende kommunistische Spionin im Fernsehen spielen konnte. Sie trägt ihr Haar jetzt kurz, und ich finde überhaupt, daß ich eine ganz reizende Familie habe. Ich unterziehe mich gerade dem fürchterlichen Vorgang, nach einem äußerst anstrengenden Arbeitsjahr mich am Busen derselben zu entspannen, und muß dabei die Entdeckung machen, daß Entspannen viel schwieriger ist, als angespannt zu bleiben. Alle die kleinen und großen Wehwehchen und Widrigkeiten, die barmherzig unterdrückt bleiben, solange man drauflosarbeitet, kommen, sobald man sich

ausruhen will, sekundenschnell zum Vorschein, und wieder ist die Ruhe dahin. Aber die Landschaft hier ist so schön, und außer den Fröschen, den Vögeln und uns sind Gott sei Dank schon fast alle weg. Wir bleiben noch zwei Wochen hier, dann geht's zurück in die Tretmühle. Aber das ganz große Problem, das es zu lösen gilt, ist die Frage, ob wir Alexander Sandy oder Andy oder Sascha oder Alex oder Lex oder Aly oder Lumpy nennen sollen (Lumpy ist Jamies jüngster Vorschlag). Wenn Du Flavia siehst, umarme sie von uns und drück ihr unser Beileid aus. In Rom habe ich sie verfehlt und schäme mich, aber deshalb haben wir sie doch genauso gern wie eh und je. Ich hoffe, daß Italien Dir gutgetan hat und daß die *solitudine* weiterhin ihre Wirkung tut und Dich zur Arbeit antreibt. Schreib bald, denn irgendwie leb' ich von Deinen Briefen. Werden wir uns je wiedersehen? Alles Liebe an Omi und Tom und Sandy von uns beiden. Ich denke täglich an Dich.
Eine Riesenumarmung,

Lenny

PS. Letzten Donnerstag war ich 37. Großer Gott.

Aus Great Barrington, Massachusetts,
am 31. August 1955

Auszüge aus dem
«West Side Story»-Logbuch

New York, 6. Januar 1949. Jerry R. hat angerufen. Er hat eine prachtvolle Idee: eine moderne Version von «Romeo und Julia», die in den Slums spielt, während man das Oster- und das Pessachfest feiert. Aufbranden von Emotionen zwischen Juden und Christen. Die ersteren: die Capulets. Die letzteren: die Montagues. Julia ist Jüdin. Bruder Lorenzo ein Apotheker um die Ecke. Schlägereien auf offener Straße, zweifacher Tod – alles paßt zueinander. Aber das ist weniger wichtig als die viel bedeutendere Idee, ein Musical zu machen, das eine tragische Geschichte mit den Mitteln und im Stil eines Musicals erzählt und nie Gefahr läuft, in «Oper» auszuarten. Läßt sich das machen? Bei uns hat das bis jetzt noch keiner zustande gebracht. Ich finde allein die Idee sehr aufregend. Wenn es gelänge – es wär' das erste Mal. Jerry schlägt Arthur Laurents als Textbuchautor vor. Ich kenne ihn nicht, ich kenne nur «Home of the Brave», das mich zu Tränen gerührt hat. Er könnte der Richtige sein.

New York, 10. Januar 1949. Habe bei Jerry Arthur L. getroffen. Langes Gespräch über den Unterschied zwischen Oper und dem, was aus Jerry's Idee werden soll. Faszinierend. An die Arbeit.

Columbus, Ohio, 15. April 1949. Soeben die Entwürfe für die ersten vier Szenen erhalten. Sehr gute Sachen. Aber so kann man nicht arbeiten. Ich auf dieser langen Konzert-Tournee, Arthur andauernd zwischen Hollywood und New York. Ich glaube, wir müssen warten, bis sich irgendwann eine Spanne Zeit findet, die lang genug ist, damit ich mich mit diesem Projekt ernsthaft beschäftigen kann. Dieses Stück kann man natürlich nicht auf Stars aufbauen, da es von ganz jungen Leuten handelt; und deshalb steht oder fällt es mit dem Erfolg der Zusammenarbeit aller; und diese Zusammenarbeit via Fernsteuerung ist zum Scheitern verurteilt. Vielleicht läßt sich der richtige Komponist finden, der nicht fortwährend verschwindet, um zu dirigieren. Das ist weder dem Werk noch den anderen gegenüber fair.

New York, 7. Juni 1955. Jerry gibt's nicht auf. Eine Verschiebung um sechs Jahre ist für ihn nichts. Und ich finde die Idee noch immer aufregend. Arthur auch. Vielleicht kann ich dieses Jahr dem «Romeo» widmen – falls der «Candide» rechtzeitig über die Rampe kommt.

Beverly Hills, 25. August 1955. Heute lange Aussprache mit Arthur am Swimming-pool – er macht einen Film hier, ich dirigiere in der Hollywood Bowl. Wir sind noch immer von der «Romeo»-Idee begeistert; nur haben wir die ganze jüdisch-katholische Voraussetzung aufgegeben; sie kommt uns plötzlich altbacken vor. Statt dessen ist uns etwas eingefallen, das meinem Gefühl nach den Nagel auf den Kopf trifft: zwei Teenager-Banden, die einen kämpferische Puertoricaner, die anderen selbsternannte «Amerikaner». Plötzlich habe ich alles lebendig vor Augen. Ich höre Rhythmen und Schwingungen und – das wichtigste – ich spüre irgendwie schon die Form.

New York, 6. September 1955. Jerry ist von unserer Banden-Idee begeistert. Wir haben feierlich einen Eid geschworen. Es geht los. Gott steh' uns bei!

New York, 14. November 1955. Ein junger Schlagerdichter namens Stephen Sondheim hat mir heute ein paar seiner Lieder vorgesungen. Ein Riesentalent! Ich glaube – wir alle glauben –, er ist für dieses Projekt ideal. Die Zusammenarbeit gedeiht.

New York, 17. März 1956. «Candide» steht mir wieder bevor; in einem Monat muß ich mich drübermachen. Also muß «Romeo» um ein Jahr verschoben werden. Man weiß nie, wozu so etwas gut ist: ein Ding wie dieses sollte gründlich gesalzen, gepökelt, geräuchert und lange abgelagert sein, ehe man es hervorholt. Überhaupt: es ist ein derart problematisches Werk, daß es nicht abgelagert genug sein kann. Das Hauptproblem: die feine Scheidewand zwischen Oper und Broadway zu finden, zwischen Wirklichkeit und Dichtung, zwischen Ballett und bloßem Tanz, zwischen Abstraktion und Abbildung. Tunlichst «Botschaften» vermeiden. Die Scheidewand ist da, aber sie ist hauchdünn, und manchmal muß man seine Augen strapazieren, ehe man sie wahrnimmt.

New York, 1. Februar 1957. «Candide» ist abgeschlossen, die philharmonischen Konzerte sind dirigiert, zurück zu «Romeo». Von nun an wird nichts mehr dieses Projekt stören können; was immer dazwischentreten will, wird hinauskomplimentiert werden. Die Sache läßt sich zu gut an, als daß man sie nochmals fallenlassen dürfte.

New York, 8. Juli 1957. Proben. Oliver hat wunderschöne Entwürfe für das Bühnenbild gemacht. Irene hat uns ihre Kostümskizzen gezeigt: atemberaubend. Ich kann es kaum glauben: auf der Bühne haben sich wirklich vierzig Jugendliche an die Arbeit gemacht! Vierzig Jugendliche, die nie zuvor gesungen haben, singen fünffachen Kontrapunkt – und klingen wie die himmlischen Chöre. Es war richtig, die Rollen nicht mit «Sängern» zu besetzen: alles, was professioneller klingt, muß unweigerlich auch erfahrener, wissender klingen, und damit wäre die jugendliche Frische dahin. Das perfekte Beispiel dafür, wie aus einer Not eine Tugend werden kann.

Washington, D. C., 20. August 1957. Die Premiere gestern abend war so, wie wir sie uns erträumt haben. Das ganze Hin und Her, die ganzen Qualen, die ganzen Verschiebungen, das ganze Um- und wieder Um- und noch einmal Umschreiben sind dafürgestanden. Ein Werk ist entstanden. Ob es nun nach Broadway-Maßstäben Erfolg haben wird oder nicht – ich bin davon überzeugt, daß das, wovon wir all diese Jahre hindurch geträumt haben, möglich ist: da steht sie nun, diese tragische Geschichte mit ihrem inhaltsschweren Thema, in dem sich Haß und Liebe gegenüberstehen, mit all den Fährnissen

des Theaters wie Tod und Rassenfragen und jugendliche Darsteller und «ernste» Musik und kompliziertes
Getanze – und alles zusammen leuchtete dem Publikum
und den Kritikern ein. Ich habe gelacht und geweint, als
hätte ich es nie zuvor gesehen oder gehört. Ich glaube,
der Grund, warum alles so gut ausgegangen ist, liegt
darin, daß alle Beteiligten wirklich *zusammengearbeitet*
haben; daß wir alle am *selben* Stück mitgewirkt haben.
Sogar die Produzenten haben dieselben Ziele verfolgt
wie wir und nicht ein einziges Mal nach einem karten-
verkauffördernden Happy-End verlangt. Eine Selten-
heit am Broadway. Ich bin stolz und dankbar, daß ich
Anteil daran hatte.

Eintragungen von 1949 bis 1957,
erschienen im Herbst 1957

DRITTER TEIL

Die philharmonischen Jahre

Brief
an Olga Koussevitzky

Liebe Olga!

Irgendwie ruft mir heute einfach alles S. A. K. in Erinnerung – in einem Brennpunkt von unendlicher Klarheit: der Ort, das Datum, die Wüstenluft, dieser traurige, steinerne, wilde Berg. Vor neun Jahren sind wir an einem Tag wie diesem in einer Umgebung wie dieser in seinem Haus in Phoenix gesessen und haben einen Berg wie diesen angestarrt. Obwohl keiner von uns davon wußte, hatte er nur noch wenige Monate zu leben. Aber er wußte, daß *irgend etwas* zu Ende ging; mit sanfter Ergebung sprach er über Zeit und Zeitlosigkeit, die er in dem tränenlos trockenen Berg vor uns verkörpert sah; nicht betrübt, doch jenseits jeglicher Betrübnis, so wie dieser zerfurchte Berg jenseits aller Tränen war, durch Jahrhunderte des Leidens von allem Weh geläutert, nichts mehr empfindend und gelassen. Er wußte, daß irgend etwas zu Ende ging, da er mir still und leise Aufgaben übertrug – Träume, die zu verwirklichen, Verantwortungen, die zu übernehmen, Maßstäbe, die zu bewahren waren. Und in einem fort sprach er von Israel. Dort gibt es eine andere Art von Wüstenei, und in meiner Erinnerung steht S. A. K. genauso scharf vor den trauernden Hügeln Jerusalems, die sogar dem Wehklagen des Jeremias gegenüber tränenlos blieben. Ich erinnere mich, mit welcher stolzen Ehrerbietung er von König David sprach, der Musiker war; und ich gewahrte den Widerstreit seiner eigenen Gefühle, als er auf die im Namen des Glaubens zerrissene, verblutende Stadt blickte.

Fast neun Jahre ist das her. Musikalisch hat sich seither viel geändert; es gibt mehr Musik als damals, ein viel größeres Musikpublikum als damals, und es hört anders zu als damals. Werke, die damals stachelig und unzugänglich schienen, sind inzwischen gängige Klassiker geworden. Und das verdanken sie in so hohem Maße ihm, seinem unbeugsamen Daraufbestehen, daß man sie bestelle und daß man sie, wie er zu sagen pflegte, aufführe – *coûte que coûte*. Bartók, Strawinsky, Copland.

Copland: Wie seltsam, daß heute sein Geburtstag ist. Es fällt mir schwer, mir sein Gesicht vorzustellen, ohne dahinter das Gesicht Koussevitzkys zu sehen. Die beiden waren meine gründlichsten Lehrer. Obwohl keiner von ihnen beruflich lehrte, waren sie Lehrmeister aus Berufung. Sie waren großmütig im Begeistern und im Mitteilen und hingebungsvoll im Teilen ihres Hingegebenseins an die Musik. Und in diesem Zusammenhang sehe ich sie vor dem Hintergrund eines anderen Berges, eines grünen, fruchtbaren, bewaldeten Berges voll Jugend und Freude, inmitten eines herrlichen Sommertraumes, den wir Tanglewood nannten.

Heute ist noch ein anderer, sehr persönlicher Jahrestag: heute nachmittag vor sechzehn Jahren machte ich, unerwartet und schreckerfüllt, mein Debut mit den New Yorker Philharmonikern. S. A. war nicht dabei: Er hatte nichts mit meiner Ernennung zum stellvertretenden Dirigenten zu tun; er wußte nichts davon, daß ich wegen einer plötzlichen Erkrankung Bruno Walters einspringen mußte. Aber er war Note für Note, Takt für Takt bei mir; er gab mir die Autorität, die ich brauchte, er spornte meine Phantasie an, er peitschte und zügelte meine Leidenschaften. Ich höre ihn noch immer: «Wenn Sie vor dem *orchestre* stehen, stehen Sie gerade, wie ein hoher Baum in der Sonne. Sie sehen im *orchestre* jedem einzeln in die Augen, langsam, jedem einzelnen, bis Sie sie *haben*. Dann heben Sie sehr, sehr langsam ihre *baguette*, und dann beginnen Sie. Sie müssen vor dem *orchestre* wie ein Zauberer stehen, der den Schlüssel zu den Geheimnissen des Komponisten besitzt . . .»

Und wieder fällt mir eine Wüstenlandschaft ein. Es ist in Mexiko, Juni 1951. Ich habe vorderhand zu dirigieren aufgehört und komponiere, allein und ungestört. Telephon: S. A. ist wegen einem «Test» im Spital. Zwei Stunden später bin ich im Flugzeug, noch am selben Abend an seinem Krankenlager. Noch mehr Aufgaben, Träume und Maßstäbe, die zu bewahren waren. Tags darauf war er nicht mehr.

Fast neun Jahre. Musikalisch hat sich viel geändert, ja; und für mich ist dabei etwas sehr Wichtiges verlorengegangen. Wie soll ich es nennen? Glanz? Grandezza? Gala? Oder fehlt mir nur meine musikalische Vaterfigur? Oder das Flair von Festlichkeit, das jedes seiner Konzerte umgab? Oder das Gefühl, aufgerichtet, erhoben zu werden, das sich bei jedem Gespräch mit ihm einstellte? Dahin, dahin, und doch noch mehr – ja, ich glaube, ich finde das Wort –, etwas Bedeutendes ist mit ihm entschwunden. Wenn Koussevitzky aufs Podium kam, als ob er seinem Schicksal entgegenginge, wenn er seine *baguette* hob (ganz langsam – das war *important*), war es gleichgültig, was gespielt wurde: Es war von *Be-*

deutung, da er es dirigierte. Niemand im Publikum konnte darüber hinweghören, man lauschte seiner Musik in einer Art Euphorie, als hätte man Mescalin eingenommen, man durchhörte ihre Verästelungen und ihre Liebkosungen, ihre Wendungen, ihre Windungen, ihren Atem. Keiner – außer Dinu Lipatti, und auch er ist nicht mehr – hat es je vermocht, mich in solcher Weise Musik hören zu lassen.

Die Sonne ist schon fast verschwunden, hinter dem ausgedörrten Berg; es ist plötzlich kühl geworden, und ich muß hinein, an die Arbeit. Nächste Woche dirigiere ich wieder. Auf meinem Schreibtisch wartet die Partitur von Bartoks «Concerto for Orchestra» auf mich. Auch eines der Werke, die Koussevitzky bestellt hat. Eins geht ins andre; der Faden wird fortgesponnen.

Liebevollst,
L. B.

Palm Springs, Kalifornien
14. November 1959

Rede vor dem
«National Press Club»

Der Gedanke, vor dem «National Press Club» sprechen zu müssen, läßt mich vor Schreck erstarren. In diesen Tagen wird von mir natürlich überall erwartet, daß ich über meine Erlebnisse in Rußland spreche, was sehr nach einem Aufsatzthema aus der siebenten Klasse Gymnasium klingt. In letzter Zeit haben aber gerade Sie soviel über dieses Thema gehört und gelesen, daß ich meine Bemerkungen über Rußland eigentlich auf die Feststellung reduzieren kann, daß ich mit den gleichen Gefühlen, mit denen ich in die Sowjetunion hineingefahren war, wieder herausgekommen bin – nur waren diese Gefühle dort ungeheuer verstärkt und verfestigt worden. Immer schon habe ich die Russen gemocht und ihr Regime nicht gemocht. Jetzt liebe ich die Russen und hasse ihr Regime. Ich habe daher über keinerlei Sinnesänderungen zu berichten und würde am liebsten über das reden, was Sie wahrscheinlich am wenigsten gern hören: über die Presse.

Die Tournee, die ich mit den New Yorker Philharmonikern unternahm, führte uns in siebzehn Länder und dauerte zweieinhalb Monate; von spezieller Bedeutung waren natürlich unsere drei Wochen in Rußland. Wir haben achtzehn Konzerte in Moskau, Leningrad und Kiew gegeben, und das Publikum war wirklich phantastisch. In diesen Städten war unsere Mission, Freundschaft zu verbreiten, zweifellos die heikelste; da mußten wir einfach gut sein. Deshalb war es für uns geradezu eine Genugtuung, daß die Russen, für die wir spielten, jubelten und tobten und um ein Haar die Sitze aus ihren Verankerungen gerissen hätten.

Manchmal dauerte es bis nach Mitternacht, ehe wir nach einem Konzert auf die Straße kamen, aber da standen noch immer an die hundert, tropfnaß im Leningrader Regen, die nur auf die Gelegenheit zu einer Berührung, zu einer Umarmung, ja sogar zu einem Handkuß warteten. Ich glaube, das war nicht nur ein Tribut an das musikalische Niveau, das wir erkennen ließen, sondern ein Tribut an Amerika. Man spürt in jeder russischen Stadt, welche Anziehungskraft alles Amerikanische für die Russen besitzt, obwohl sie doch seit ihrer Kindheit in der Schule und durch die Presse und durch das Radio über uns ausschließlich Dinge gehört haben, die ihnen Amerika als eine Art Hölle erscheinen lassen müßten, die von Lynchjustiz und Ausbeutung und Arbeitslosigkeit heimgesucht wird.

Ich habe das Gefühl, die meisten Russen haben sich das nicht einreden lassen. Ich habe das Gefühl, die Kontakte, die wir mit ihnen auf der so profunden musikalischen Ebene hatten, haben ihnen mehr über uns mitgeteilt, als sie je aus ihren Zeitungen erfahren haben. Ich habe das Gefühl, sie glauben ihren eigenen Zeitungen kein Wort.

Natürlich glauben auch bei uns eine Menge Leute den eigenen Zeitungen kein Wort, aber hier in New York zum Beispiel haben wir die Wahl zwischen sechs verschiedenen Zeitungen, die von ein und demselben Ereignis in sechs verschiedenen Versionen berichten. In der Sowjetunion hat keiner die Wahl: alle Zeitungen halten sich an die offizielle Darstellung der Ereignisse und schreiben dasselbe; und das ist häufig das Gegenteil dessen, was die Leser für wahr halten.

Da sich außerdem aber die offizielle Darstellung laufend ändert, glauben die Russen eigentlich gar nichts mehr. Wir haben mit einer jungen Russin, die sehr anziehend und in einer hohen, offiziellen Position war, rasch Freundschaft geschlossen, nächtelang mit ihr diskutiert, wobei nur zu oft ihr letztes Argument in Tränen bestand. Einmal fragte ich sie, was man ihr über den Zwist zwischen Lenin und Trotzki mitgeteilt hatte; sie antwortete, sie hätte zu Lebzeiten Stalins zwei verschiedene Versionen darüber gehört und seither eine dritte, ganz neue; sie wußte auch nicht, daß Trotzki tot war, geschweige denn, daß man ihn ermordet hatte; sie dachte, er lebte irgendwo im brasilianischen Urwald. Da fragte ich sie geradeheraus, wie sie denn angesichts dieser schwankenden Zeitdarstellung überhaupt irgend etwas von dem glauben könne, was man als wahr angebe. Sie antwortete seelenruhig: «Ich glaube auch nichts.» Ich packte den Augenblick beim Schopf: «Wenn Sie nichts glauben, glauben Sie auch *an* nichts, oder?» «Ich glaube auch *an* nichts.» «Nicht einmal an den Sozialismus?» «Nein.» Sie wollte nichts, als in Ruhe gelassen werden. So sagte sie wortwörtlich.

Zurück zur Presse. Ich fand die Berichterstattung über unsere Tournee, soweit ich sie in den US-Zeitungen verfolgen konnte, großartig; großartig nicht nur in bezug auf den Umfang und den positiven Tenor all dieser Artikel, sondern auch und vor allem, weil diese Berichterstattung so korrekt war. Man stelle sich vor, was das für den Moskauer Korrespondenten eines amerikanischen Blattes, einer amerikanischen Rundfunkstation bedeutet, über die Tournee eines Orchesters zu berichten: nachdem er alles über die politischen, wirtschaftlichen und sozialen Verhältnisse hatte lernen müssen, soll er sich plötzlich auch zwischen Oboen und Klarinetten, zwischen Adagios und Andantes auskennen. Und trotzdem, es unterlief keinem von ihnen eine wirkliche Panne oder eine größere Blamage; fast alle Berichte und Reportagen, die ich las, waren fair.

Ich sage fast, denn natürlich gab es Ausnahmen, und ich erwähne sie hier nicht, um anzuklagen oder um mich zu beschweren. Ich erwähne sie, weil sie mir als Anlaß dienen, die Situation, in der wir uns auf unserer Rußland-Tournee befanden, zu illustrieren und in ein Ihnen vielleicht neues Licht zu rücken.

Ich weiß nicht, ob Sie von dem kleinen Zwischenfall erfahren haben, der sich ereignet hat, als wir in Moskau waren, und der von der russischen Presse im Ton von «Bernstein: Krach mit Moskauer Kritikern» wiedergegeben wurde. Erstens gab es keinen Krach. Zweitens war in den Zwischenfall nur ein einziger Kritiker verwickelt – und drittens habe ich mit diesem Herrn nicht in dessen Eigenschaft als Musikkritiker eine Meinungsverschiedenheit gehabt.

Folgendes war geschehen. Eines Abends gaben wir in Moskau ein außerordentliches Strawinsky-Konzert. Strawinsky ist zwar der bedeutendste russische Komponist dieses Jahrhunderts, aber das offizielle Rußland begegnet seinen Werken noch immer mit einem Stirnrunzeln.

Eines der Werke, das wir aufführten, war der «Sacre du Printemps» – ein Werk, das, wie man mir sagte, dreißig Jahre lang nicht in Moskau gehört worden war –, ein weiteres war Strawinskys Klavierkonzert, das überhaupt noch niemand in Rußland gespielt hatte. Außerdem war «The Unanswered Question» von Charles Ives auf dem Programm, 1908 geschrieben, ehe noch sogenannte «moderne Musik» auf diesem Planeten zu hören war und dennoch die meisten modernistischen Strömungen unserer Tage vorwegnehmend.

Aus allen diesen Gründen – und weil nicht genug Zeit war, eine Einführung für das Programmheft zu drucken – entschloß ich mich, zu den Zuhörern über diese drei außergewöhnlichen Stücke zu sprechen. Die Reaktion des Publikums war ungeheuer: nach dem Stück von Ives riefen sie mich immer wieder hervor und brachen schließlich in rhythmisches Händeklatschen aus, in Europa eine Art Bitte um Wiederholung. Als ich sie schließlich in meinem fürchterlichen Russisch fragte: «Wollen Sie das Stück wirklich noch einmal hören?», gab es hundertfache Zustimmung, und wir spielten «The Unanswered Question» ein zweites Mal. Die gleiche jubelnde Zustimmung gab es für die beiden Stücke Strawinskys, und die einzige Dissonanz des Abends kam aus der Regierungsloge in Form von Zisch- und Brummlauten, als ich über die Notwendigkeit, Strawinsky zu spielen, und über die Pioniertaten von Charles Ives sprach. Am nächsten Tag waren alle Kritiken wunderbar, auch in der «Literaturnaja Gazeta», dem offiziellen Organ des sowjetischen Kulturministeriums. Allerdings: im Anschluß an die Musikkritik gab es einen separaten Artikel, in dem der betreffende Kritiker bedauerte, daß ich die Unverschämtheit besessen hatte, bei einem Konzert Erklärungen abzugeben, als bestünde das Publikum aus Provinzlern, die keine Ahnung von Strawinsky hätten. Das regte mich noch nicht auf. Was mich die Zähne fletschen ließ, war seine abschließende Bemerkung, daß ich, obwohl der Applaus nach dem Stück von Ives nur höflich plätscherte, darauf bestand, das Publikum mit diesem Werk ein zweites Mal zu belästigen. Das brachte mich in Rage, und vor Wut buchstäblich kochend gab ich ein wütendes Kommuniqué heraus.

Ein Zwischenfall, den man achtlos abtun könnte; im nachhinein tut es mir leid, daß ich so heftig reagiert habe, denn die Sache war meines heiligen Zorns gewiß nicht wert. Schon am nächsten Tag regte sie mich nicht mehr auf und heute noch viel weniger. Es ist nun einmal so, daß das offizielle Organ des sowjetischen Kulturministeriums von Zeit zu Zeit unter die Gürtellinie schlägt; mit dieser Taktik hat man sich abzufinden. Womit ich mich viel schwerer abfand, war der Sturm im Wasserglas, der sich in Anschluß an diesen Zwischenfall in der amerikanischen Presse erhob, und die darauffolgende Artikel-Lawine in der «Saturday Review of Literature».

All das ist nicht sonderlich amüsant, und man hat mir gesagt, daß man von den Gastrednern im «Press Club» erwartet, enorm amüsant zu sein. Es tut mir leid, Ihnen keinen Anlaß zum Lachen geben zu können, aber ich hielte es für unter Ihrer Würde, würde ich Minderes zum Anlaß nehmen, um zu Ihnen zu sprechen. Gestatten Sie demnach, daß ich mich in diesem Sinne mit einer schokkierenden Geschichte von Ihnen verabschiede – mit einer Geschichte, die ein Beispiel für jene winkelzügige Berichterstattung ist, die wir den Russen vorzuwerfen pflegen.

Während unseres Moskauer Aufenthaltes schlug mir der stellvertretende sowjetische Kulturminister plötzlich vor, die New Yorker Philharmoniker sollten ihr Abschiedskonzert in einem riesigen, über 100 000 Menschen fassenden Stadion geben, eine Idee, die mir auf Anhieb gefiel. Aber es konnte nicht dazu kommen, das Wetter schlug um, es gab einen Kälteeinbruch, und der Plan war nicht länger durchführbar. Eine simple Angelegenheit ohne unterschwellige Bedeutung. Sie wurde – in einem speziellen Fall – dem amerikanischen Leserpublikum wie folgt berichtet:

«Eine Zeitlang sah es in Moskau danach aus, als wäre die musikalische Strategie der Sowjets von Erfolg gekrönt. Als die Russen im vergangenen Frühjahr damit einverstanden waren, in diesem Sommer für drei Wochen Leonard Bernstein und die New Yorker Philharmoniker bei sich aufzunehmen, waren sie überzeugt, auf alle Eventualitäten vorbereitet zu sein. Der Wirkung eingedenk, die Bernsteins Podium-Akrobatik auf die Massen ausüben würde, wiesen sie Bernsteins Bitte ab, eines oder mehrere Konzerte für seine massenhaften Anhänger im 10 000 Sitze fassenden Sportpalast oder in einem der öffentlichen Parks stattfinden zu lassen. Sie beschlossen ganz im Gegenteil, Bernstein und sein Orchester auf den großen Saal des Tschaikowsky-Konservatoriums einzuschränken, der 1100 Sitze umfaßt.»

Als mir dies in Moskau zu Gesicht kam, war ich wütend.

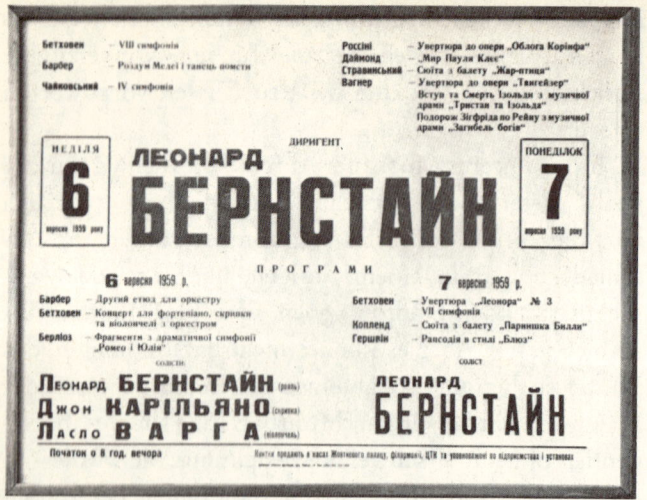

Immerhin: wir waren auf einer Tournee unter dem Ehrenschutz der amerikanischen Regierung und sollten Zeugnis ablegen für das, was an den Vereinigten Staaten wahr und gut war, und dieses Geschmiere war nicht dazu angetan, in mir Gefühle des Wahren und Guten aufkommen zu lassen, denn es bewegte sich auf dem gleichen Niveau wie jener Moskauer Kritiker, der festgestellt hatte, das Publikum habe nach dem Ives nur höflich plätschernden Applaus gespendet.

Ich nehme all das deshalb so ernst, weil wir uns derlei nicht leisten können, wenn wir die Bevölkerung hinter dem Eisernen Vorhang von den Vorzügen der Werte unseres Lebensstils überzeugen wollen. Das ist die Essenz meiner Predigt, für die ich Sie ergebenst um Entschuldigung bitte. Vergessen Sie bitte nie, daß Sie als die Vertreter der freien Presse der Vereinigten Staaten in unseren Tagen eine beinahe heilige Verantwortung tragen: Verdoppeln Sie Ihre Anstrengungen, erhöhen Sie Ihre Wachsamkeit, damit ihr beispielhaftes, ehrenhaftes und stolzes Ansehen bewahrt bleibe.

Rede, geschrieben im Oktober 1959,
aber so nicht gehalten, da L. B. frei sprach.

Über altmodische Künstler

Verehrter Herr Präsident, hochverehrte Frau Sachar, meine Herren Professoren, Gäste und Freunde der Brandeis-Universität!
Öffentliche Preisverleihungen sind nicht immer verbunden mit angenehmer Pflicht und großer Ehre, wie etwa heute in meinem Fall. Wie oft haben wir dieses häufig oberflächliche Ritual nicht über uns ergehen lassen, mit Begründungen, die armselig waren, da sie die Preiswürdigkeit des Ausgezeichneten auf ein Minimum reduzierten, um die allgemeine Aufmerksamkeit um so gewisser auf den Preisverleiher lenken zu können.
Heute allerdings beglücken mich meine Pflichten, und das aus drei Gründen: erstens, weil sich die Brandeis-Universität von ihrem ersten Atemzug an scharfsichtig der Künste annahm und nie nachließ, sie zu fördern; zweitens, weil die Juroren, die Jahr für Jahr die Preisträger auswählen, in ihrer unbestechlichen Weitsicht selbst schon preiswürdig sind; und drittens, weil die heute zu Ehrenden wahrlich ehrenwerte Künstler sind.
Lassen Sie mich erklären, was ich unter *ehrenwert* verstehe. In Kunstkreisen drehen sich die Gespräche heute mehr denn je um das Neueste, das Letzte, das Gewagteste, das Kaputteste, das Schickste – mit einem Wort: um das Vergänglichste. Nichts altert rascher als das äußerliche Experiment, als das gewollte Schockieren der Bourgeoisie. Mißverstehen Sie mich nicht: ich bin sehr dafür, weltweit die Kleinbürger zu schockieren, um Diskussionen herbeizuführen, Kontroversen zu provozieren; aber

ich bin sehr dagegen, wenn das zum künstlerischen Hauptziel wird. Solche Ziele werden in einem halben Jahrzehnt mit dem Brackwasser weggespült. Würden wir künstlerische Inventur machen, selbst aus der bescheidenen Perspektive, die unser Jahrhundert uns bietet, wir fänden heraus, daß alle Kunst, die sich von Dauer erwies, von altmodischen Künstlern geschaffen wurde. Ich bin stolz und beglückt, daß all die Künstler, die heute geehrt werden, altmodisch und ehrenwert sind; und daß Lillian Hellman, die im Namen aller zu Ehrenden die Preise in Empfang nehmen wird, möglicherweise die alleraltmodischste unter ihnen ist.

Fünfzehn Jahre lang habe ich mit Lillian Hellman gearbeitet, gestritten und geliebäugelt; und auf diese lange und lehrreiche Verbindung zurückblickend, möchte ich eine Litanei herunterbeten dürfen, die meine Vorstellungen von einem altmodischen Künstler beschreibt.

Zunächst und vor allem: ein verbissen hart Arbeitender, ein Qualen Leidender, ein nie Zufriedener und doch durch den bloßen Akt des Erschaffens eines Werkes stets Belohnter.

Zweitens: ein Bewahrer der Traditionen, ein für Verwurzelungen und Herkunft Hellwacher, erpicht, diese Wurzeln durch beständiges Maßnehmen an der Zukunft auszudehnen; also ein unersättlich Fortschrittlicher.

Drittens: ein sich selbst Betrachtender, sich selbst Suchender, ein Seelenstöberer, der keinem Körperteil, keinem Verstandespartikel Nachsicht gewährt, wenn es sich um Reinheit des Ausdrucks, um stilistische Richtigkeit und moralische Wahrheit handelt.

Viertens: ein ein sozial orientiertes Gewissen Besitzen-

der, der die Gesellschaft zugleich liebt, als auch ihr un-
bestechlicher Kritiker ist; also, natürlich, ein halsstarrig
Radikaler.
Fünftens: ein Quell des Humors, des Lachens, sei es ver-
wegen, verachtend oder verhalten; ein Wettkämpfer, in
den ureigenen Wettstreit des Erschaffens vernarrt.
Sechstens: ein Experimentierer; aber einer, der mit Material aus seinem Inneren, seiner Persönlichkeit experi-
mentiert. Ein Vorgang, der im Grunde genommen alle
Elemente beinhaltet: solche innerlichen Experimente
sind ohne die Qualen der Arbeit, ohne Achtung vor der
Tradition, ohne den Sinn fürs Künftige, ohne die Suche
nach sich selbst, ohne direkte Verbindung zur menschlichen Gesellschaft und ohne die Gabe des Humors, der
vor übermäßigem Pomp und ungebührlicher Feierlich-
keit schützt, einfach nicht möglich.
Von solchem Stoff ist der Künstler, der schnaubt und
tobt, wenn man von ihm sagt, er lebe nur der Kunst, und
im nächsten Moment besessen davonläuft, um ein sehr
altmodisches Etwas hervorzubringen, für das die Menschen, altmodisch und unbeholfen, wie sie sind, noch immer nur das eine Wort haben: ... Schönheit.

*Auszüge aus einer Rede Bernsteins
an der Brandeis-Universität
am 10. Juni 1961 in New York*

Rede auf S. J. B.

Ich muß Ihnen etwas gestehen: seit zehn Tagen arbeite ich an dieser Tischrede. Es ist nicht leicht, so einfach aufzustehen und seinen Vater zu würdigen, noch dazu in der Perspektive eines siebzigsten Geburtstages. Aus welcher Sicht soll man ihn beschreiben? Aus der Sicht des Kindes? Des Heranwachsenden? Des Erwachsenen? Man wird alle drei Standpunkte beziehen müssen. Nie wird sich ein Kind des eigenen Vaters als einer separaten Person bewußt: es sieht seinen Vater immer nur in Beziehung zu sich selbst, in Beziehung zu seinen eigenen Bedürfnissen und Wünschen. Aber einmal, meist mitten in der Jugendzeit, kommt der Moment, in dem man begreift, daß der Vater ein Wesen mit eigenen Ansprüchen ist. Nun sieht man ihn von einem neuen Standpunkt aus. Aber das eigentliche Verstehen des Vaters stellt sich erst beim Erwachsenen ein, der selbst zum Vater geworden ist. Also kann ich erst seit neun Jahren, seitdem ich Vater bin, wirklich begreifen und ermessen, wer und was dieses komplexe Wesen Samuel Bernstein ist. Er ist nämlich komplex, denn er ist ein ebenso prächtiger wie vielschichtiger Mensch. Verzeihen Sie mir also, wenn ich sehr ernsthaft über ihn sprechen werde, vielleicht sogar etwas belehrend.

Was ist denn der Vater in den Augen eines Kindes? Zunächst ist er sein Gebieter, mit der Macht zu billigen und zu strafen. Sodann ist er der Beschützer. Drittens der Ernährer. Darüber hinaus der Heiler, der Tröster, der Gesetzgeber. Und schließlich und vor allem ist er der Erzeuger, denn er ist die Ursache von des Kindes Existenz. So begreift das Kind den Vater. Und wir begreifen sofort, daß dies ein Abbild Gottes ist. Gebieter, Beschützer, Ernährer. Heiler. Tröster. Gesetzgeber. Erzeuger. Der Vater ist des Kindes Gott. Das Vorbild, dem es nachzueifern sucht. Das Ebenbild, nach dem es geschaffen wurde. Und während das Kind heranwächst, trägt es, wann immer es an Gott denkt oder an Gut und Böse oder an Belohnung und Vergeltung, im tiefsten Inneren den Stempel des väterlichen Ebenbildes.

Denken wir an den Trotz. Früher oder später trotzt jeder Sohn seinem Vater, streitet mit ihm, verläßt ihn, nur um zu ihm zurückzukehren und – wenn er Glück hat – sich bei ihm geborgener zu fühlen als zuvor. Wir erkennen wieder ganz deutlich die Parallele zu Gott: Moses, der Gott widerspricht, der mit ihm hadert, der mit Gott streitet, damit er anderen Sinnes werde. Auf diese Art trotzt jedes Kind seinem Vater, und etwas von diesem Trotz behält es sein Leben lang.

Vor kurzem habe ich einige Stellen aus der Kabbala gelesen und mich bei der sonderbaren, verborgenen Erinnerung ertappt, daß sie eigentlich ein verbotenes Buch ist. Ich las weiter und stieß auf eine Stelle, durch die mein Vater-Verständnis eine neue Dimension erhielt. In den Erleuchtungen des Rabbi Simeon wird darauf hingewiesen, daß die Gesamtheit der Offenbarungen Gottes als Weisheit schlechthin, als *Chachmah*, begriffen werden müsse, daß diese Weisheit aber nur in doppelter Form, männlich und weiblich, existieren könne. Deshalb ist *Chachmah* der Vater und *Binah*, das Verstehen, ist die Mutter.

Aber die beiden – und das ist die mystische Notwendigkeit – sind untrennbar; sie sind unteilbar. Rabbi Simeon beweist dies durch ein Anagramm von Binah: *Ben-Yah,* Gottes Sohn. Ein herrliches Paradoxon und so typisch jüdisch: die Mutter ist zu guter Letzt genauso Gottes Sohn wie der Vater – und deshalb sind sie eins.

So habe ich durch haarspalterisches Klären herausgefunden, daß die vielleicht wichtigste Eigenschaft des Vaters die Mutter ist; und daß deshalb der innerste Kern von Samuel Bernstein Jenny Bernstein ist. Das Loblied, das ich auf ihn singe, gilt also im gleichen Maß auch ihr.

Wahrscheinlich die wertvollste Gabe, die mein Vater uns Kindern verlieh, war, daß er uns lehrte, das Lernen zu lieben. In unserem Hause *war* er *Chachmah* und verkündete sie wie ein flammender Engel. *Binah*, das Verstehen, die weiblichere, unmittelbare Form der Weisheit, ist eine Fähigkeit, die ein Kind haben kann oder nicht. Wenn es sie nicht hat, wird es sie nie besitzen, denn sie läßt sich nicht erlernen. Aber *Chachmah* läßt sich lernen, und ich glaube, daß sich alles jüdische Leben, die gesamte jüdische Kultur darauf gründet, daß Lernen gelernt werden kann; und in diesem Sinne möchte ich meinen Vater einen bedeutenden Juden nennen. Wir Kinder danken es ihm, daß wir gar nicht anders konnten, als die Weisheit – und das Streben nach ihr – als Glück zu empfinden. Wer weiß, vielleicht hat er dabei unser Leben ruiniert. Der Wunsch, zuviel zu wissen, ist der Grund allein *Zores*, das ist hinlänglich bekannt. Und doch: ich möchte nicht, daß es anders gewesen wäre.

1932, also genau vor dreißig Jahren, begriff ich zum ersten Mal, daß mein Vater ein Wesen für sich war – ein

Mann mit einem eigenen Leben und mit Problemen, die mit mir nichts zu tun hatten. Es ist schon ein halbes Menschenalter her, aber ich erinnere mich beinahe noch an den genauen Augenblick, in dem ich meinen Vater plötzlich sah, wie er war. Das schlimmste Jahr der Depression lag gerade hinter uns; die Leute waren verarmt, stürzten sich aus den Fenstern, wurden Äpfelverkäufer; und gerade in diesem Jahr war mein Vater reich geworden. Nur für ein Jahr und nicht *sehr* reich, aber, unter Berücksichtigung der allgemeinen Wirtschaftslage, immerhin reich. Und in diesem Jahr baute er für uns ein Haus, ein Haus, das ihm gehörte. Eigentlich baute er *zwei* Häuser – auch eines in Sharon, für die Sommerfrische. Alles in ein und demselben Jahr. Und dann war kein Geld mehr da, und mein Vater war nie wieder reich. Aber er war glücklich. Und damals entdeckte ich ihn als einen Menschen, der seine eigenen Entscheidungen traf. Wenn jemand Geld verdient, verwendet er es für gewöhnlich dazu, noch mehr Geld zu verdienen. Man nennt das, glaube ich, «Geschäfte machen». Aber nicht Samuel Bernstein. Er hatte sein Leben lang von einem eigenen Heim, einem Familienschrein, von einem Altar für *Chachmah* und *Binah* geträumt. Also errichtete er dieses Heim, diesen Altar. Danach brauchte er kein Geld mehr. In diesem Jahr 1932 fing ich auch an, ihn in seinem Büro zu besuchen. Wohlgemut verschwendete er eine Menge Zeit, die er darauf hätte verwenden können, eine Menge Geld zu verdienen, in stundenlangen Diskussionen mit Kunden, wobei er eine abgenützte Bibel aus der Lade zu ziehen pflegte und mit Vorliebe das 14. Kapitel aus dem Buch der Richter als Grundlage seiner Unterweisungen heranzog. Das war seine Art, Geschäfte zu machen – stets mit diesem Buch in Reichweite –, und er macht sie sicher noch immer so, denn er ist noch immer nicht zu Geld gekommen.

Es war ein wichtiges Jahr, dieses 1932, ein gutes Jahr. Mein Bruder wurde in diesem Jahr geboren. Ich hatte meine Bar-Mitzwah, bei der ich zwei Reden zu halten hatte, eine auf englisch und eine auf hebräisch. In diesem Jahr begann ich auch zu rauchen, und die miteinander in Widerstreit liegenden Qualen des Fleisches und des Geistes ließen mich für die Probleme und Herausforderungen des Lebens wach werden.

Die zärtlichste Erinnerung an dieses Jahr vor dreißig Jahren betrifft aber die Nacht, in der ich, glaube ich, zum ersten Mal öffentlich als Musiker aufgetreten bin. Dieses Ereignis fand im Vestibül des Mishkan-Tefila-Tempels in Roxbury statt, ein Gebäude, das Sie alle zweifellos kennen. Ich glaube nicht, daß mir die Leute damals beim Spielen wirklich zuhörten: erstens hatten sie ein großes, koscheres Abendessen hinter sich, und zweitens war das, was ich spielte, wahrscheinlich auch nicht sehr gut. Aber ich weiß noch genau, wie aufgeregt ich war, denn ich spielte eine eigene Komposition. Es war eine Reihe von Variationen über ein Thema, das mein Vater so gern im Badezimmer sang, und da ich es dauernd hörte, hatte ich es mit der Zeit ebenso gern. Ich komponierte also Variationen darüber, eine im Stil von Chopin, eine, wie Liszt sie vielleicht geschrieben hätte, eine à la Gershwin. Ich habe sie heute völlig vergessen, und die Noten sind Gott sei Dank verlorengegangen; sie waren aber bestimmt miserabel, denn die Melodie paßt überhaupt nicht zu diesen Komponisten.

Ich habe also, lieber Papa, zu Ehren deines siebzigsten Geburtstages, genau dreißig Jahre später, eine neue Variation über dieses Thema komponiert, diesmal in meinem eigenen Stil. Ich nenne sie «Meditation über ein inniges Thema, das mein Vater vor dreißig Jahren im Badezimmer sang».

Ich mache dir dieses Geschenk mit meiner ganzen Liebe, meinem ganzen Respekt und meinem Dank dafür, daß du es mir ermöglicht hast, es zu komponieren.

Rede, gehalten am 7. Januar 1962
im Sheraton Plaza Hotel, Boston,
bei einem Souper zu Ehren des Vaters

New York Philharmonic Young People's Concert

339th Concert — 41st Season
(Founded by Ernest Schelling in 1924)

LEONARD BERNSTEIN, *Music Director*

Saturday, November 2, 1963, at 12:00 Noon

Leonard Bernstein, *Conductor*

"A Tribute to Teachers"

MOUSSORGSKY	Prelude to "Khovantchina"
THOMPSON	Scherzo. from Symphony No. 2
PISTON	Suite from "The Incredible Flutist"
BRAHMS	*Academic Festival Overture. Opus 80

Program subject to change

* Recorded by the New York Philharmonic

Columbia Records   Steinway Piano

The telecast of today's concert will be shown on CBS Television, Channel 2, on Friday, November 29, at 7:30 p.m., sponsored by Shell Oil Company.

Mr. Bernstein plays the Baldwin Piano

THE PHILHARMONIC-SYMPHONY SOCIETY OF NEW YORK, INC.
Philharmonic Hall, Lincoln Center, Broadway at 65th St., New York 23, N. Y.
Carlos Moseley, *Managing Director*   William L. Weissel, *Assistant Manager*

«Lobgesang für Lehrer»

NEW YORKER PHILHARMONIKER
KONZERTE FÜR JUNGE LEUTE
7. SAISON
MIT
LEONARD BERNSTEIN

Aufnahmedatum:	*Samstag, 2. November 1963*
	12.00–13.00 Uhr
Sendedatum:	*Freitag, 29. November 1963*
Sendetermin:	*19.30–20.30 Uhr*
Aufnahmeort:	*Philharmonic Hall*
	Lincoln Center,
	New York City
Produzent und Regisseur:	*Roger Englander*
Drehbuch:	*Leonard Bernstein*
Produktionsassistenten:	*Mary Rodgers*
	Elizabeth Finkler
	Robert Livingston

Bernstein:

Meine lieben jungen Freunde: ich freue mich, euch bei einer weiteren Saison der Reihe KONZERTE FÜR JUNGE LEUTE hier in der Philharmonic Hall wiederzusehen. Es mag euch merkwürdig vorkommen, daß ich für das heutige Eröffnungskonzert das Thema «Lehrer» ausgewählt habe. Dreht es sich bei unseren Konzerten nicht ausschließlich um Musik? Und was hätten Lehrer mit Musik zu tun? Die Antwort ist: alles. Wir können uns Maler vorstellen, die das Malen selbst erlernt haben, und vielleicht gilt das gleiche auch für einige Dichter – aber es ist so gut wie unmöglich, sich einen Berufsmusiker vorzustellen, der nicht *irgendeinen* Dank dem einen oder anderen Lehrer schuldig ist. Es ist ein Übel, daß wir nicht immer vor Augen haben, wie wichtig die Lehrer sind – in der Musik oder auf irgendeinem anderen Gebiet. Lehren ist wahrscheinlich der edelste Beruf, den es auf der Welt gibt – der selbstloseste, der schwierigste, der ehrenvollste Beruf. Außerdem ist Lehren der am wenigsten anerkannte, unterbezahlteste Beruf, den es auf der Welt gibt. Ich möchte also heute ein Loblied auf die Lehrer singen. Da wir alle hier nicht in der Lage sind, ihnen höhere Gehälter zu verschaffen, können wir ihnen zumindest den schuldigen Tribut zollen. Die beste Art, in der ich das tun kann, ist wohl in Form eines Lobgesanges für meine eigenen Lehrer, die mich während der letzten dreißig Jahre mit so viel musikalischer Freude und Begeisterung erfüllt haben.

Den Anfang möchte ich mit einem Lehrer machen, der nach wie vor mein Leben am

Insert:
Koussevitzky

stärksten beeinflußt, obwohl er jetzt schon zwölf Jahre tot ist – mit Serge Koussevitzky. Ich bin mir nicht ganz sicher, wie vielen unter euch jungen Leuten dieser berühmte Name bekannt ist, ihr solltet ihn aber alle kennen. Er war einer der größten Dirigenten, die es je gegeben hat, war 25 Jahre lang Chef des Boston Symphony Orchestra und hat diesen herrlichen Klangkörper zu jener Höhe geführt, auf der es als das beste Orchester der Welt bekannt wurde.

Außerdem gründete er die berühmteste Sommerschule, die wir unter dem Namen Berkshire Music Center kennen; dort war es, 1940, daß ich das Glück hatte, sein Schüler werden zu können und mit der Zeit auch sein enger Freund. Ich möchte heute den musikalischen Teil unserer Sendung mit einem Tribut zu seinem Gedächtnis beginnen. Koussevitzky war Russe, und die russische Musik lag ihm am Herzen. Ich möchte also etwas Russisches spielen, eines seiner Lieblingsstücke: das liebliche, ruhige Vorspiel zu Mussorgskys Oper «Chowanschtschina». Ein langer Name, aber ein kurzes Stück. (Es beschreibt einen Sonnenaufgang über der Moskwa: alles ist still und verschlafen, nur das Krähen von Hähnen und das Läuten von Moskauer Glockentürmen ist zu hö-

Strich
möglich

ren.) Wenn Koussevitzky diese Musik auf-
führte, verzauberte sie uns, und wir, damals seine Studenten, haben sie noch immer im Ohr. Seine Aufführung bleibt für
uns ein unerreichbares Beispiel. Hier also
das Vorspiel zu Mussorgskys «Chowanschtschina».

Super Telop MUSSORGSKY: VORSPIEL
(?) ZU «CHOWANSCHTSCHINA»
(ORCHESTER)
(4:55 APPROX.)

Applaus

Es tut mir leid, daß ihr dieses wunderschöne kleine Stück nicht in einer Aufführung unter Koussevitzky hören konntet.
Aber der gleiche Zauber, mit dem er seine
Musik erfüllte, ging von allem aus, was er
tat oder sagte – vor allem von seinem Unterricht. Er teilte sich seinen Schülern mit,
indem er sie begeisterte. Alles, was er
lehrte, lehrte er durch Gefühl, Instinkt,
Gemütsbewegung. Sogar die rein mecha-
nische Frage des Taktschlagens, des Aus-
führens von vier Schlägen pro Takt, wurde
bei ihm zu einer die Gemüter bewegenden
Angelegenheit. Ich kann noch heute seine
Stimme hören, wie er mir sagt, wie ich einen langsamen Viervierteltakt schlagen

soll, fließend oder, wie die Musiker sagen, *legato.* «Ajns-und-zwaj-und-draj-und-vier-und . . . muß sajn warm, wie Sonne!» Wenn er aber die vier Viertel *staccato* geschlagen haben wollte, kurz, genau und leicht, sagte er: «Ajns-und-zwaj-und-draj-und-vier-und . . .» Es wäre ihm nie eingefallen, vier tote Viertel zu dirigieren, 1, 2, 3, 4 und nur das. Die Hauptsache war für ihn immer, was *zwischen* den einzelnen Taktschlägen geschah; wie die Musik sich von einem Taktteil zum nächsten fortbewegte: «Ajns-und-zwaj-und-draj-und-vier-und . . .» und die Taktteile wurden lebendig. Allein das Taktschlagen wurde bei ihm zu einem aufregenden Erlebnis.

Strich möglich Ihr seht: der Musikunterricht ist keineswegs eine trockene Angelegenheit, die aus Skalen und Fingerübungen besteht; ein großer Lehrer ist einer, der aus seinen Schülern Funken herausschlagen kann, Funken, an denen ihr Enthusiasmus für Musik – oder was immer sie studieren – schließlich Feuer fängt. (Denn nur aus Enthusiasmus kann Neugierde entstehen, und nur, wer neugierig ist, besitzt den Willen zu lernen. Alles Wissen entstammt dem Wunsch zu wissen). Ihr könnt ein Jahr lang die Geschichte des amerikanischen Bürgerkriegs studieren und Schlachten und Generäle und Daten und Orte auswendig lernen – wenn ihr euch für ihn nicht brennend interessiert, werdet ihr schließlich einen Schmarren über ihn wissen. Wenn euch aber das große Glück widerfährt, daß ihr einen Lehrer habt, der imstande ist, diesen Krieg zu einem Teil eures Lebens, eures Vaterlandes, eurer Mitbürger, eurer Probleme und eurer Gefühle zu machen – dann könnt ihr Daten und Namen und Orte literweise in euch aufsaugen und werdet sie nie vergessen, denn ihr habt sie aus Enthusiasmus gelernt, aus der Begeisterung heraus, neues Wissen in euch aufnehmen zu können. Koussevitzky war ein Lehrer aus solchem Holz. Er konnte andere entflammen. So schade, daß er heute nicht bei uns sein kann. Aber wir haben das Privileg, daß seine liebenswürdige Witwe bei uns ist, die in ihrer Art genauso Begeisterung entfachen kann wie er. Dürften wir Madame Koussevitzky bitten, sich zu erheben, damit wir die Freude haben, sie kennenzulernen.

Olga verbeugt sich

Das erste Stück, das ich unter Koussevitzkys Anleitung dirigierte – überhaupt: das erste Stück, das ich öffentlich dirigierte –, war die II. Symphonie von Randall

Insert:
Randall

Thompson, dem bemerkenswerten amerikanischen Komponisten, der durch eine seltsame Fügung des Zufalls ebenfalls zu meinen Lehrern zählte. Am Curtis-Institut in Philadelphia unterrichtete er das Orchestrieren, und ich werde ihm für die Einblicke, die er mir in die Kunst der Orchestrierung gab, in die Kunst, zahllose Instrumente so zu mischen und zu kombinieren, daß sie sich zu einem homogenen Klangkörper fügen, stets Dank schulden. Also möchte ich auch Randall Thompson einen musikalischen Tribut zollen – eine Art Geburtstags-Tribut, denn in dieser Saison wird er 65. Wir spielen jetzt den 3. Satz aus der gleichen II. Symphonie, die ich damals, 1940, dirigierte. Dieser Satz ist irgendwie ein verjazztes Scherzo; ich werde nie vergessen, was für eine Herausforderung es damals für mich war – ich war erst 21 –, so etwas in meinem ersten öffentlichen Konzert zu dirigieren – denn die Rhythmen sind wahrlich mehr als vertrackt.

Zuerst gibt es 7 Schläge pro Takt, was an sich schon sehr ungewöhnlich ist: 1, 2, 3, 4, 5, 6, 7. Und über diese Grundschläge hinaus gibt es alle möglichen Synkopen, Abwechslungen und Überraschungen, so daß ein ziemlich wilder Rhythmus dabei herauskommt. (Singt.) Aber diejenigen unter euch, die je Dave Brubeck oder Stan Kenton zugehört haben, werden sich in diesem Stück wie zu Hause fühlen: es ist ein einziger Spaß und sehr amerikanisch. Und nun: das Scherzo aus der II. Symphonie von Randall Thompson.

Super Telop   RANDALL THOMPSON:
(?)   II. SYMPHONIE
             (SCHERZO)
             (ORCHESTER)
             (5:45 APPROX.)

Applaus

Jeder Erwachsene blickt auf einen oder zwei seiner Lehrer mit großer Zuneigung zurück; jeder hat zumindest einen Lehrer gehabt, den er angehimmelt hat, oder einen, bei dem plötzlich die Algebra etwas Faszinierendes zu sein schien oder die Geschichte des alten Ägypten oder sonst irgendwas. Aber wenn man ganz fest nachdenkt, entdeckt man, daß es mehr als einer oder zwei waren, die bleibenden Einfluß auf einen hatten. Von all den Lehrern, die ich in meinem Leben hatte – es müssen 60 oder 70 gewesen sein –, gibt es mindestens zwei Dutzend, denen ich für den Antrieb und die Begeisterung, die sie in mir weckten, danken möchte. Natürlich steht heute für so etwas nicht genug Zeit zur Verfügung, aber ich möchte einige der wichtigsten wenigstens erwähnen, damit ihr euch eine Vorstellung machen könnt, was ich unter einem *bleibenden Einfluß* verstehe.

Insert:
David Prall Da war zum Beispiel der hochberühmte Professor David Prall in Harvard, dessen Philosophie- und Ästhetik-Unterricht für *Insert:*
B. Hill mich zur lodernden Erleuchtung wurde; da war Edward Burlingame Hill, dieser vortreffliche amerikanische Komponist, der mir für die Kunst des Orchestrierens *Insert:*
Gebhard die Augen öffnete; da war Heinrich Gebhard, der große Klavierprofessor Bostons, der jede Unterrichtsstunde zu einer Reise *Insert:*
Vengerova auf einem Fliegenden Teppich machte; da war Isabella Vengerova – ach, wie fehlt mir diese bedeutende Frau, diese anbetungswürdige Tyrannin, die mich zwang, mir beim Klavierspielen selbst zuzuhören. Und so viele andere: Richard Stöhr, Susan Williams – ich kann sie nicht einzeln aufzählen. Aber ich bin froh, daß einige von ihnen heute hierhergekommen sind, und bin sehr geehrt. Hier ist Philip Marson, der mir vor vielen Jahren am Bostoner Gymnasium die Wunder der englischen Sprache, der Poetik und der Rhythmik vor Augen geführt hat und dessen Liebe zu den Worten mich ebenfalls zu einem in Worte Verliebten machte.

Und hier ist Helen Coates, bei der ich vor dreißig Jahren meine ersten entscheidenden Klavierstunden hatte und die mir seit fast zwanzig Jahren eine hingebungsvolle, überlastete Sekretärin ist.

Hier ist Renée Longy, die mich am Curtis-Institut in der Kunst des Partiturlesens unterwies und mit der zusammen ich viele aufregende Entdeckungen auf dem Gebiet der modernen Musik machen konnte.

Und Tillman Merritt, dessen brillante und originelle Art, Kontrapunkt und Harmonielehre zu unterrichten, ihresgleichen sucht. Bei ihm geht es immer um die Musik, nie nur um die Noten. Er war auch mein Ratgeber in Harvard, weshalb ich eine besondere Dankesschuld bei ihm abzutragen habe.

Mister Marson, Miss Coates, Miss Longy, Professor Merritt, geben Sie mir bitte die Ehre und erheben Sie sich und nehmen Sie, im Namen aller Lehrer, von wo auch immer, meinen dankbaren Tribut entgegen.

Applaus

Nun aber möchte ich einem der ersten Komponisten unseres Landes und unserer Zeit einen besonderen Lobgesang darbringen: Walter Piston, der in dieser Saison

Insert:
Piston

BERNSTEIN (CONT'D)

But Now I want to make a very special tribute
to one of the foremost composers of our
~~time~~ country, Walter Piston, ~~who because~~
this season *he* is celebrating his 70th
birthday. It was Professor Piston who
made the study of so dry a subject as
cut fugue come alive for me week after
week, hour after hour. Anyone who
has ever had the good fortune to study
at Harvard College
with Piston can never forget the deep
understanding of music he was able to
communicate, or the deep belly-laughter
because
that went with all our classes; he is
certainly one of the wittiest minds ~~and~~
~~tongues~~ I have ever known. And in
honor of his 70th birthday, we are going
to play his most popular piece -- the
suite from his ballet The Incredible
Flutist. ~~It's a story-ballet, of~~
~~course, but~~ I'm not going to bother
you with ~~all the details.~~ *The story.*
Except to say that it's about a
circus That arrives in a

(MORE)

PICTURE CARD
WALTER PISTON

BERNSTEIN (CONT'D)

I think it's enough for you to know
that it all happens in the market place
of a sleepy Spanish town, that everyone *and one of The circus acts is a flute player who wakes the town up*
lazily goes about his business, coolly
dancing tangos and fandangos, until
suddenly a circus arrives in town
(you'll recognize that moment, I'm sure).
This circus contains, among other
things, an incredible flutist, who for
reasons I won't go into, leaves the
town a different place from the one
he found. But not before there has
been another series of delightful
dances — a minuet, a Spanish waltz
a Sicilian dance, and a brilliant
final Polka for the whole company of
dancers. It really doesn't matter why
all this happens; the music is what's
important, and it's a delight to hear.
And But even in this popular, gay ballet,
the brilliant technical mastery for which
Piston is famous shows through in
every note.)

Well anyway, Everybody dance tangos, fandangos, minuets & Spanish waltzes & polkas. And what not, but it really doesn't matter why?

(MORE)

seinen 70. Geburtstag feiert. Es war Professor Piston, der mir Woche für Woche, Stunde um Stunde das Studium einer so trockenen Materie wie der Fuge als etwas Lebendiges erscheinen ließ. Wer das große Glück hatte, bei Piston zu studieren, wird weder vergessen können, wie er sein ungeheuer tiefes Musikverständnis mitzuteilen vermochte, noch, wie sein ungeheuer tiefes Lachen unser Klassenzimmer erschütterte; er ist einer der witzigsten Köpfe, eine der spitzesten Zungen, denen ich je begegnet bin. Zu Ehren seines 70. Geburtstages spielen wir jetzt eines seiner populärsten Stücke – die Suite aus seinem Ballett «The Incredible Flutist». Es ist natürlich ein Handlungs-Ballett, aber ich werde euch jetzt nicht mit allen Details belästigen. Ich glaube, es genügt zu wissen, daß die Handlung auf dem Marktplatz einer verschlafenen spanischen Stadt spielt, daß die Leute dort lustlos an der Arbeit sind und lieber Tangos und Fandangos tanzen, als plötzlich ein Zirkus in der Stadt Einzug hält (ich bin sicher, ihr werdet diesen Augenblick erkennen). Unter den Zirkusleuten befindet sich auch ein unglaublicher Flötenspieler, der aus Gründen, die ich heute nicht erörtern will, die Stadt anders hinter sich läßt, als sie bei seiner Ankunft gewesen ist. (Aber erst nachdem wir eine Serie erfreulicher Tänze zu hören bekommen haben: ein Menuett, einen spanischen Walzer, einen sizilianischen Tanz und eine brillante Schlußpolka für das ganze Ensemble.) Es spielt wirklich keine Rolle, warum all das passiert; was wichtig ist, ist die Musik, und sie zu hören ist ein reines Vergnügen. Aber selbst in dieser fröhlichen, populären Ballettmusik zeigt sich die brillante technische Meisterschaft, die Piston berühmt werden ließ, in jeder einzelnen Note. Hier also Walter Pistons Ballett-Suite «The Incredible Flutist», mit der wir einem wunderbaren Komponisten, einem liebenswerten Mann, einem begeisternden Lehrer zu seinem Geburtstag einen Lobgesang darbringen wollen.

Super Telop
(?)

WALTER PISTON:
«THE INCREDIBLE FLUTIST»
(BALLETT-SUITE)
(ORCHESTER)
(15.45 APPROX.)

Applaus

Für den Schluß habe ich mir meinen bedeutendsten Lehrer aufgehoben, der heute wahrscheinlich auch der bedeutendste Dirigent auf der Welt ist – Fritz Reiner, der

mir die ersten Schritte im Dirigieren beigebracht hat.

Reiner benützte nicht die begeisternde
Unterrichtsmethode Koussevitzkys; bei
ihm gab es keine poetischen Sätze über die
warme Sonne; bei ihm gab es nur harte Arbeit, unmöglich hohe Voraussetzungen in
den Wissensstand der Studenten und das
eiserne Gesetz der Sparsamkeit: ver-
schwende keine einzige Bewegung, keine
einzige Geste; jeder Taktschlag muß
darauf konzentriert werden, daß das
Orchester jenen Klang hervorbringt, den
du forderst – nein, den der Komponist fordert. Deshalb möchte ich Dr. Reiner
meinen musikalischen Tribut zollen, indem ich für ihn – und für euch – die «Akademische Festouvertüre» von Brahms dirigiere.

Es gibt zwei Gründe, die für die Wahl dieses Stückes sprechen: der erste ist, daß es
dieses Werk war, mit dem ich von Reiner
geprüft wurde, als ich mich um die Auf-
nahme in seine Dirigenten-Klasse im Curtis-Institut bewarb. Mir kommt deshalb
stets die «Akademische Festouvertüre» in
den Sinn, wenn ich an Fritz Reiner denke.

Aber der zweite Grund ist der wichtigere.
Brahms hat diese Ouvertüre für eine
Schule geschrieben: für die Universität
Breslau, eine Stadt, die damals noch in

Deutschland lag; und er hat in dieser Ouvertüre vier berühmte Studentenlieder verwendet – allesamt alte Lieblingslieder aller Studenten –, um den Studierenden einen Tribut zu zollen. So ist diese «Akademische Festouvertüre» also eigentlich ein Lobgesang auf das Lernen an sich: ein Lobgesang sowohl für die Lernenden wie für die Lehrenden. In diesem Geist soll dieses Werk jetzt auch aufgeführt werden: zu Ehren nicht bloß Fritz Reiners, sondern zu Ehren aller großen Lehrer auf dieser Erde, die hart, sehr hart arbeiten, um der Jugend eine bessere, reichere, zivilisiertere Welt zu übergeben.

Super Telop (?) JOH. BRAHMS: AKADEMISCHE FESTOUVERTÜRE (ORCHESTER) (10.05 APPROX.)

Applaus

Sprecher im Off:

Aus der Philharmonic Hall im Lincoln Center hörten Sie ein weiteres KONZERT FÜR JUNGE LEUTE der New Yorker Philharmoniker unter der musikalischen Leitung von Leonard Bernstein, gewidmet von der Shell Oil Company.

Diese erste Sendung der Saison trug den Titel «Lobgesang für Lehrer» und brachte Werke von Modest Mussorgsky, Randall Thompson, Walter Piston und Johannes Brahms. Das nächste Konzert in dieser Reihe wird am Montag, den 23. Dezember stattfinden, wobei Mr. Bernstein junge Interpreten vorstellen wird.

Das heutige Programm ist am 2. November in der Philharmonic Hall aufgenommen worden. Produzent und Regisseur war Roger Englander.

Tribut an John F. Kennedy

Meine lieben Freunde!

Gestern abend habe ich mit den New Yorker Philharmonikern Mahlers II. Symphonie – die «Auferstehungs»-Symphonie – aufgeführt, um dem Andenken unseres geliebten verewigten Präsidenten den schuldigen Tribut zu entrichten. Einige haben gefragt: Warum die «Auferstehungs»-Symphonie mit ihrer seherischen Idee der Hoffnung und des Triumphes über das Leid dieser Welt und nicht ein Requiem oder den üblichen Trauermarsch aus der «Eroica»? Ja, warum?

Wir haben Mahlers Symphonie nicht nur für die Auferstehung der Seele von jemandem, den wir liebten, gespielt, sondern vor allem für die Auferstehung der Hoffnung in uns allen, die wir ihn betrauern. Trotz unserer Betroffenheit, unserer Scham, unserer Verzweiflung über die Entwürdigung des Menschenbildes, die durch diesen Tod erfolgt ist, müssen wir um eben dieses Menschenbildes willen unsere ganze Kraft zusammennehmen, um uns zu den Zielen durchzukämpfen, die er sich selbst gesteckt hatte. Durch unsere Trauer um ihn müssen wir seiner würdig werden.

In diesem Lande kenne ich keinen Musiker, der John F. Kennedy nicht geliebt hätte. Drei Jahre lang haben die amerikanischen Künstler mit ungewohntem Vertrauen und ungewöhnlicher Herzlichkeit auf das Weiße Haus geblickt. Wir haben ihn geliebt, weil er die Künste hoch in Ehren hielt wie überhaupt alle schöpferischen

Impulse des menschlichen Verstandes, ob sie sich nun in Worten oder in Noten, in Farben oder in mathematischen Formeln niederschlugen. Seine Bewunderung für den Lebensquell Verstand fand sogar in seine letzte Ansprache Eingang, eine Ansprache, die er einige Stunden nach seinem Tod hätte halten sollen. Damals hätte er sagen wollen: «Die amerikanische Führung muß sich von Wissen und Vernunft leiten lassen.» Wissen und Vernunft: haargenau jene zwei Gaben, die notwendigerweise im Verstande eines Menschen fehlen müssen, der fähig ist, einen so unbegreiflichen Schuß abzufeuern. Wissen und Vernunft: die zwei grundlegenden Gebote der gesamten Tradition des Judentums, die beiden Zwillingsquellen, aus denen jeder jüdische Verstand von Abraham und Moses bis Freud und Einstein seine lebenspendende Kraft schöpfte. Wissen und Vernunft: wir, die wir heute hier versammelt sind, müssen diesen Wahlspruch mit vermehrter Zähigkeit hochhalten, müssen um jeden Preis fortfahren, ihn allem, was wir unternehmen, zugrunde zu legen.

Es ist uns allen klar, daß die Schmerzhaftigkeit des Verlustes, den wir erlitten haben, durch die Gewaltsamkeit, die ihn verursacht hat, unermeßlich vergrößert wurde. Und wo liegt der Ursprung dieser Gewaltsamkeit? In der Unwissenheit und im Haß, den genauen Gegensätzen von Wissen und Vernunft. Wissen und Vernunft: John Kennedy konnte diese beiden Worte nicht mehr aussprechen, um sein eigenes Leben zu retten; aber jedermann kann sie dort aufheben, wo sie liegenbleiben mußten, kann sie zu einem Teil von sich selbst machen, zum Samenkorn jener vernunftbegabten Einsicht, ohne die unsere Welt nicht überleben wird. Und das ist die Aufgabe, die sich jeder Künstler, jeder Jude, jeder, der guten Willens ist, hinfort zu stellen hat: darauf zu bestehen, unweigerlich und auf die Gefahr hin, sich ewig zu wiederholen – darauf zu bestehen, daß wir eine Welt zustande bringen, in der der Verstand über die Gewalt triumphiert.

Wie alle, so sind auch wir Musiker starr vor Trauer über diesen Mord und voll Wut über die Sinnlosigkeit dieses Verbrechens. Aber diese Trauer, diese Wut werden nicht Wünsche der Vergeltung in uns auflodern lassen, sondern schöpferische Kräfte. Unsere Musik wird nie wieder ganz das sein, was sie war. Und das wird unsere Antwort auf die Gewalt sein: durchdringender, schöner, hingebungsvoller Musik zu machen denn je zuvor. Und mit jeder Note werden wir dem Geist John Kennedys Ehre erweisen, seine Tapferkeit feiern und seinen Glauben an den Triumph des Verstandes aufs neue bezeugen.

Rede, gehalten bei einer Wohltätigkeitsveranstaltung des «United Jewish Appeal» am 25. November 1963 in Madison Square Garden, New York

Chile zu Ehren

Herr Minister, Herr Botschafter,
verehrte Gäste, liebe Freunde!

Ich fürchte, heute abend stehe ich in einer etwas merk-
würdigen Position vor Ihnen: meine einzige legitime Beziehung zu Chile ist eine rein eheliche. Als sozusagen
eingeheirateter Redner aufzutreten hat etwas leicht Ei-
genartiges; aber ich tue es gern und von Herzen, denn
meine Sympathien für Chile überschreiten bei weitem
die Schwelle reinen Gatteninteresses. Chile ist ein Land,
das man liebt – lieben muß –, mit oder ohne Ehefrau.
Kennen Sie irgendeinen Reisenden, der aus Chile kam,
ohne sich in dieses Land verliebt zu haben? Mir ist das
noch nie passiert. Von diesem Land und seinen Bewoh-
nern geht ein ganz besonderer Liebreiz aus – eine Mischung aus der Manierlichkeit der Alten und der Unbe-
kümmertheit der Neuen Welt; eine Lebenskraft geboren
aus belebender Luft, belebendem Klima, gepaart mit der
Sanftmut und der Friedlichkeit eines Volkes, das sich
auf diesem holden Streifen Erde zwischen den Anden
und dem Pazifik geborgen fühlt. Dieses Land ist herrlich
lebendig, ohne hektisch zu sein: und das ist eine Zauber-
formel, auf die wir Nordamerikaner mit Recht neidisch
sind.
Soweit ich mich erinnern kann, habe ich von Chile zum
ersten Mal von meinem Freund, dem großen amerikanischen Komponisten Aaron Copland, gehört; er hatte
1942 im Auftrag des US-Außenministeriums eine Reise

durch die wichtigsten Staaten Süd- und Mittelamerikas unternommen und dabei, wie nicht anders zu erwarten, Seitenblicke auf das Musikleben in diesen Gegenden riskiert. Nie werde ich den Enthusiasmus vergessen, der ihn bei seiner Rückkehr erfüllte: seine Begeisterung über die Entdeckung neuer, junger Komponisten wie der Mexikaner Blas Galindo und Pablo Moncayo, wie des Brasilianers Guarneri und des Chilenen Juan Orrego Salas, Hector Tosar in Uruguay – zwanzig Jahre ist das jetzt her, und natürlich sind seither viele andere dazugekommen. Aber damals waren das Namen wie von einem fernen Planeten, fast wie vom Mars; als Copland dann viele dieser jungen Komponisten zum Studium nach Tanglewood herüberholte, wo auch ich studierte, hatten wir auch zunächst das Gefühl, Marsmenschen zu begegnen; bei näherer Bekanntschaft entpuppten sie sich dann als wirkliche, lebendige, begabte, besessene Musiker, die den unsrigen sehr ähnlich waren. Copland teilte uns auch aufregende Dinge über Grenzkulturen mit: er erzählte von Indianern, die Schönberg spielten; von deutschen Emigranten, die auf Indianertrommeln musizierten; von gesellschaftlichen Kolonialstrukturen, die im Verschwinden waren; von neuen nationalistischen Regungen. Woran ich mich aber von allen seinen Berichten am lebhaftesten erinnere, war sein Eindruck von einem herzlichen, lebhaften, liebenswerten Chile als einem Land, das geographisch so weit von uns entfernt liegt, an Geist und Humor aber uns so nahe ist.

Meine zweite Begegnung mit Chile fand knapp vier Jahre später statt, als ich Felicia Montealegre kennenlernte, die meine Frau wurde. In ihr fand ich die gleiche

Herzlichkeit, Lebhaftigkeit, Liebenswürdigkeit; und als ich ihre Familie und ihre Freunde kennenlernte, wurde es mir allmählich möglich, die außergewöhnliche Sinnesart dieses Landes selbst zu begreifen.

Aber erst 1958 widerfuhr mir endlich das Glück, auch wirklich hinfahren zu können. In diesem Jahr unternahm ich – ebenfalls im Auftrag des Außenministeriums – eine ausgedehnte Tournee in jenes Land Südamerikas und anschließend nach Panama und Mexiko. Diese Tournee wurde zu einer der glücklichsten und stimulierendsten Reisen meines Lebens, vor allem als ich entdeckte, in welchem Maße die Macht der Musik imstande ist, Freundschaften zu schließen und auf breitester Basis dauerhafte Verbindungen herzustellen. Das ist kein leeres, kein eitles, ja nicht einmal ein Musiker-Gerede: ich sage das als Bürger der Vereinigten Staaten, als Bürger beider Amerikas, als Bürger, so hoffe ich, der ganzen Welt.

Ein Zufall ließ diese Tournee mit einer anderen Südamerika-Tournee zusammenfallen, die unser damaliger Vizepräsident unternahm; dadurch kam es auch zu einigen verblüffenden Erkenntnissen, vor allem in der ecuadorianischen Hauptstadt Quito, als die Nixon-Tournee mit der philharmonischen Tournee zusammentraf und wir Erfahrungen austauschten. Ich berichtete dem Vizepräsidenten über stürmischen Empfangsjubel, Massenandrang vor den Kassenschaltern, tosenden Beifall, trampelndes Konzertpublikum, über Küsse, Rosen, Umarmungen; er hingegen erzählte mir von den ekelhaften, beleidigenden Zwischenfällen in Caracas, Lima und anderen Orten.

Worin lag der Unterschied? Wir waren immerhin beide Amerikaner, beide auf Good-will-Tournee, beide denselben Anti-Ami-Gefühlswellen ausgesetzt, mochten die Kommunisten dahinterstecken oder nicht. Worin lag also der Unterschied? In der Musik: im Austausch der tiefsten Gefühle und Erkenntnisse, deren der Mensch fähig ist – jenen der Kunst. Wir hatten die Musik auf unserer Seite. Mit anderen Worten: Wenn es uns wirklich ernst damit ist, Gemeinsamkeiten mit anderen zu haben, durch andere uns selber besser kennenzulernen, wenn es uns also wirklich ernst mit friedlicher Zivilisierung ist, werden wir die Vorteile künstlerischer Kommunikation nie überschätzen können. Wenn wir einander mit Musik berühren, berührt einer des anderen Herz, Verstand und Seele, alles auf einmal.

Wie wir wissen, ist dies dem US-Außenministerium auch seit langem bekannt; deshalb hat es ja auch Tourneen wie die Coplands, der Philharmoniker und anderer gefördert. Aber das war nicht genug. Man wird auf diesem Gebiet nie genug tun können. Und nun gehen diese Aktivitäten in jüngster Zeit sogar zurück – um von der Kargheit künstlerischer Visiten in der Gegenrichtung (von Süd- nach Nordamerika) nicht erst zu reden. Ich bin nicht gewillt, diesbezüglich Hinweise auf budgetäre Engpässe ernst zu nehmen: Wenn ich nicht irre, hat unsere gesamte Südamerika-Tournee das Außenministerium weit weniger gekostet als der Flügel eines blitzschnell veraltenden Bombenflugzeuges; dabei hat diese Tournee eine Menge mehr als dieses in bezug auf die internationale Verständigungsbereitschaft erreicht, wenn ich so sagen darf.

Mrs. Rusk: Überzeugen Sie bitte den Herrn Außenminister von der Notwendigkeit, uns wieder nach Chile zu schicken! Von allem anderen abgesehen, sehne ich mich danach, wieder in dem kleinen Vorstadtzimmer von Santiago zu sitzen und den verzaubernden Volksliedern zuzuhören, die Violeta Parra sang. Ich war zeitlebens in Volksmusik vernarrt, in jede Art Folklore – Hindu, Suaheli, Hill-billy. Ich muß aber gestehen, daß mir nie eine eben entdeckte Volksmusik so vertraut zu sein schien wie diese herzzerbrechenden *Saludas* und *Parabienes*, die aus Parras Mund und Seele auf uns einströmten. Ich wollte, sie wäre heute hier – Chile zu Ehren.

Es war eigentlich nicht meine Absicht, mich so tief in dieses Thema zu stürzen, denn ich bin ja schließlich nur ein eingeheirateter Redner, und das Wesentliche soll meine liebe Frau sagen, die Worte von weit größerer Schönheit finden kann als ich. Aber wann immer ich in die Nähe dieses Kulturaustausch-Themas gerate, werde ich streitsüchtig, ob ich will oder nicht; und ich kann der Versuchung, meine Meinung darüber zu sagen, nicht widerstehen.

Die Zukunft unserer Welt wird allen Völkern gemeinsam sein – oder sie wird sich als eine sehr unwirtliche Zukunft erweisen. Wir müssen versuchen, unsere Nachbarn immer besser kennenzulernen; die Zeiten selbstgefälliger Isolierung sind vorbei; Staatsgrenzen müssen in zunehmendem Maße zu geographischen Symbolen abgeschwächt werden. Die Straße zum Frieden ist die Straße zur Universalität, und die Nebenstraßen, die in sie münden, kommen von der Selbsterkenntnis her sowie aus der Kenntnis unseres Nächsten. Bei uns selber, bei unseren unmittelbaren Nächsten müssen wir beginnen und von da aus zum großen, zum ursprünglichen Konzept Amerikas fortschreiten – zu jenem Konzept, das Nord-, Süd- und Mittel-Amerika als ein Ganzes begreift. Die Geschichte saust vorüber; und Selbsterkenntnis ist zur Lebensfrage unserer Hemisphäre geworden – bescheiden ausgedrückt.

An dieses große, ursprüngliche Konzept Amerikas wurde ich dieser Tage zu meiner eigenen Überraschung erinnert, als ich gerade dabei war, eines dieser vertrackten englischen Kreuzworträtsel zu lösen – ich glaube, es war aus dem «Manchester Guardian». Die Frage lautete: «Italienische Stadt, die in Amerika beginnt.» Für die Antworten standen sieben Buchstaben zur Verfügung. Nach langem Kopfzerbrechen kam ich drauf: «Perugia». Aber ist Peru in Amerika? Natürlich ist es das! Nur denken wir Nordamerikaner nicht großzügig genug, um diese Tatsache als Selbstverständlichkeit zu akzeptieren. Wir müssen großzügig denken lernen, ehe es zu spät ist. Die Ausstellung chilenischer Kunst und chilenischen Gedankengutes, der zu Ehren wir hier versammelt sind, ist ein wichtiger Schritt in diese Richtung; ich beglückwünsche alle unter Ihnen, die dazu beigetragen haben, daß die Ausstellung zustande kam, und hoffe, daß sie alle Ihre Erwartungen erfüllen wird – besonders daß aus der künstlerischen Kommunikation jene innigen, leidenschaftlichen Verbindungen entstehen, die allein zu einem fruchtbaren, friedlichen Leben auf dieser Erde führen. Vielen Dank.

Rede, gehalten am 22. September 1963

Marc Blitzstein zu Ehren

Reminiszenzen sind bestenfalls schwierig; die Genauigkeit der Erinnerung leidet unter der Last der Subjektivität. Aber noch ärger ist die unglückselige Neigung der Menschen, ihre Eindrücke von anderen Leuten zu etikettieren und einzuordnen. Nie ist mir das stärker zu Bewußtsein gekommen als in den Monaten seit Marc Blitzsteins Tod. Indem ich mit anderen, die ihn gekannt und bewundert haben, seiner «gedachte», war ich mehr als einmal über die Leichtfertigkeit schockiert, mit der man ihn mit «großstädtisch», «radikal», «bohemienhaft», «zornig» et cetera abstempelte. Das ist nichts als Denkfaulheit. Bis zu welchem Grad immer diese Bemerkungen zutreffen mögen, sie langen nicht aus, den Mann zu beschreiben, den ich kannte. Meine am lebendigsten gebliebenen Eindrücke von ihm haben alle etwas mit der Natur zu tun: mit dem Meer, mit Wäldern, mit einem Boot, mit der Sonne, mit Schnee. Marc schwamm mit der gleichen Begeisterung, mit der er komponierte, und mit dem gleichen Fleiß. Er stand mit der Sonne auf, ging vor seinem spartanischen Frühstück schwimmen und stahl sich aus New York fort, sooft er nur konnte.

Meine früheste Erinnerung an ihn stammt aus Cambridge, Massachusetts. Das war 1939, als er nach Harvard kam, um meine Aufführung von «The Cradle Will Rock» zu sehen, ein Werk, das er komponiert hatte. Ich holte ihn in Boston vom Flugplatz ab (damals war es noch recht gefährlich, zu fliegen!) und war erstaunt, wie zierlich der Mann war, den ich seiner Musik nach für einen Riesen gehalten hatte. Er ging noch am gleichen Vormittag auf die Generalprobe, und am Nachmittag spazierten wir den Charles River entlang. Jetzt steht sein Bild vor meinem inneren Auge: Marc liegt am Ufer des Flusses, redet nicht enden wollend auf mich ein, vermacht mir sein Wissen, seine Einsichten, seine Herzlichkeit und wie Antaeus aus seiner Berührung mit der Erde nicht enden wollende Kraft beziehend. Und schrittweise wuchs er wieder zum Riesen empor; und so war es stets, wenn er Erde, Meer, Wälder oder Schnee berührte. Das war das Geheimnis des Riesen, der diese Noten schrieb, die meine Seele verführten, diese Tausende ungewöhnlicher, mysteriöser Noten, die so unvergeßlich sind.

23. Dezember 1964
Santiago, Chile

Lieber Marc!
Es ist fast schon ein Jahr her, daß sie mir erzählt haben, Du seist tot. Und jetzt bittet mich das Nationalinstitut, ich möge Deinem Andenken zu Ehren etwas schreiben. Es ist makaber. Aber bitte, spielen wir's ihnen vor wie eine unserer Galgenhumoresken. Auf alle Fälle: ich bin immer froh, wenn ich Dir zu Ehren etwas schreiben kann.
Edelmut, Vitalität, trockener, talmudischer Witz, erfrischende, eigenwillige Ansichten über alles. Eine geheime Beziehung zu «Notenworten». Treue von ungeheurer Intensität in unwahrscheinlichsten Situationen. Nicht enden wollende Zuneigung und Güte. Nicht enden wol-

lende Fähigkeit, um der Wahrheit willen zu hadern, sie
zu finden, zu erfinden. All das war Dein.

Vor allem aber: überleben. Ich habe Dich stets für den
Hauptüberlebenden gehalten unter den Schwielen der
Leidenschaft, unter der Last des Verantwortungsbe-
wußtseins, unter einer langen Reihe wunderschöner
künstlerischer Mißerfolge. Nie zuvor habe ich so feurige
Mißerfolge erlebt, einen nach dem anderen, wie fallende
(aber nicht wie gefallene) Engel. Du bist dennoch makel-
los singend von einem Mißerfolg zum andern geeilt, zu
noch einem, noch einem: stets dabei singend. Wie
schreibt man einen Gedenkartikel zu Ehren eines Über-
lebenden?

Lieber Marc, sie haben bei mir angefragt, ob ich Deine
unvollendeten Werke fertigstellen könnte. (Sie sagen,
Du seist tot.) Die Oper «Sacco» ist nur zur Hälfte aus-
komponiert und voll ungeklärter Alternativen. Wer
kann erraten, welche Du gewählt hättest? Dann ist da
«Idiots First»; beinahe vollendet. Aber da und dort fehlt
noch eine kurze Szene, hier fehlen zehn Takte Beglei-
tung, dort fehlen zwölf. Das läßt sich machen, hat man
mir gesagt. Machen? Mit welchen Noten? Nur mit Deinen, mit Deinen eigenen, privaten, mysteriösen Noten.
Weder ich noch irgend jemand, den ich kenne, findet
den Eingang zu jenen erleuchteten Höhlen, in denen
man diese Notenworte schmiedet. Komm von Martini-
que zurück, komm bald und mach noch ein paar fallende
Engel. Sie werden wunderschön aussehen in ihrem
Sturzflug wie die Möwen in Martha's Vineyard, die wir
all diese Sommer beobachtet haben. Komm zurück, und
wir werden Gedächtnisspiele in fünf Sprachen spielen.

Jetzt ist hier Winter, aber Du hast ja noch immer Deinen tollen Polar-Anzug mit der Jacke mit den sechs Knöpfen. Dein Patenkind Jamie ist jetzt zwölf, und die kleine Nina wurde nach Deiner Heldin genannt.

Komm zurück. Deine unvollendeten Manuskripte starren mich mürrisch und melodramatisch an und erinnern mich an den Kunstgriff, den Du so oft angewendet hast: eine Szene oder ein Lied nicht mit einem Höhepunkt enden zu lassen, sondern kompromißlos flach, so wie es ist, mit einem leeren Takt. Eine Herausforderung. Aber so viele leere Takte machen die Herausforderung sinnlos. Wir alle senden Dir alles, alles Liebe. Du fehlst allen schrecklich – Lillian, Morris, Minna, Felicia. Ich glaube, daß auch keiner von ihnen daran glaubt, daß Du tot bist; wir alle warten auf einen Brief von Dir, in dem Du schreibst, daß Du nach Hause kommst.

Lenny

«Reminiszenzen» – eine Ansprache, gehalten beim Gedächtniskonzert für Marc Blitzstein am 2. April 1964 und «Brief an Marc», im Dezember 1964 vom «National Institute of Arts and Letters» veröffentlicht

Motivation

Vor kaum einer Woche war ich anwesend, als hier in New York die Frühjahrsehrungen des Institutes für Kunst und Literatur vergeben wurden. Wie Sie wissen, ist das jetzt die Jahreszeit für Preisverleihungen; akademische und künstlerische Ehrungen umschweben uns wie Blütenstaub in diesen warmen Tagen; wir sollten eines Tages Vernunft annehmen und die Frühlingsehrungen in den Winter verlegen. Bei diesem Wetter zergeht man unter den Doktorhüten und Talaren, und die Ehrung wird zur Qual. Wie auch immer: Bei jener erlesenen Veranstaltung kam es während einer der Laudationen zu einer sonderbaren Situation. Zu meiner Linken saß ein mir unbekannter Komponist, der einen Förderungspreis erhielt; als er sich erhob, um ihn entgegenzunehmen und sich in der Glorie seiner Laudatio zu sonnen (die nichts war als modisches Geschwätz), hörte ich aus einem Wust hochgestochener Sätze plötzlich die Worte heraus: «. . . und er hat tief motivierte Musik komponiert.» Das hat mich nicht mehr losgelassen, so daß ich, während man dem jungen Mann seinen Scheck aushändigte, ein rechts von mir sitzendes weibliches Institutsmitglied fragte, ob sie vielleicht wisse, was «motivierte» Musik sein könnte. Sie hatte keine Ahnung und fragte den Herrn zu ihrer Rechten, der es auch nicht wußte, und so ging es bis zum Ende unserer Reihe und dann wieder zu mir zurück ohne das geringste Ergebnis, wenn man von ein paar getuschelten Witzigkeiten absieht, auf die ich hier nicht eingehen möchte.

Ich brauche wohl nicht zu erwähnen, daß dieser unbedeutende Zwischenfall Anlaß einer hochbedeutsamen intellektuellen Diskussion während des nachzeremoniellen Cocktails wurde; und einige Geistesriesen des Instituts – und der akademischen Welt – wie Truman Capote, James Hoffa und Louis Kronenberger steckten die Köpfe zusammen und versuchten, über ihren Martini-Gläsern zu einer Entscheidung zu gelangen, was die Musik – wie überhaupt die Kunst – nun wirklich motiviere. Der junge Komponist sagte leicht verdrossen, seine Motivierung sei das Geld gewesen, welche Bemerkung man von einem Mann, der einen Scheck in der Hand hält, verstehen kann. Und es ist auch etwas Wahres daran: Geld ist ein vollkommen gültiges künstlerisches Motiv, so gerne wir diesen Gedanken auch verdrängen möchten. Da es aber auch das Hauptmotiv für den Verkauf von Schuhen oder Buicks oder Kaugummi ist, erklärt es nicht ganz, was denn die Kunst im besonderen motiviert. Dasselbe läßt sich ja von allen anderen bodenständigen Motivkräften sagen, vom Erfolg, vom Ruhm, von der Beliebtheit, der Bewunderung und allen übrigen; sie alle motivieren unleugbar den Künstler, alle Künstler; aber insofern diese Begriffe auch Senatoren, Beatles und Schleiertänzerinnen motivieren, kann man sie nicht unbedingt der Kunst zuzählen – diesem unnötigen, senatsfremden Zeitvertreib.

Daß diese vorwöchige Diskussion im Institut schließlich bei Klischees landete, war wohl nicht zu vermeiden: Man einigte sich dahingehend, daß *Mitteilungsbedürfnis* und *Selbstverwirklichung* die beiden *eigentlichen* Motivationen des Künstlers seien; daß ein schöpferischer

Mensch deshalb schöpferisch sei, weil er sich ausdrük-
ken und, was mehr ist, diese Ausdrucksfähigkeit mit seinen Mitmenschen teilen müsse. Platitüden, die vielleicht
sogar stimmen. Aber ob sie nun stimmen oder nicht: Sie
erklären mit keinem Wort, wie dieser Teufel mit seiner
dreizackigen Gabel einen Künstler dazu treiben kann,
gefährliche, unpopuläre, unvorhersehbare Werke hervorzubringen. Zum Beispiel Carl Ruggles, den wir heute
hier ehren. Keines der Motive, die ich vorhin aufgezählt
habe, kann man bei ihm gelten lassen: seine Musik hat
ihm nie auch nur einen Groschen oder eine Anhänger-
schaft eingebracht; er wird nie in der Lage sein, das
«Maxim» in Paris zu betreten, während die Musik seinen neuesten Schlager anstimmt. Das mit der Selbstverwirklichung mag zutreffen; aber was das Mitteilungsbedürfnis anlangt, so wird seine Musik selten, wenn überhaupt, gespielt. Wem teilt er sich also mit?
Sehen Sie, da liegt das Geheimnis. Und in diesen Tagen
der Entschleierung der letzten Geheimnisse, in diesen
Tagen, da sogar das Ende unseres Planeten an Hand der
Expansionsgeschwindigkeit des Universums vorausbe-
rechnet werden kann, kann man nur beten, daß dieses
eine Geheimnis unentdeckt bleibt: warum sich der
Mensch schöpferisch betätigt. Ich fürchte, daß in der
Stunde, in der man das enträtselt, es keine Kunst mehr
gibt. Und ich möchte, daß es in einer solchen kunstlosen
und geheimnislosen Welt auch mich nicht mehr gibt.
Sie wissen, wie wenige Geheimnisse uns noch bleiben;
eines Tages wird irgendein Superhirn daherkommen
und uns eine brillante Erklärung über den Zeugungsakt
liefern: DNA – oder was immer – wird uns den Verer-

bungsprozeß erklären, und XYZ wird den letzten Schleier, der die chemischen Wunder der geschlechtlichen Anziehungskraft verhüllt, hinwegziehen. Und was wird uns dann übrigbleiben? Der Mensch und sein letztes Geheimnis: die sinnlose, nutzlose, herrliche Suche nach der künstlerischen Wahrheit. Und all das, hoffentlich, ohne die geringste Spur von Motivation.

Schon gut, sagen Sie: Carl Ruggles ist eine Ausnahme. Ein altmodischer, wetterfester Individualist. Also gut, nehmen wir einen kaufmännisch denkenden Künstler, einen Theaterproduzenten. Wer kann motivierter als ein Theaterproduzent sein, wer korrumpierter von der Notwendigkeit, Erfolg zu haben, Geld zu verdienen, den höchstmöglichen Gewinn zu erzielen? Und trotzdem sitzt hier Cheryl Crawford: Versuchen Sie doch einmal, ihre unglaubliche Chronik tollkühner Mißerfolge zu erklären. Warum? Wieso? Aus welchem Motiv? Das ist, Gott sei Dank, nach wie vor ein wundervolles Geheimnis; ein Geheimnis, das jeden guten Künstler, den ich kenne, umhüllt, mag er arm oder reich sein, erfolgreich oder nicht, alt oder jung. Sie schreiben, sie malen, sie treten auf, sie produzieren, was immer – ein Leben, in dem das nicht wäre, können sie sich nicht vorstellen. Diese verrückte Zwanghaftigkeit, diese *un*motivierte Halsstarrigkeit, diese himmlische Getriebenheit – sie sind es, warum wir heute abend diese sieben Künstler auszeichnen. Entrichten wir gemeinsam den ihnen schuldigen Tribut und, indem wir es tun, den Künstlern der ganzen Erde. Vielleicht retten sie noch unsere Welt.

Rede, gehalten bei einem Souper zu Ehren der Brandeis-Preisträger für Schöpferische Kunst, New York, 26. Mai 1964

Der große Gewinn eines ganzen Urlaubsjahres ist weniger der Umstand, daß man sich von seiner Arbeit nach Belieben ausruhen kann, als die Tatsache, daß es einem den herrlichen Luxus verschafft, Zeit zum Nachdenken zu haben – ohne Zeiteinteilung, in Ruhe, ohne Einschränkung. Deshalb erwartet auch alle Welt von jemandem, der ein solches Urlaubsjahr hinter sich hat, daß er seinen Wiederauftritt als ein Gewandelter vollzieht: weise geworden, von Einsichten übergehend, Neueinschätzungen von sich gebend, erhabene philosophische Schlüsse ziehend. Damit kann ich nicht dienen.

Der einzige Schluß, zu dem ich nach einem Jahr des Sinnierens gekommen bin, ist ein altes Klischee: daß die Sicherheit des eigenen Wissens in dem Maße abnimmt, in dem man nachdenkt und Erfahrungen macht. Wenn man Zeit findet, seine Empfindungen verstandesmäßig zu betrachten, fangen etablierte Gewißheiten einzustürzen an, und in jeder Streitfrage zwinkert einem die «andere Seite» plötzlich verführerisch zu. Das nicht zu vermeidende Ergebnis: man wird liberal bis zur Absurdität. Es ist eine Hamlet-artige Folter, wahrhaft liberal zu sein: alles wird plötzlich zum Gegenstand einander widersprechender Auslegungen; Parteinahme wird unmöglich, Meinungen werden flügellahm, und große Worte kommen nicht in Frage.

In diesem Kontext habe ich ein Jahr lang über Musik nachgedacht, vor allem über die Krise, in der sich momentan das Komponieren befindet, und über ihre möglichen Auswirkungen auf die unmittelbare Zukunft. Was ist der symphonischen Form widerfahren? Gehört die Symphonie der Vergangenheit an? Was wird aus den Symphonie-Orchestern werden? Ist die Tonalität für immer tot? Ist die internationale Gemeinde der Komponisten wirklich fest entschlossen, diesen Todesfall hinzunehmen? Und wenn dies so ist, wird das musikliebende Publikum dem zustimmen? Sind die zweifelhaften neuen Verworrenheiten in der Musik lebensnotwendig, oder stellen sie bloß gefällige Papiermusik dar?

Da ich ein Jahr lang und länger über diese Frage nachgedacht habe und selbst dem Absurden gegenüber aufgeschlossen bin, kann ich natürlich nicht mit einer einzigen Antwort aufwarten. Genauer: Ich habe viel zu viele Antworten parat, und jede von ihnen mag stimmen. Auf jede Frage gibt es zwei Antworten, die etwa einem Ja und einem Nein entsprechen, und unzählige Variationen dazu. Bedeutet all das zum Beispiel, daß man keine Symphonien mehr komponieren kann? Nein: Im weiteren Sinn kann das Wort «Symphonie» die verschiedensten musikalischen Strukturen bezeichnen. Anderseits ja: Im engeren Sinn kann der Verfall der Symphonie bereits seit dem Beginn unseres Jahrhunderts deutlich wahrgenommen werden.

Wenn aber die symphonische Form so gut wie dahin ist – was wird aus unseren Orchestern werden? Werden sie die Rolle von Museen spielen? Und die Dirigenten die Rolle von Kustoden, die die Werke alter Meister nur noch gefällig und ins rechte Licht zu hängen haben? Ja, es läßt sich nicht vermeiden, denn unsere Orchester wurden gerade dafür geschaffen, diese Meisterwerke aufzuführen. Aber auch nein. Selbstverständlich ist jede Menge neuer Kompositionsformen vorstellbar, die vorsichtig und schrittweise die Art und das Wesen unserer Orchester ändern könnten. Nein, ja. Nein, ja. Ja, nein. Was ist die Wahrheit?

Man verzeihe mir das beinahe existentialistische Paradoxon: Ich glaube, daß die Antwort im Fragestellen liegt. Indem wir uns mit dem Problem befassen, indem wir es ausforschen, indem wir mit ihm leben, erhalten wir Antworten. Unser ganzes Leben verbringen wir damit, Konflikte zu lösen; aber wir wissen genau, daß wirkliche Lösungen nur rückschauend möglich sind. Wir können vorübergehende Entscheidungen treffen (und treffen sie Tag für Tag vieltausendmal), aber erst nach unserem Tod wird sich erkennen lassen, ob wir jemals in der Lage waren, unsere Konflikte zu lösen. Solange wir leben, können wir uns nur darum bemühen. Das Leben ist ein dauerndes Bemühen. Deshalb werden wir uns bemühen, das Problem der Symphonie (und die Frage nach ihrem Stellenwert in der Gegenwart) so zu lösen, indem wir in den Konzerten der New Yorker Philharmoniker zwei Jahre lang eine Bestandsaufnahme der Symphonie im 20. Jahrhundert anstellen. Ich behaupte nicht, daß wir am Ende der übernächsten Spielzeit eine Patentantwort bei der Hand haben werden; aber wir werden die Frage nach dem Schicksal der Symphonie dadurch beantwortet haben, daß wir sie musikalisch stellen – und dadurch das Schicksal der Symphonie selbst erleben.

Ich fühle, daß dies alles Gefahr läuft, bloß spitzfindig zu klingen. Ich kann nur hoffen, daß ich mich täusche; nie habe ich etwas ernster gemeint. Ich möchte es mit einer Analogie versuchen: Wie sollte man ein Palindrom lesen? Die Versuchung ist unwiderstehlich, es von hinten nach vorn zu lesen: Man darf dabei aber nie vergessen, daß man es bereits von vorn nach hinten gelesen hat: EIN NEGER MIT GAZELLE ZAGT IM REGEN NIE. Das Wesen, der Witz des Palindroms liegt darin, daß es in beiden Richtungen gelesen werden kann. Und nicht nur kann, sondern soll, ja: muß, wenn das Palindrom überhaupt einen Sinn haben soll.

Ich klinge noch immer spitzfindig? Denken Sie an einen großen Roman – an «Billy Budd» zum Beispiel. Zwei Helden, zwei Handlungen werden angeboten, alles hängt davon ab, wie Sie Melvilles Symbolismus lesen. Melville selbst bleibt unparteiisch und gibt Ihnen nicht den kleinsten Hinweis, wie er gelesen werden will, so daß sich die gesuchte Lösung schließlich als die eigentliche Tragödie entpuppt. Der Schluß ist eine erhabene Katharsis, aber keine Lösung, denn die Qualen, die uns der Konflikt verursacht hat, stecken ungemindert noch in uns. Das gleiche gilt für «Die Brüder Karamasow», für «König Lear», für die Vierte Brahms. Kunstwerke beantworten keine Fragen: Sie verursachen sie; und ihre wesentliche Bedeutung liegt im Spannungsfeld der widersprüchlichen Antwortmöglichkeiten.

Diese Art des dialektischen Denkens ist gewiß nichts Neues. Neu hingegen ist vielleicht ihre Anwendung in Angelegenheit der zeitgenössischen Musik, die für gewöhnlich mit besonderem Starrsinn behandelt wird. Denken Sie nur an die Avantgarde mit ihren kurzlebigen Moden und Sekten und ihrer schicken Fixigkeit und ihrem Hochmut, wenn es darum geht, sich dem Publikum verständlich zu machen. Man ist versucht, ein vernehmliches Nein auszusprechen. Aber wenn genug Zeit da ist, um nachzudenken und sich mit Partituren zu befassen, wird man vom Phänomen Boulez' oder vom unglaublichen Ideenreichtum Lukas Foss' einfach überwältigt. Das Nein wird über Nacht zum Ja, und doch sind beide Antworten durch Objektivität zustande gekommen. Das ist nicht bloß eine Frage der Fähigkeit, aus der Masse neuer Komponisten Talente aussondern zu können; es geht um die Lösung eines Rätsels: um das Vorhandensein zweier Genies in einem musikalischen Augenblick ohne Bedeutung. Das Rätsel ist seine eigene Antwort: ihr Ringen ist das Geschichtsbuch von morgen.

Natürlich habe ich persönlich noch ein zusätzliches dialektisches Problem: als Dirigent interessiert und fasziniert mich jede neue Klangvorstellung, die auftaucht, während ich mich als Komponist der Tonalität verschrieben habe. Hierin liegt in der Tat ein Konflikt, und mein Bemühen, ihn zu lösen, ist buchstäblich meine inhaltsschwerste musikalische Erfahrung. Wenn dies für einen alten Romantiker, wie ich einer bin, zu existentialistisch klingt – nun denn: ich bin bereit, umzuschalten und einen teleologischen Annäherungsversuch in Erwägung zu ziehen; ich werde mich schon durchkämpfen. Eine weitere Synthese, nach der getrachtet werden will.

Das also ist die Zwickmühle, in die mich mein Urlaubsjahr versetzt hat: ich habe zwei Antworten für alles und weiß auf nichts eine Antwort. Diese liebenswerte Absurdität führt so weit, daß ich darüber diesen Bericht hier verfasse. Die Wahl zwischen diesen Antworten liegt in der Frage: «Welche von beiden ist wahr?», worauf es keine einzige Antwort gibt.

New York Times, Sonntag, 24. Oktober 1965,
I. Teil

. . . und was ich tat

Mit Freuden folg' ich Ihrem Ruf,
Oh, «New York Times», daß ich berichte,
Was ich im Urlaubsjahr mir schuf –
Trug es mir Faulheit oder Früchte.
Warum in Versen, weiß ich nicht.
Es wird ganz plötzlich ein Gedicht.
So ganz von selber will sich's reimen –
Oder auch nicht –, in Tetrametern will es weiter,
Hier ein Fuß mehr und da ein zweiter,
Vielleicht in Stanzen, in Couplets,
Mag sein, daß blanker Vers gescheiter –
Alles, nur in Prosa nicht.
Genug gesagt. Hier das Gedicht.

*

Ich hatte fünfzehn Monat' Zeit,
Da ich ganz offiziell befreit
Von Pflichten mit dem New York Phil.
Konnte tun und lassen, was ich will.
Zeit hatt' ich wohl, auch einen Plan:
Ich wollte gleich von Anfang an
Für das Theater komponieren.
(Man muß sich wieder profilieren:
Die «West Side Story» liegt weit zurück!)
Und so erwarben wir ein Stück.
Es war Thornton Wilders «Wir sind noch einmal
davongekommen»,
Ein Stück, das mir schon lange wie geschaffen schien
Für Gesang und auch für Tanz; denn es besingt
Das Wunder des Lebens, des Überlebens der Menschheit,

Besingt es in Wehmut, in Schrecken und in irrem Witz.
Wir mühten uns sechs Monat' lang, von Juni bis grauem
Dezember,
Und grau war auch das Resultat, als Weihnacht' kam
Und wir nicht glücklich war'n mit dem Ergebnis.
Wir gaben's auf und gingen unsrer Wege.
Man schied in Freundschaft. Keiner nahm es übel.
Und doch: sechs Monat' Arbeit waren im Kübel.

*

Ab Neujahr lichtet sich der Blick,
Die frohe Laune kehrt zurück,
Die uns verlassen im Versagen.
Ich nahm mir vor, nicht mehr zu klagen,
Und fing den Urlaub nochmals an,
Verbannte den Theaterplan,
Und wollte endlich, ganz alltäglich
Nur leben, wie es sonst unmöglich
Im Trubel der Orchesterpflichten.
Das war ein Plan mit reifen Früchten:
Zu Hause bleiben, auszugehen,
Freunde besuchen, niemanden sehen,
Mit den Kindern spazieren;
Ein wenig studieren;
Klavier zu üben, Besuch der Bonnard-
Ausstellung; oder gar –
Um die Ecke – Besuch einer Bar.
Mehr Leute zu sehen aus anderen Sparten,
Kollegen aus Künsten anderer Arten;
Mit Worten zu spielen. Neue Dichter zu lesen;
Das britische Kreuzworträtsel zu lösen.
Opus 132 wieder zu üben;
Kurzum, zu leben ganz nach Belieben.

*

Das alles tat ich, doch merkt' ich dabei,
Daß auch die Freiheit nicht immer nur frei:
Gewisse Verpflichtungen und Versprechen
Muß man erfüllen, kann man nicht brechen,
Wie z. B. die Jugendkonzerte, Schallplatten-Serien
Und ähnliche Unruhestifter der Ferien.
Das kostete Zeit, ging auf Umstellungskosten,
Doch ließ es zumindest den Taktstock nicht rosten.
Indessen regte sich wieder einmal
In meinem Kopfe – ganz irrational –
Dieser Drang, fürs Theater zu komponieren,
Das bedeutete tagelanges Sondieren
Von Theaterstücken und sonstigen Künsten,
Von gewagten Ideen und Hirngespinsten.
Nichts wollte zünden, vielleicht war's ein Segen.
Ehrlich gesagt, es kam mir gelegen:
Dieser Luxus, mich in purer Musik zu verlieren,
Über das Komponieren zu meditieren.
Stundenlang brütete ich über die Kunst,
Wie man Musik veredelt, verhunzt,
Über Aspekte der Unkonventionalität,
Über das Ende der Tonalität,
Über die Moden von Dada, Semantik,
Die Fesseln von Reihen, die Not der Romantik,
Über das Blabla der Fachterminologen,
Der Physicomathematomusikologen.
Über Stücke wie «Kreise» und «Sinus», «Parameter»,
Kein Stoff für meine hausbackenen Tetrameter.
Stücke für Soprane, die glucksend vibrieren,
Mit Schwadronen Vibraphonen, einem Heer von Klavieren,
Gespielt mit den Fäusten, dem Stiel eines Halms –
– Und dann entstanden die «Chichester Psalms».
Diese Psalmen sind einfach: bescheidene Lieder,

Tonal und melodisch, beinahe bieder,
Für aufrechte John Cager garantierte Tortur,
Mit Tonika und Dreiklang in simpler Es-Dur.
Aber da stehn sie nun als Endresultat
Meiner Forschungsreise durch die Avantgarde.
Das jüngste meiner Kinder, diesen altmodisch-süßen;
Es steht da, auf zwei eigenen tönenden Füßen.

*

Das also war der Ferien Haupterlebnis,
Zumindest war's das greifbarste Ergebnis;
Doch gab's auch andre Früchte dieser Zeiten,
Die mich und andre (hoffentlich) erfreuten.
Ich mußte, um dies Resümee zu dichten,
Meinen Terminkalender sichten
Und nachsehn, was mir Spaß gemacht,
Was ich ansonsten nicht vollbracht.
Nun folgt, damit ich Zeit gewinne,
Pro Monat ein Beispiel. Ich beginne:
Jan. Strawinskys «Histoire du Soldat» dirigiert.
Für wohltätige Zwecke. Auch Regie geführt. Höchst animiert.
Feb. Nach Aspen geflogen. Seminar abgehalten.
Daneben Schi gefahren. Zurück ohne Falten.
Mar. Neues Robbins-Ballett dirigiert: «Les Noces».
Wieder Strawinsky. Genialer Koloß!
Apr. Mozart G-Dur geübt wie besessen
Für Platten mit Juilliard-Quartett. Unvergessen.
Mai. Nach Dänemark. Für Sonning-Preis. Als Dank
Nielsens Dritte dirigiert. Himmlischer Klang.
Jun. Nach Puerto Rico. Vor Casals gespielt.
Begnadeter Musiker. Lebenstraum erfüllt.
Jul. Nach Chichester. Meine Psalmen gehört. Mit Familie.
An dem Ort, für den sie geschrieben. Glücksgefühle.

Aug. Nach Tanglewood. Den Hort meiner Jugendjahre
umarmen.
Festkonzert dirigiert: Vierter Akt «Carmen».
25 Jahre Tanglewood! So viele Erinnerungen an diese
Zeit!
Zum Beispiel . . .
                    . . . und plötzlich war es soweit:
Es war September.

                              *

Erfrischt, verjüngt und mit Elan
Blick' ich gespannt auf die Saison.
Tanglewood brachte den Hauch früher Jahre,
Strawinsky und Mozart, das Schöne und Wahre.
In Dänemark fand ich den Frühling wieder.
In Chichester hörte ich himmlische Lieder.
Das Schifahren in Aspen hat mich gestählt.
Beinahe nichts von alldem bescherte mir Geld.
Diese Ferien waren erfrischend wie Tonic:
Ich sehn' mich zurück zum New York Philharmonic!

*New York Times, Sonntag, 24. Oktober 1965,
II. Teil*

Deutsch von Elly Weiser

Gedanken
zur Programmgestaltung

Was ist eigentlich der Symphonie in diesem Jahrhundert passiert? In den beiden kommenden Spielzeiten wollen wir dieser Frage nachgehen. Deshalb bin ich sehr dankbar, daß ich heute die Gelegenheit habe, darzustellen und zu erklären, wie und warum wir uns auf dieses Abenteuer überhaupt einlassen.

Es heißt immer wieder – und es läßt sich durch geschichtsbezogene Denkhaltungen auch untermauern –, daß die symphonische Form, also die Symphonie und das Instrumentalkonzert, von Mozart bis Mahler einen gewaltigen Zirkel ausgeschritten hat. Als Höhepunkt dieses hundertfünfzig Jahre umspannenden Halbkreises gilt ganz allgemein Beethoven. Die Verfechter dieser Ansicht sehen alle nach Beethoven erfolgten symphonischen Äußerungen für gewöhnlich als eine Art Abstieg an; alles, was nach Mahler kam, betrachten sie als glatten Verfall.

Die Konsequenz eines solchen deterministischen Standpunktes wäre das Eingeständnis, daß unser Jahrhundert in bezug auf die Symphonik ein epigonaler Zeitabschnitt ist. Zwar werden hin und wieder Symphonien komponiert, zwar finden sich darunter immer wieder Meisterwerke, aber nach dieser Theorie entspränge keines unter ihnen einer lebendigen musikalischen Strömung, einem vitalen künstlerischen Wachstumsprozeß. Dann aber – wenn Symphonien etwas Ausgefallenes, unregelmäßig Auftretendes und eigentlich immer seltener Werdendes wären –, dann aber hätte das symphonische Orchester keine andere als eine museale Funktion. Zumindest so lange, solange wir es als das natürliche Ergebnis von hundertfünfzig Jahren symphonischen Wachstums ansehen. Daraus folgt aber, daß der Dirigent zum Kustos würde und die ganze Einrichtung der symphonischen Konzerte vom Hauptstrom der zeitgenössischen Musik abgeschnitten wäre.

Das sind Gedanken, die man nicht so leicht verscheuchen, philosophische Spekulationen, über die man nicht zur Tagesordnung übergehen kann. Wir haben bereits weit mehr als die Hälfte dieses Jahrhunderts hinter uns gebracht; deshalb ist es richtig und wichtig, daß die New Yorker Philharmoniker sich für das Schicksal interessieren, das die symphonische Form in diesem Jahrhundert erlitten hat – nur so erhält der kritische Teil des Konzertpublikums die Möglichkeit, selbst darüber zu befinden, wieviel diese Spekulationen für sich haben.

Ein solches Abenteuer, wie ich unsere Unternehmung eingangs nannte, kann natürlich nicht in einer Spielzeit bestanden werden, und auch eine zweite reichte hierzu nicht aus. Aber in zwei Spielzeiten könnte es gelingen, mit einigem Geschick das Publikum zumindest so viele Werke hören zu lassen, daß es ahnen und vielleicht sogar sich eine Vorstellung davon machen kann, was der Symphonie und ihrem Trabanten, dem Instrumentalkonzert, im 20. Jahrhundert widerfahren ist.

In der nächsten Saison wird in jedem meiner Konzerte mindestens ein Werk zu hören sein, das ein signifikantes Beispiel für die symphonische Form unseres Jahrhunderts ist. Die einzige Ausnahme bildet das Abschlußkonzert mit Haydns «Schöpfung». Da ich keinesfalls beabsichtige, einen chronologischen Überblick über die symphonische Entwicklung zu geben, werde ich auch nicht das Jahr 1900 (oder Gustav Mahler) als Ausgangspunkt nehmen und mich von da her der Gegenwart nähern – die Programmgestaltung von Konzertzyklen unterliegt anderen Gesetzen. Ich hoffe aber, daß ich einen Überblick geben kann, der zu Einsichten führt.

Mahler stellt nun aber einmal den entscheidenden musikalischen Wendepunkt unseres Jahrhunderts dar. Wir werden also seinen drei letzten Symphonien, der siebenten, der achten und der neunten, drei ganze Programme widmen. Die umstrittene, unfertige zehnte Symphonie lassen wir vorläufig noch aus.

Einen zweiten großen Wendepunkt führte in diesem Jahrhundert Jean Sibelius herbei. Heuer feiern wir den hundertsten Geburtstag dieses großen Komponisten. Ich glaube, wir können ihn nicht sinnvoller begehen als durch eine über die ganze Saison verteilte Aufführung seiner sieben Symphonien, mögen sie nun große Mode sein oder nicht.

Neben den Werken dieser beiden Schlüsselfiguren, die das 20. Jahrhundert einläuteten, werden wir Symphonien anderer großer europäischer Komponisten hören: die vierte Symphonie von Vaughan Williams; Weberns Symphonie op. 21; Prokofieffs fünfte und Schostakowitschs neunte Symphonie – höchst unterschiedliche, höchst bemerkenswerte Werke.

Selbstverständlich sind auch die amerikanischen Symphoniker gebührend vertreten: Wir werden die dritte Symphonie von Ives aufführen, die dritte Symphonie von Copland und die dritte Symphonie von Harris. Dazu kommen zwei Erstaufführungen: die zweite Symphonie von Leo Smit und die fünfte von David Diamond.

An Instrumentalkonzerten werden wir die Violinkonzerte von Chávez – eine Uraufführung – und Strawinsky hören, das Flötenkonzert von Nielsen, das dritte Klavierkonzert von Rachmaninow, das erste Klavierkonzert von David Diamond – eine weitere Uraufführung – und Bartóks Konzert für zwei Klaviere. Dazwischen gibt es einiges von Bach, Haydn und Saint-Saëns.

(All das begibt sich natürlich in meinen eigenen Konzerten. Obwohl ich überglücklich wäre, würden die Gastdirigenten den Leitlinien meines programmatischen Konzeptes folgen, werde ich mich hüten, ihnen ein Schema aufzuzwingen, das die Freiheit ihrer Programmgestaltung einengt.)

Ich hoffe, daß in den Programmen der übernächsten Saison einige Komponisten aufscheinen werden, die wir in der nächsten Saison noch nicht berücksichtigen können. Dies gilt vor allem für Schönberg, dem ein ganzes Konzert gewidmet sein wird. In gleichem Maße gilt es auch für Hindemith: Er wird mit seiner Symphonie in Es vertreten sein, einem großartigen Werk, das in New York seit achtzehn Jahren nicht mehr zu hören war.

Mahler wird auch in der übernächsten Saison zu hören sein – mit seiner sechsten Symphonie, vielleicht auch mit der zehnten. Schließlich werden wir Symphonien und Instrumentalkonzerte so wichtiger Komponisten wie William Schuman, Elliott Carter, Roussel, Honegger und Sessions aufführen und dazu Beispiele neuester symphonischer Bewegungen, die sich bis dahin etwa noch ergeben.

In welche Richtung immer sich solche symphonischen Bewegungen entwickeln mögen: nach den beiden nächsten Spielzeiten wird sich das New Yorker philharmonische Publikum hoffentlich ein Bild über das Schicksal der symphonischen Form in diesem Jahrhundert machen können. Und ich glaube, daß meine Programmgestaltung nicht nur lehrreiche Konzerte zur Folge haben wird, sondern auch anregende und erfreuliche.

Bemerkungen gegenüber Kritikern am 27. April 1965, in denen L. B. seine Abkehr vom traditionellen Programm-Schema der New Yorker Philharmoniker begründete

Worte des Dankes

Hochverehrte Festversammlung, liebe Freunde!

Ich weiß nicht, wie vielen von Ihnen es bereits widerfahren ist, hier im Kapitol, umgeben von Menschen von so überwältigenden Verdiensten und Vorzügen, einer so bedeutenden Ehrung teilhaftig zu sein. Wie kann ich Ihnen sagen, was mich erfüllt – dieses traumartige Schwimmen auf einem Meer der Empfindungen, dieses Gefühl, in den Lüften zu sein? Es ist unsagbar herrlich, aber es zieht eine Strafe nach sich – die Verpflichtung, eine Rede zu halten. Es ist ein Preis, den ich zu zahlen bereit bin, denn es ist ein sehr bescheidener Preis; und auch meine Rede wird eine recht bescheidene sein.

Ein Teil meiner Traumseligkeit kommt daher, daß ich in Washington und von brillanten Persönlichkeiten umgeben bin. Ein Teil aber auch aus dem Wissen um die gute Sache, derentwegen wir heute abend zusammengekommen sind, und aus der Freude, so viele alte Freunde und Kollegen hier zu sehen. Aber über alldem schwebt – wie ein Glorienschein – ein Name: der Geist jener Frau, in deren Namen ich heute geehrt werde. Ich habe den Namen Eleanor Roosevelt immer verehrt und werde ihn immer in Ehren halten. Daß er heute auf dieser Medaille mit meinem Namen vereint ist, grenzt für mich ans Metaphysische. Ich bin in einer Generation aufgewachsen, die man die Roosevelt-Generation nennen könnte: Wir haben Roosevelt nicht nur geliebt und ihm blind vertraut, wir haben auch in seinem Sinn gelebt, uns nach seinem Ebenbild geformt. Ich war vierzehn, als er ins Weiße Haus einzog, und sechsundzwanzig, als er es für immer verließ. Und in all diesen zwölf Jahren, während all der ungeheuren Umwälzungen, die sie mit sich brachten, blickten wir zu unserem Präsidenten auf, dessen Verstand, dessen Intelligenz, dessen Artikuliertheit, dessen Mitgefühl, dessen Vornehmheit uns Kraft und Stärke verliehen.

Und hinter ihm und an seiner Seite stand in jedem Augenblick Mrs. Roosevelt: diese beiden Gestalten sind unauflöslich eins geworden in meinem Gedächtnis – sie strömten die gleiche Klugheit, die gleiche Barmherzigkeit aus. Es wäre gewiß der Höhepunkt meiner Jugendjahre gewesen, hätte ich ihnen begegnen dürfen. Diese Auszeichnung wurde mir nie zuteil, solange der Präsident lebte. Und an jenem traurigen 12. April 1945, als er starb, weinte ich wie ein Kind.

Aber Mrs. Roosevelt blieb uns, und ich genoß die Auszeichnung und die Freude, sie kennenlernen zu dürfen. Allmählich lernte ich sie besser und besser kennen, und schließlich ereignete sich das Wunder: wir wurden Freunde. Erst damals vermochte ich sie aus dem Doppelbildnis, das ich seit meiner Collegezeit verehrt hatte, herauszuschälen, und ich lernte das Wunderbare kennen, das ihre Persönlichkeit ausmachte: ihre Güte, ihre grenzenlose Energie, die Klarheit in ihrem Denken, ihre Einfachheit, ihre Geradheit, ihre Höflichkeit, ihre unerschöpfliche Geduld – lauter Tugenden, die man heute so gerne leichthin übersieht. Beinahe vergessene Werte, diese Tugenden. Man kann die Leute sagen hören: «Ja, ja, sie war eine altmodische Wohltäterin.» Wohltäterin.

Welch ein beklagenswertes Wort! Heutzutage als Wohltäter bezeichnet zu werden hat etwas von Geringschät-
zung an sich. Aber, verdammt, sie war eine Wohltäterin,
und ich segne sie dafür mein Leben lang! Gott gebe uns
mehr Wohltäter in dieser gefährlichen und zynischen
Welt.

Aber ihre größte Tugend und ihr größter Triumph war
ihre Beziehung zur Zeit, diesem grimmigen Feind, gegen
den wir alle ankämpfen, unser ganzes Leben lang. Für jeden und für alles hatte sie Zeit – ohne sich zu hetzen,
ohne sich drängen zu lassen. Sie war immer da. Wo
hungrige Mägen zu füttern waren, wo Wissensdurst zu
stillen war, wo ein Gefangener zu erlösen oder ein Frem-
der aufzunehmen war, wo es galt, einen Trauernden zu
trösten – sie war da. Wo man eine Flagge aufziehen, einen Mythos entlarven, ein Unrecht gutmachen, eine
Kluft überbrücken sollte – sie war da. Und sie war da,
ohne Zwang, ohne Ungeduld – sie gab sich hin, ganz
und gar. Dürfen wir weniger tun?

Können wir es uns leisten, weniger zu tun, jetzt, da uns
die Zeit davonläuft, da Irrsinn unter dem Deckmantel
des Überflusses wuchert, da Geduld und Anteilnahme
und Klarheit des Denkens und Wohlwollen nicht mehr
nur altmodische Tugenden sind, sondern Fragen von Leben und Tod?

Ich danke Ihnen aus tiefstem Herzen für den Eleanor-
Roosevelt-Preis. Er wird mich für immer mit der, in deren Namen er verliehen wird, verbinden.

*Ansprache, gehalten anläßlich der Verleihung
des Eleanor-Roosevelt-Preises am 20. November 1966*

Worte der Ermahnung

Magnifizenzen, Spektabilitäten,
meine Herren Professoren und Dozenten,
verehrte Ehrengäste!

Es gibt zwei Gründe, derentwegen ich heute vor Ihnen
stehe: ich soll hier geehrt werden, und ich soll an Ihrem
heutigen Ehrentag die Festrede halten. Was die Ehrung
anlangt, die mir zugedacht ist, danke ich Ihnen jetzt
schon von ganzem Herzen. Und was meine Festrede anlangt, so möchte ich sie auch meinerseits mit einer Ehrung beginnen. Diejenige, die ich ehren möchte, wurde
hier in Rockford geboren und erzogen. Ihr Name ist
Helen Grace Coates. Miss Coates ist seit mehr als dreißig Jahren mein Leitstern, meine Vertraute, meine Hel-
ferin, meine Inspiration – zuerst, in meinen Jugendjah-
ren, als meine Klavierlehrerin und dann, seit zweiund-
zwanzig Jahren, als meine unersetzliche Privatsekretä-
rin. In beiden Eigenschaften hat sie mein Leben erleich-
tert und bereichert: als Lehrerin hielt sie mich zur Selbst-
zucht an, eröffnete sie mir den Weg zur tiefsten Bedeutung alles Tuns, brachte sie mir bei, wie man musikalische Schönheit beherrscht, wie man in sie eindringt. Für
alle meine Probleme hatte sie ein williges Ohr, für die
musikalischen wie für die nichtmusikalischen; bei ihr,
der Offenherzigen, Klugen, fand ich immer Trost und
Rat. Als meine Sekretärin und Freundin und rechte
Hand tut sie dies nach wie vor. Und heute hat sie mir die

Ehre erwiesen, mich hierher zu begleiten: sie sitzt hier unter uns.

Es gibt zwei Sorten von Ehrungen: solche, die man annimmt, und die anderen, die man ablehnt. Die letzteren sind viel zahlreicher als die ersteren. Manche könnten aus dem Geehrtwerden einen Beruf machen. In meinem Fall wäre das allerdings schwierig: ich habe zu viele Verpflichtungen zu erfüllen und zu wenig Zeit für mein eigenes Leben. Aber warum habe ich dann die mir angebotene Ehrung des Rockford College angenommen, das tausend Meilen weit weg ist? Weil Helen Coates hier zur Welt kam, Helen Coates, die ich heute ehren möchte. Und indem ich ihr meinen Tribut entrichte, entrichte ich ihn an alle Lehrer auf allen Gebieten. Die besten Lehrer, die ich hatte – und ich hatte das Glück, einige hervorragende Lehrer zu haben –, haben mir nicht nur die Erkenntnisse weitergegeben, die ihr Verstand für mich aufbewahrt hatte, sondern haben mir auch einiges über die Kunst des Lehrens selbst beigebracht. Und in welchem Maße und wie unkonventionell auch immer ich heute als Lehrender mich betätige, ich verdanke diesen unwiderstehlichen Drang, meine Ideen mit anderen zu teilen, diesen hervorragenden Lehrern, die ich hatte. Und Helen Coates zählt zu ihnen.

Nun, da ich sie geehrt habe, will ich darangehen, meine Pflicht als Festredner zu erfüllen. Es wird von mir erwartet, aus Anlaß eines Ehrentages wie diesem, jener Klasse, die heute graduiert und ins Leben hinaus entlassen wird, etwas zu sagen, was sowohl brillant als auch unvergeßlich ist. Ich muß Ihnen ein Geständnis machen: ich halte eine solche Unternehmung für ebenso schwierig wie gefährlich. Habe ich überhaupt das Recht, vor Ihnen zu brillieren, Ihr Erinnerungsvermögen zu belasten?

Rat wird heutzutage viel zu oft und viel zu leicht gegeben und wird zu oft auf die leichte Schulter genommen. Wir schlingern in einem Ozean voller Belehrungen und können bereits von Glück reden, wenn wir uns über Wasser halten. Dazu leben wir in einer Welt, die in vielen Hinsichten von den Jungen beherrscht wird, und das ist eine zusätzliche Erschwernis. Sehr jung sein, ist das, wonach die Menschen von heute sich sehnen, als ob man sich zurückentwickeln könnte; wir erleben tagtäglich das peinliche Schauspiel älterer Menschen, die sich wie Teenager anziehen, unterhalten, benehmen.

Auf welche Weise also sollten wir Älteren den Jungen von heute einen guten Rat geben können? Sollte ich euch nicht fragen, sollte nicht meine ganze Generation euch fragen, euch, die ihr heute graduiert und ins Leben entlassen werdet, was wir tun sollen, um nicht zu verzweifeln? Um das Gefühl der Unsterblichkeit, das wir einst hatten, wiederzuerlangen? Um unsere Angst vor dem Alter, dem Tod zu verlieren? Um wieder guten Mutes zu sein und zu bleiben? Um wieder in der Lage zu sein, uns in Ekstasen zu versetzen und uns in ihnen zu verlieren, wie das die primitiven Watussi nach wie vor können?

Diese Gedanken haben mich nicht losgelassen, seitdem ich versprach, heute hierherzukommen, und eben diese Gedanken haben mich bewogen, einige der berühmten Beispiele des Ratgebens, wie sie in der Weltliteratur zu finden sind, wiederzulesen: Machiavellis Ratschläge an seinen Fürsten, Lord Chesterfields Briefe an seinen Sohn und so weiter. Die meisten von ihnen fand ich zynisch und oberflächlich. Sie sind Wegweiser zu Erfolgen, nicht zu Tugenden. Wegweiser zu Taten, nicht zur Lauterkeit. Wegweiser zu einem erfolgreichen Leben, nicht zu einem edlen oder erfüllten. Sie zeigen auf, was man sich alles herausnehmen darf, geben an, woraus man den größten Gewinn ziehen kann, schildern, wie man nimmt, und nicht, wie man gibt. Aber selbst auf dieser kalten, pragmatischen Ebene haben sie uns nichts mehr zu sagen.

Wir halten die totalitären Ratschläge Machiavellis heute nicht mehr aus. Genausowenig vertragen wir heute Lord Chesterfields Vorstellungen von wohlerzogenen jungen Leuten. Zumindest dann nicht, wenn wir ernst zu nehmende Menschen sind, die die Zeichen der Zeit verstehen. Die ungeheure Idee der Demokratie hat uns Lichtjahre von Machiavellis Fürsten entfernt, und wenn es in unseren Regierungen nach wie vor machiavellistische Signale und Symptome gibt, so wissen wir, daß das etwas ist, das bekämpft und niedergebrüllt werden muß, etwas, dem wir uns nie unterwerfen dürfen. Ebenso haben uns Psychoanalyse und Psychiatrie um Lichtjahre vorwärtskatapultiert: Lord Chesterfields Sohn würde man heute zum Psychiater schicken.

Allerdings: *Eine* literarische Ermahnung gibt es, die man noch immer unterschreiben, die man noch immer glauben, die man noch immer, so wie sie ist, an Kinder und Kindeskinder weitergeben kann, und das sind des Polonius berühmte «Regeln» für seinen Sohn Laertes. Versuchen wir herauszufinden, was uns der alte Polonius heute noch zu sagen hat.

Regel Nummer Eins:
   Gib den Gedanken, die du hegst, nicht Zunge
   Noch einem ungebührlichen die Tat.

Ach, armer Polonius! Er lebte eben nicht in diesem Zeitalter der Kommunikation. Könnt ihr euch den armen, alten Polonius in unserer Welt des Fernsehens vorstellen,
in einer Welt, in der politische Beredsamkeit in unseren
Ohren überquillt, in unserer Welt der Leserbriefe und
der Meinungsumfragen, der Interviews und der Hinter-
fragungen, in unserer Welt der Illustrierten, der Panel-
Diskussionen und der Image-Bildungen durch Werbe-
Agenturen – könnt ihr euch vorstellen, daß der arme,
alte Polonius inmitten dieses sengenden Lavastromes die
Worte findet: «Gib den Gedanken keine Zunge?» Wenn
je ein Zeitalter der Zunge existierte, dann ist es das uns-
rige; wenn Polonius heute wünschte, daß Laertes in Paris erfolgreich sei, müßte er sagen: «Gib jedem Gedanken deine Zunge; und fehlen dir Gedanken, sprich sie
trotzdem aus!» Und bezüglich seiner Bemerkung, Laertes möge «keinem ungebührlichen die Tat» geben – nun,
die Psychoanalyse hat mit derlei aufgeräumt. Heute
würde man Polonius vorwerfen, daß er seinen Sohn in
einen Morast von Unterdrückung und Hemmungen hin-
eingetrieben habe.

Regel Nummer Zwei:
   Leutselig sei, doch keineswegs gemein.

Auf den ersten Blick klingt das wie ein vernünftiger Rat;
aber sobald uns einfällt, daß Polonius mit «gemein»
nicht das Vulgäre, sondern buchstäblich das beim gemei-

nen Volk Übliche, das allgemein Gewöhnliche, allgemein Gebräuchliche im Auge hatte – sobald uns das zum Bewußtsein kommt, sehen wir sofort, wie sehr Polonius von der Zeit überholt worden ist. Der alte Höfling und dekadente Aristokrat hatte nichts anderes im Sinn, als seinen Sohn davor zu bewahren, sich im Selbstverständnis der Demokratie mit dem Volk «gemein» zu machen; ein Ratschlag, bei dem er heute Mühe hätte, uns zu beweisen, daß er vernünftig sei.

Regel Nummer Drei:
> Den Freund, der dein und dessen Wahl erprobt,
> Mit ehrnen Reifen klammr ihn an dein Herz.
> Doch härte deine Hand nicht durch Begrüßung
> Von jedem neugeheckten Bruder.

Mit anderen Worten: Verkehre nur mit deinesgleichen, mit Freunden, die dir von Jugend an vertraut sind, bei denen du dich geborgen fühlen kannst. Jeder Freund ist schuldig, ehe er nicht seine Unschuld bewiesen hat. (Und gewiß keiner warmen Mahlzeit wert.) Nun, unsere zeitgenössische Kultur schreibt andere Verhaltensweisen vor; unsere Klassenschranken werden tagtäglich verschwommener und wie die zwischenstaatlichen Grenzbalken tagtäglich wirkungsloser. Ist Laertes als Entwicklungshelfer vorstellbar oder als einer, der mit einem Protest-Sänger Freundschaft schließt?

Regel Nummer Vier:
> Hüte dich, in Händel zu geraten: bist du drin,
> Führ sie, daß sich dein Feind vor dir mag hüten.

Ich fürchte, daß ein Gutteil unserer Vietnam-Politik auf dieser Regel fußt. Deshalb möchte ich mich davor hüten, dazu irgendeinen Kommentar abzugeben.

Regel Nummer Fünf:
> Dein Ohr leih' jedem, wen'gen deine Stimme;
> Nimm Rat von allen, aber spar dein Urteil.

Das müssen wir aus der Nähe besehen. «Dein Ohr leih' jedem.» Stellt euch vor, wir müßten in dem eben erwähnten Lavastrom der Worte, in dem wir uns befinden, jedem unser Ohr leihen! Das Resultat wäre Verwirrung, Ertaubung, Irrsinn.

«... wen'gen deine Stimme», rät Polonius. Wiederum: unbrauchbar in unserer demokratischen Gesellschaft. Polonius konnte sich das Ideal allgemeiner bürgerlicher Rechte noch nicht vorstellen. Unsere Stimme ist unser Stimmrecht; und wir sollten nicht nur davon Gebrauch machen, wir müssen es immer und überall tun.

«Nimm Rat von allen»: Also, das ist ein Ding der Unmöglichkeit. Was ist, wenn ich eines Tages die Ratschläge all der Musikkritiker, die ich ständig lese, tatsächlich ernst nähme? Ich wäre erledigt.

«Aber spar dein Urteil»: Nun, wenn ich diese Regel befolgte, wäre ich kaum in der Lage, alle diese hier auszusprechen, meint ihr nicht auch? Wenn ihr eines Tages um eine solche Festrede gebeten werdet, werdet ihr begreifen, was ich meine.

Regel Nummer Sechs:
> Die Kleidung kostbar, wie's dein Beutel kann,
> Doch nicht ins Grillenhafte; reich, nicht bunt –

Nun – daran brauchen wir keine fünf Sekunden zu ver-
schwenden; Carnaby Street hat das hinweggefegt. Und
weiter geht es mit:

Denn es verkündigt oft die Tracht den Mann –

Ich glaube, dieser Tage verkündigt sie zumeist das Alter
– das Alter des Un-Mannes, des Anti-Helden, wie er uns
aus unseren Anti-Romanen und Nicht-Stücken bekannt
ist. Polonius versteigt sich sogar zur Behauptung:

Und die vom ersten Rang und Stand in Frankreich
Sind darin ausgesucht und edler Sitte.

– aber, wie wir alle wissen, hat in Dingen der Mode Lon-
don längst Paris den Rang abgelaufen. Armer Polonius.
Dann folgen, als *Regel Nummer Sieben,* die berühmten
Zeilen:

Kein Borger sei und auch Verleiher nicht;
Sich und den Freund verliert das Darlehn oft,
Und borgen stumpft der Wirtschaft Spitze ab.

Wiederum unbrauchbar in unserem Gesellschaftssy-
stem, da jeder entweder ein Borger oder ein Verleiher
ist. Womit auch die Regel Nummer Sieben ad acta gelegt
werden kann.
Aber all das war nichts, verglichen mit dem großen Finale, der *Regel Nummer Acht*:

Dies über alles: sei dir selber treu,
Und daraus folgt so wie die Nacht dem Tage,
Du kannst nicht falsch sein gegen irgendwen.

Alles, was ich zuungunsten dieser herrlichen Verse sagen könnte, wäre Blasphemie. Denn erstens sind sie so wundervoll, daß wir sie schon deshalb glauben: Sie sind reinste Musik. Zweitens aber glauben wir sie, weil sie wahr sind. Selbstverständlich sind sie wahr, und dabei könnte ich es bewenden lassen, mich verabschieden und euch ins Leben entlassen.

So einfach ist das aber nicht. Seit Shakespeare diese Zeilen schrieb, seit mehr als dreieinhalb Jahrhunderten also, haben wir uns weiterentwickelt. Ja, ich wiederhole es und riskiere damit, als altmodisch verschrien zu werden, ich wiederhole, daß sich die Menschheit weiterentwickelt, daß sie Fortschritte macht, daß sie in unendlichem Maße zu vervollkommnen ist. Warum sonst würden wir uns quälen, uns abmühen, studieren, graduieren, strampeln, denken, einen Versuch wagen, das Ziel verfehlen, einen zweiten Versuch wagen – mit einem Wort: leben? Weil wir uns weiterentwickeln. Und heute wissen wir etwas, das Polonius noch nicht wußte: daß es sich nicht so sehr darum handelt, uns selber treu zu sein, als darum, unser wahres Selbst zu erkennen. War Hitler nicht sich selber treu? War die Kirche nicht sich selber treu, als sie Jan Hus verbrannte und Martin Luther exkommunizierte? Ist der Halbwüchsige, der vergewaltigt, nicht sich selber treu? Millionen psychisch Kranker dieser Erde haben bloß eine verzerrte und groteske Vorstellung von ihrem eigenen Ich, und es ist tragisch, daß sie die Richtschnur ihres Handelns ist. Soviel haben wir seit den Tagen des Polonius gelernt: es ist nur allzu leicht, uns selber zu betrügen, uns eine Vorstellung von uns selbst zurechtzuzimmern, die vielleicht unseren Hunger nach

Selbstbestätigung zu stillen vermag, aber zuletzt hohl klingen und uns zerstören wird.

Eure Aufgabe ist es, denn jeder von euch ist ein Laertes unseres Jahrhunderts, jeder von euch steht an der Grenze des Erwachsenseins – eure Aufgabe ist es, euer wahres Selbst zu erkennen, ein Selbst zu formen, das nicht bloß aus Geburtswehen und Pubertätsängsten, aus Umwelt und aus Anpassung, aus Status-Zwängen und Macht-Zwängen, aus Nachsicht-Gewähren und aus Über-die-Stränge-Schlagen besteht, sondern eines, das auf die Stimme des Gewissens hört, auf Ehrbegriffe ansprechbar ist und Mitleid als süße Last empfindet.

Wie schnell sind seit den Tagen, da ich graduierte, all diese Eigenschaften in Verruf gekommen? Wohin verschwand das Edle, ehedem der einzige Grund, warum sich jemand der Musik verschrieb? Wo findet heute im Schauspiel, im Roman das Mitleid noch einen Platz? Bei welchen nichtigen Stilrichtungen, die sich als Vertreter der bildenden Kunst von heute in Positur werfen – und in Positionen bringen –, kann von Gewissen noch die Rede sein? Erspart mir den Rest. Ihr wißt, was ich meine. Solange man im College ist, weiß man noch alles.

Hört also meinen Ratschlag: Geht in die Welt hinaus und findet die Ehrenhaftigkeit wieder, bringt Mitleid und Gewissen zurück und behütet sie wohl – im Licht, das von ihnen ausgeht, werdet ihr euer wahres Selbst finden. Und wenn ihr dann von Stolz und Klarheit erfüllt seid, wenn ihr dann wißt, worin ihr euch selber treu sein müßt, erst dann wird daraus folgen, so wie die Nacht dem Tage, ihr könnt nicht falsch sein gegen irgendwen.

Rede vor dem Rockford College, 5. Juni 1966

Mahler: Seine Zeit ist gekommen

Ist gekommen? War schon lange da. War da, seitdem jeder Takt jeder Symphonie in seiner seelenvollen unverwechselbaren Handschrift niedergeschrieben wurde. Wenn es je einen Komponisten gab, von dem man sagen kann, er sei der Komponist seiner Zeit gewesen, dann war es Gustav Mahler. Prophetisch war er nur insoferne, als er bereits wußte, was die Welt erst ein halbes Jahrhundert später wissen und sich eingestehen würde.

Natürlich handelt Mahlers gesamte Musik im Grunde von Mahler. Sie handelt also von Konflikten. Man bedenke: Mahler, der Komponist – Mahler, der Interpret; der Jude – der Christ; der Gläubige – der Zweifler; der Naive – der Intellektuelle; der Provinzler aus Böhmen – der Weltmann aus Wien; der faustische Philosoph – der orientalische Mystiker; der opernbesessene Symphoniker, der nie eine Oper komponierte. Am erbittertsten war der Konflikt zwischen dem abendländischen Menschen und dem geistigen Leben um die Jahrhundertwende. Dieser Widerstreit brachte die nicht enden wollende Reihe von Antithesen hervor – die ganze Skala von Yin und Yang –, die Mahlers Musik innewohnen.

Was nun aber war dieses doppelte Traumgesicht Mahlers? Eine Vision dieser Welt, wie sie unter ihrer schmucken Oberfläche von Verderbtheit zerbröckelt, widerlich, scheinheilig, glücklich, ihrer Unsterblichkeit hienieden gewiß, aber bar jeden Glaubens an eine geistige Unsterblichkeit. In ihren Enthüllungen ist diese Musik beinahe grausam. Es ist, als hätte eine Kamera die westliche Zivilisation in dem Augenblick erwischt, in dem ihr Verfall begann. Mahlers eigenes Konzertpublikum aber sah all das nicht: es weigerte sich – oder war außerstande –, das eigene Abbild im Spiegel dieser seltsamen Symphonien zu erkennen.

Die Zeitgenossen Mahlers hörten nur Übertreibung, Übermaß, Schwulst, quälende Längen, ohne darin die Symphonie des eigenen Abstiegs und Falles erkennen zu können. Was sie hörten, erschien ihnen als eine Art Geschichte der deutsch-österreichischen Musik, in teils ironischer, teils verzerrter Ausdrucksweise zusammengefaßt, und sie bezeichneten das als schändlichen Eklektizismus. Sie hörten endlose, brutale, fast manische Märsche, aber sie erkannten weder den Doppeladler noch das spätere Hakenkreuz auf den Uniformen der Marschierer. Sie hörten gewaltige Choräle und überwältigende Blechbläser-Hymnen, aber sie konnten nicht erkennen, daß sie dem Schlund des Verfalls der Tonalität entgegenwankten. Sie hörten weit ausholende, romantische Liebeslieder, aber sie begriffen nicht, daß die Liebesträume Alpträume waren, genauso wie die rasenden, verzerrten Ländler.

Was aber Mahlers herzzerbrechende Doppelgesichtigkeit ausmacht, so besteht sie darin, daß all diesen angstgepeinigten Bildern Bilder des Seelenlebens gegenüberstehen. Es ist Mahlers *Anima*, die jene anderen, grausamen Bilder umschwebt. Wie ein Strahl von quälender Leuchtkraft stellt sie dar, wie das Leben sein *könnte*. Das brennende Verlangen nach Seelenfrieden wird erbarmungslos an den dunklen Zweifel gekettet, ob er je erlangt werden kann. Das, was diese Musik so offensichtlich hörbar macht: Gewalttätigkeit, Gefühlsüberschwang, den Dünkel der Etablierten, die Niedrigkeit des Renommiergehabens, das beunruhigende Gerumpel des Auf-uns-Zukommenden sind um so peinigender, als sie mit Erinnerungen an die verlorene Unschuld einhergehen, mit schmerzvoller Sehnsucht nach Jugendträumen, mit dem Verlangen nach irgendeinem Feuerhimmel, mit edlen Verheißungen der Erlösung und bittersüßen Lockungen irgendeines Nirwanas, die allesamt just außer Reichweite sind. Es handelt sich also um eine Auseinandersetzung zwischen Mahlers brennender Lebensliebe und einem Gefühl des Abscheus vor eben diesem Leben, zwischen einer leidenschaftlichen Sehnsucht nach einem Himmel und der Todesangst.

Das doppelte Traumgesicht, das Mahler ein Leben lang spaltete, ist das Seherische, das Prophetische, dessen wir nun endlich in seiner Musik gewahr wurden. Seinetwegen sagte Mahler mit solcher Sicherheit: «Meine Zeit wird kommen.» Erst jetzt können wir Mahlers Musik endlich ganz begreifen: nach fünfzig, sechzig, siebzig Jahren Weltuntergang; nach zunehmender Unfähigkeit, keine Kriege zu führen, trotz des Fortschreitens der Demokratie; nach der Verherrlichung unserer höchsten nationalen Güter, bei wachsendem Widerstand gegen soziale Gerechtigkeit; erst jetzt, nachdem wir nahezu alles durchgemacht haben: die rauchenden Schlote von Auschwitz, die unsinnigen Bombardements der vietnamesischen Dschungel, den Ungarn-Aufstand, die Suez-Krise, das Desaster in der Schweinebucht, die Schauprozesse gegen Sinjawsky und gegen Daniel, die Ermordung Kennedys, den südafrikanischen Rassismus, die arabische Einkreisung Israels, den Rüstungswettlauf – erst jetzt begreifen wir Mahlers Musik, begreifen wir, daß er all das vorausgesagt hat. Und daß, indem er es voraussagte, auf diese Welt ein Regen von Schönheit niederging, die seither nie wieder erreicht wurde.

*

Nun, da die Musikwelt allmählich die Zwiegesichtigkeit der Musik Mahlers begreift, ist es leichter geworden, dieses Phänomen im Mahlerschen Sinn zu verstehen. Dem Doppelbild der Musik entspricht ein Doppelbild ihres Schöpfers. Mahler war eine genau in der Mitte gespaltene Persönlichkeit. Welche Eigenschaft auch immer in seiner Musik wahrgenommen und bestimmt werden kann – es trifft auch für ihr Gegenteil zu. Von welchem anderen Komponisten ließe sich derlei behaupten? Kann man sich Beethoven sowohl ungeschlacht wie auch ätherisch vorstellen? Debussy als zugleich lärmend und zart? Mozart als ebenso graziös wie grob? Strawinsky gleichzeitig sachlich und schmalzig? Undenkbar. Mahler jedoch war in einmaliger Weise alles zusammen: ungeschlacht und ätherisch, lärmend und zart, graziös und grob, sachlich, schmalzig, zerbrechlich, scheu, großartig, selbstzerstörerisch, voll Gottvertrauen, unsicher – Eigenschaft, Gegenteil, Eigenschaft, Gegenteil.
Wenn von Mahler die Rede ist, erscheint vor meinen Augen spontan ein Koloß, der mit gespreizten Beinen über der magischen Grenze steht, die das 19. vom 20. Jahrhundert trennt. Der linke Fuß ruht sicher im prächtigen, geliebten 19. Jahrhundert, der rechte Fuß sucht etwas weniger sicher Halt im zwanzigsten. Manche behaupten,

Mahler habe in unserem Jahrhundert nie wirklich Fuß gefaßt; andere, deren Meinung ich teile, sind überzeugt, daß es die Musik des 20. Jahrhunderts, so wie sie ist, nicht gäbe, wäre nicht Mahlers rechter Fuß in gebieterischem, dumpfem Aufprall in diesem Jahrhundert gelandet. Gemeinsam mit Strauss, Sibelius und – jawohl! – Schönberg stimmte Mahler die letzten klagenden Lieder der Romantik an. Aber Straussens außergewöhnliche Begabung wählte den Weg einer zuweilen sehr behenden Virtuosität; und Sibelius und Schönberg schlugen sehr persönliche, voneinander völlig verschiedene Pfade ins neue Jahrhundert ein. Über der magischen Linie der Jahrhundertwende stehend, blieb Mahler allein: es war ihm auferlegt, den phantastischen Schatz der deutsch-österreichischen Musik von Bach bis Wagner zusammenzufassen, einzuschreinen und zu bestatten.

Dies war ein schreckliches und gefährliches Erbteil. Ob er sich als der letzte Symphoniker – und damit als Nachfahre Mozarts – oder als der letzte «heilige deutsche Künstler» – und damit als Nachfahre Bachs – verstehen mochte: er saß im selben schwankenden Boot. Diese Ahnenreihe in ihren Hauptpunkten zu wiederholen, zu neuen Steigerungen hinaufzuführen, sie als ein einheitliches, in seinen eigenen Flammen eingeschmolzenes, zusammengeschweißtes Ganzes darzustellen – das war die Pflicht, die ihm die Geschichte, das Schicksal auferlegt hatte; ihre Erfüllung bedeutete Jahre des Ausgelachtwerdens, des Abgelehntwerdens und der Verbitterung. Eingebunden in die Zwänge seiner manischen Natur, hatte er keine andere Wahl. Er holte sich alle (alle!) Grundelemente der deutschen Musik, auch ihre Klischees, und nötigte sie bis an die äußersten Grenzen ihrer Möglichkeiten. Pausen verwandelte er in schaudernde Stillen; Auftakte in vulkanische Vorbereitungen für den Todesstoß. Luftpausen wurden zum verzweifelten Luftschnappen oder zur schreckerfüllten Hochspannung. Betonungen erhielten titanenhafte Stärke und Gewichtigkeit. Ritardandi wurden beinahe bis zur Bewegungslosigkeit überdehnt. Aus Accelerandi wurden Tornados. Tonstärken wurden bis zur neurasthenischen Empfindsamkeit abschattiert und übertrieben. Mahlers Märsche klingen wie Herzattacken, seine Choräle klingen, als sei die Christenheit toll geworden. Die alten, konventionellen viertaktigen Phrasen klingen, als wären sie in Stahl gestochen, seine Kadenzen beseligen wie der Augenblick, in dem man von Schmerzen erlöst wird. Mahler ist deutsche Musik mal unendlich.

Das Ergebnis all dieser Übertreibungen ist natürlich jene neurotische Intensität, die so viele Jahre lang als unerträglich abgelehnt wurde und in der wir uns – heute – widergespiegelt finden. Und zugleich entdecken wir, gleichsam als Nebenprodukte: eine Ironie, die unbegreiflich bitter ist; Sentimentalitäts-Ausbrüche, unter denen noch heute so mancher Hörer sich windet; Augenblicke äußerster Verzweiflung – nur zu oft der Verzweiflung, nicht noch weiter in irgendeine reinigende Wirkung besitzende Para-Musik vorauspreschen zu können. Aber wir *sind* gereinigt, wenn getan und gesagt ist, was zu tun und zu sagen war; kein empfindsamer Mensch kann Mahlers IX. Symphonie in sich aufnehmen, ohne von ihr erschöpft und geläutert zu werden. Und dies ist das triumphale Resultat dieses Fegefeuers, dies rechtfertigt alles Übermaß: daß wir ganz zuletzt einem geheimnisvollen Strahlen begegnen, einem Schimmern, das uns ahnen läßt, wie Frieden beschaffen sein könnte.

Soweit Mahlers linker Fuß. Und sein rechter, der auf dem jungen Boden des 20. Jahrhunderts noch zögert, ihn nach Tragfähigkeit, Ergiebigkeit, Wurzeln abtastet? Gewiß, er war ergiebig; auch Wurzeln waren vorhanden, aber sie wuchsen von jenseits der Jahrhundertgrenze herein. Das ganze Tasten, Experimentieren, Herumstreifen Mahlers wurde von ihm unter Voraussetzungen der Vergangenheit unternommen. Sein Aufbrechen der Rhythmen, sein nach-wagnerianisches Spannen der Tonalität bis zum Zerreißen (aber nicht darüber hinaus!), sein Sondieren nach unerhörtester Zartheit, nach unverhülltester, linearer Bewegung, nach durchsichtigster kammermusikalischer Behandlung des Orchesters waren Entwürfe dessen, was im 20. Jahrhundert musikalischer Alltag werden sollte, und rührten dennoch von den Klängen des 19. Jahrhunderts her, die er so sehr liebte.

Ähnliches gilt seinen Bemühungen um neue Formen: um eine zweisätzige Symphonie (Nr. VIII), um eine sechssätzige (Nr. III), um seine Symphonien mit Gesang nicht nur im Finale (Nr. III, Nr. VIII, «Das Lied von der Erde»), um Sätze, die Zwischenspiele, Unterbrechungen sind, um Sätze, die durch willkürliche Abkürzungen, durch quälende Wiederholungen oder Fragmentierungen mit Absicht unförmig wurden – die ganze Suche nach neuen formalen Strukturen geschieht im Schlagschatten Beethovens Neunter, seiner letzten Sonaten und Streichquartette. Selbst die eckigen melodischen Bewegungen, die unerwarteten Intervalle, die ungeheuer weitgespannten Pausen, die Suche nach der «unendlichen» Melodie, die harmonischen Vieldeutigkeiten, all das, was so manchen Komponisten des 20. Jahrhunderts so stark beeinflußt hat, all das ist letztlich dennoch auf Beethoven und Wagner zurückzuführen.

Aus diesem Grunde glaube ich nicht, daß ich mich je werde mit der sogenannten X. Symphonie befreunden können*. Diese rhythmischen Experimente im Scherzo, dieses Liebäugeln mit der Atonalität hat mich nie überzeugen können. Ich habe mich oft gefragt, was wohl geschehen wäre, wäre Mahler nicht so früh gestorben. Hätte er diese X. Symphonie so vollendet, wie uns die gängigen «Versionen» glauben machen wollen? Hätte er sie verworfen? Gibt es Anhaltspunkte, daß er im Begriff war, die Fronten zu wechseln und in das Lager Schönbergs überzugehen? Diese Fragen zählen zu den eher faszinierenden der Musikgeschichte. Irgendwie habe ich das Gefühl, daß er einfach unfähig war, diese Krise durchzustehen, einfach weil es für ihn keine Lösung gab; er hatte zu sterben, ohne diese Symphonie zu vollenden. Sein Schicksal war es, die große deutsche symphonische Tradition zu vollenden und entschwinden zu müssen, ohne eine neue Tradition begründen zu dürfen. Uns kommt das verständlich vor, aber für Mahler war es, solange er lebte, nicht zu verstehen. Er verstand sich mindestens ebensosehr als Teil des neuen Jahrhunderts

* Sieben Jahre später, im Oktober 1974, dirigierte L. B. ein Konzert der Wiener Philharmoniker zur Eröffnung des renovierten Großen Saales im Wiener Konzerthaus. Das Programm: Gustav Mahler, Adagio aus der X. Symphonie und seine I. Symphonie.

wie des alten. Er war ein Gefolterter, Gespaltener, dessen Augen auf die Zukunft gerichtet waren und dessen Herz der Vergangenheit gehörte.

Es war ihm vergönnt, viel Schönheit hinterlassen und einen einmaligen Platz in der Musikgeschichte einnehmen zu dürfen. Indem er das «Amen» am Ende der symphonischen Musik zu sprechen hatte und es in Form von Übermaß und Verzerrung, durch Auspressen und Nachprüfen und Neubewerten aller ihrer Bestandteile und durch die Nötigung der Tonalität an ihre äußerste Grenze tatsächlich aussprach, wurde Mahler die Ehre zuteil, das letzte Wort haben zu können, den letzten Seufzer hauchen, die letzte Träne vergießen, das letzte Lebewohl sagen zu dürfen.

Wem Lebewohl sagen? Dem Leben, wie es ihm vertraut war und wie er es bewahren wollte, der unverdorbenen Natur, dem Glauben an die Auferstehung; aber auch der Musik, wie sie ihm vertraut war und wie er sie bewahren wollte, der unverdorbenen Natur der tonalen Schönheit, dem Glauben ihrer Auferstehung – dem allen galt sein Lebewohl. Der letzte C-Dur-Dreiklang im «Lied von der Erde» war für ihn der letzte C-Dur-Dreiklang faustischer Geschichte. Für ihn?

Im April 1967 für die Zeitschrift
«High Fidelity» geschrieben

VIERTER TEIL

Die Jahre seit 1969

Über
Tanglewood, Koussevitzky und die Hoffnung

Erlauben Sie mir, die üblichen Respektsbezeigungen vor erlauchten Kollegen und hohen Gästen ausnahmsweise wegzulassen und mich direkt Ihnen, meine jungen Freunde, zuzuwenden, die Sie hierher nach Tanglewood gekommen sind, um sich einen Sommer lang mit Musik auseinanderzusetzen, um einen Sommer lang mit Musik zu leben.

Fast auf den Tag genau vor dreißig Jahren bin ich dort gesessen, wo Sie heute sitzen – vielleicht ein-, zweihundert Meter weiter weg, dieses Gebäude gab es damals noch nicht –, ich bin also dort unten gesessen in einem Zustand von geradezu elektrisierender Aufregung und Erwartung. Es war der erste Tag der ersten Saison des Berkshire-Musikzentrums, und es hatte sich das Wunder ereignet, daß ich von Serge Koussevitzky, dessen Gründer und Leiter, als Student in seine Dirigentenklasse aufgenommen worden war. Koussevitzky stand sozusagen da, wo ich jetzt stehe. Ich habe keine Ahnung, ob ich auch nur eine Idee von dem vermitteln kann, was uns damals erfüllte, eine Idee von dem, was Koussevitzky damals für die Musikwelt bedeutete, welcher Glanz von ihm ausging, was es hieß, in seiner Nähe sein zu dürfen. Er war ein Mensch, der von Musik besessen war, von dem die Gedanken und Ideale der Musik Besitz ergriffen hatten und dessen Besessenheit auf einen wie mit kosmischen Strahlen eindrang, ganz gleich, ob er auf dem Konzertpodium stand, in einem Wohnzimmer oder hinter einem Vortragspult wie diesem.

In all den Jahren, in denen ich in Boston lebte und heranwuchs, war ich Koussevitzky nie begegnet; für mich war er das entrückte Zauberwesen, das ich von der schwindenden Höhe des zweiten Balkons der Symphony Hall sehen und hören konnte, und erst nach meiner Promotion in Harvard und einem langen, anstrengenden Studienwinter in Philadelphia erfuhr ich aus der Zeitung, daß die Eröffnung dieses neuen Musikzentrums in Tanglewood bevorstehe. Bewaffnet mit allen möglichen und unmöglichen Empfehlungsbriefen, war ich wie der Wind in Boston, fand Einlaß in Koussevitzkys Heiligtum und – und hier muß ich gestehen, daß ich mich aus lauter Angst und Ehrfurcht an keine Sekunde, an kein Wort meiner Unterredung mit ihm erinnern kann außer an diesen einen Satz, mit dem er unser Gespräch beendete: «Natürrlich, majn Liebärr, kommen Sie in majne Klasse!»

Ich sitze also da, wo Sie jetzt sitzen, es ist der 8. Juli 1940, und der große Koussevitzky steht hier und hält eine Rede. Er sprach über die Notwendigkeit, den Einsatz zu wagen – den Einsatz für die Kunst, den Einsatz für die Musik, den Einsatz für die eigene Arbeit. Und mir klingt seine Redewendung «die zentrale Richtschnur» noch immer im Ohr – sie wird mir immer unvergeßlich bleiben –, und damit meinte er die Richtschnur, welcher der Künstler um jeden Preis folgen muß, die Schnur, welche die Richtung zu ewig neuen Entdeckungen weist, den magischen Faden, der zu jener Wahrheit führt, die sich in der Tonkunst offenbart. Es war eine begeisternde Rede, voll von Wendungen, die man heutzutage vermutlich als veraltete Klischees belächeln würde. Spricht heute noch jemand von «Hingabe» oder von «Weihe»? Wagt 1970 noch irgendeiner, von «Werten» oder von «Tugenden» zu sprechen, wie sie in harter Arbeit, Glauben, gegenseitigem Verständnis, *Geduld* verborgen sind?

Wir, die 1940 damals hier saßen, gehörten einer Generation an, die voller Hoffnung war. Wir waren Produkte der dreißiger Jahre, des Roosevelt-Jahrzehnts, der großen Depression und der ungeheuren, beinahe konvulsivischen Anstrengungen, sie zu überwinden. Wir nahmen Partei: für ein demokratisches Spanien, für ein unabhängiges China, für eine freie Tschechoslowakei, für die Arbeiterbewegung, für Rassengleichheit, für den Antifaschismus. Wir kämpften für sozialen Fortschritt und gegen den Faschismus in allen seinen Formen. Wir Jungen sind in unserer Gymnasialzeit mit den Streikenden mitmarschiert und haben ein Opfer nach dem anderen für eine gute Sache nach der anderen gebracht. Wir haben uns für die Zukunft eingesetzt. Wir haben Hoffnung gehabt.

Heute hingegen höre ich von der Jugend nur Geschichten der Verzweiflung, der Hoffnungslosigkeit. Dieses ganze letzte Jahr habe ich mit Hochschülern in Amerika und im Ausland lange Stunden in Wortgefechten verbracht – noch längere aber zuhörend. Und was ich hörte, war ein endloser Refrain der Verzweiflung. Das System, in dem wir leben, ist zu groß, ist zu verdorben. Man kann dagegen nicht ankämpfen außer durch alleräußerste Schritte, durch extremistische Aktionen – aber wie viele unter uns sind schon Extremisten? Man kann mit einer Welt nicht fertig werden, die in zwei Hälften geteilt ist (schon wieder, nach kaum dreißig Jahren!), einer Welt, die zwei hirnlose Moloche unter sich aufgeteilt haben und in der sie Stellvertreterkriege miteinander führen wie in Südostasien, wie im Nahen Osten. Die meisten dieser Studenten sind nicht in der Lage, sich mit der einen oder mit der anderen Seite zu identifizieren – also haben sie nichts, wofür sie sich einsetzen könnten. Also bleibt ihnen nichts als Hoffnungslosigkeit. Das ist der Hauptunterschied zwischen uns damals und euch jetzt.

Vielleicht können wir diesen Unterschied in musikalischen Begriffen mit noch größerer Klarheit herausarbeiten. Mit einer Klarheit, die, je länger man grübelt, um so beunruhigender wird. Um 1940 war das Losungswort der musikalischen Darstellung Größe. Wir besaßen noch immer eine musikalische Form namens Symphonie – die große Symphonie. Wir erlebten die Uraufführung der V. Schostakowitsch, der V. Prokofieff, der III. Copland, wir erlebten die Uraufführungen erhabener symphonischer Werke von Hindemith, Bartók, Roy Harris, William Schuman und vielleicht des letzten seiner Art, der großen Symphonie in 3 Sätzen von Strawinsky. Diese Musik war durch und durch heroische Musik; sie erzählte von Kämpfen und von Triumphen, sie spiegelte die angeborene Größe des Menschen wider. Und Koussevitzky war da, bereit und darauf erpicht, all diese Werke aufzuführen.

Das alles ist vorbei. Unser Musikleben – das blüht und gedeiht – ernährt sich nicht mehr von der großen Symphonie; es ernährt sich eigentlich überhaupt kaum mehr. Die moderne Musik hat sich in Dutzende Strömungen, Bewegungen und Experimentiergruppen zersplittert, die vom gelehrtesten Super-Serialismus bis zum frivolsten Dadaismus reichen. Zwischen diesen Extremen findet man manches, das fasziniert, manches, das moussiert, manches, das berührt und zuweilen sogar schön ist, manches, das bloß auf der Oberfläche der Zeit dahinschwimmt – aber eines findet man so gut wie nie: Größe. Diese Flucht vor der Größe hat nicht nur alle Künste erfaßt, sondern auch beinahe die gesamte Geisteswissenschaft, und das ist der Grund, warum die vielen Studenten, mit denen ich zusammenkomme, nicht wissen, wohin sie sich wenden sollen. Einer nach dem anderen sagt: «Sehen Sie doch selbst: man kann nur noch Proteste verfassen, Satiren anstimmen, Ironie und Verzweiflung empfinden. Also ertränken wir uns in den Geräuschorgien der Rock-Musik und rennen mit Rauschgift der Gesellschaft davon – was sollten wir sonst tun? Auch die verschlossensten, verbittertsten, abgebrühtesten Radikalen, denen ich je auf Hochschulboden begegnet bin, sind nach einem vierstündigen Wortgefecht in die Knie gegangen und begannen zu fragen, was sie denn tun sollten. «Wir haben keine Leitbilder», sagen sie, «keine Vorbilder, keine Idole, keine Helden. Die einzigen Helden, die wir besitzen, kommen aus der Pop-Szene und wechseln alle drei Minuten. Und dann gibt es noch ein paar radikale Anführer, aber die können wir alle nicht akzeptieren.» Einer sagte mir: «Was für Gefühle erwartet man von uns, wenn wir zusehen mußten, als wir größer wurden, wie die Helden, die wir hatten, vor unseren Augen erschossen wurden, einer nach dem anderen: die beiden Kennedys, Malcolm X, Martin Luther King?»

Mir fällt nichts Brillantes als Antwort darauf ein. Ich kann keinem unter euch, der von Verzweiflung erfüllt ist, etwas Brillantes oder Ewiggültiges zurufen. Natürlich könnte ich auf Serge Koussevitzky zurückgreifen, auf seinen Begriff vom Wagnis des Einsatzes, auf seine leidenschaftliche Hingabe, auf seine Geduld, und versuchen, euch diese Wertvorstellungen zu treuen Händen zu übergeben. Ich könnte das tun, und ich tue es auch und gäbe mich gerne der Hoffnung hin, auch jetzt, nach dreißig Jahren noch, würde das vollauf genügen.

Aber es genügt nicht. Das wissen wir alle. Etwas ist anders geworden. Ich muß euch also etwas anderes über das Wesen der Verzweiflung erzählen, etwas, das vielleicht weder brillant noch ewiggültig ist, aber dafür sehr wichtig.

Ich habe ein Buch gelesen. Ein außergewöhnliches Buch. Leider gibt es dieses Buch nur auf deutsch. Es heißt: «Das Prinzip Hoffnung». Sein Autor, der noch lebt, ist Ernst Bloch, ein Philosoph in der großen deutschen Tradition von Hegel und Nietzsche und Marx und Freud, und für die deutsche Jugend zählt er zur Vorhut der zeitgenössischen Denker. Es ist doch ganz erstaunlich, daß dieser Bloch, der einst vor deutschen Nazis flüchten und dann wegen deutscher Kommunisten abermals emigrieren mußte – diesmal von Ost- nach West-Deutschland –, als sein bisher bedeutendstes philosophisches Werk ein Buch verfaßte, dem er den Titel «Das Prinzip Hoffnung» gab. Aber er tat es, und indem er es tat, stellte er aufs überzeugendste dar, daß dieses Prinzip ein im platonischen Sinne absolutes ist und daß in rein wissenschaftlichem Sinne uns allen Hoffnung innewohnt. Er beschreibt einen Aspekt des Bewußtseins, der über Freud hinausgeht und den er «Das Noch-nicht-Bewußte» nennt, dessen seelische Entsprechung «Das Noch-nicht-Gewordene» ist – in anderen Worten: das, was noch nicht geschehen ist, was aber dem Gefühl nach vorausgeahnt wird. Und er legt dar, daß dieses Noch-nicht-Bewußte im gleichen Maße ein integraler Bestandteil des gesamten menschlichen Bewußtseins ist wie das Unbewußte oder Unterbewußte Freuds, der Mensch also ohne dieses «Noch-nicht-Bewußte» nicht existiert. Diese quasi eingebaute Vorempfindung ist eine *Eigenschaft* des Menschen («Träumen nach vorwärts» heißt es bei Bloch), verleiht ihm eine Art Vorwissen, die Fähigkeit zu ahnen, was sich ereignen wird; sie formt und färbt unsere Träume, unsere Tagträume, Wunschträume, unsere Wunscherfüllungs-Jagden. Mit anderen Worten: Diese Eigenschaft ist das, was wir ungebildete Laien Hoffnung nennen – allerdings eine wissenschaftlich geortete und definierte Hoffnung.

Im gleichen Augenblick aber, da wir diese Seelenstärke auf die lebende Geschichte anwenden, kommen wir in Schwierigkeiten. Der Zeithorizont der beiden läßt sich nicht auf dieselbe Linie bringen. Eine einschneidende soziale Umwälzung, etwas «Noch-nicht-Gewordenes» wie weltweite Gerechtigkeit, Rassengleichheit, das Ende des Krieges können den Anschein erwecken, in Reichweite zu sein, sich unmittelbar vor ihrem Eintreten zu befinden – aber sie treten nicht ein, und was übrig bleibt, ist eine einzige große Enttäuschung. Es kann eine Generation lang und länger dauern, daß das Erhoffte ausbleibt, aus welchem Grunde auch immer, und dann, wenn seine Zeit gekommen ist, endlich seinen lang erwarteten Auftritt hat. Aber die Jugend von heute ist nicht imstande zu warten. Ihr großes Problem ist eine geradezu massive Ungeduld. Sie spürt die Umwälzungen, die kommen müssen, und sie will sie *jetzt* haben, ähnlich dem Kleinkind, das zu schreien beginnt, weil es im selben Augenblick, in dem es Hunger verspürt, gestillt werden will. Diese kindliche Ungeduld überwinden zu können war immer das große Problem der Jugend gewesen, das schwierigste Hindernis, dem die Jugend im Laufe des Heranwachsens begegnet. Die Überwindung der Jugend ist das, was wir Erwachsen-Sein nennen – und was so viele von uns nicht lernen; vor allem heute.

In unserer Zeit ist es unendlich viel schwieriger geworden, mit der Ungeduld fertig zu werden. Unsere Zeit ist fieberhaft beschleunigt, man findet es selbstverständlich, über alle Weltereignisse, Probleme und Katastrophen *augenblicklich* informiert zu werden. Wir leben in einem Zeitalter, in dem uns die Werbung den Augenblicks-Genuß verspricht: *augenblickliche* Schmerzfreiheit, *augenblickliche* Leistungsfähigkeit, *augenblickliche* Beruhigung. Es ist aber auch das Zeitalter, in dem die Vernichtung der Menschheit in einem einzigen *Augenblick* zur realen Möglichkeit geworden ist, mit der wir tagein, tagaus leben müssen. Ihr seid die Augenblicks-Generation. Warum sollten wir von euch erwarten dürfen, daß ihr geduldig seid?

Der Unterschied zwischen unseren beiden Generationen ist der: wir sind vor dieser ganzen Augenblicklichkeit aufgewachsen, ihr nachher. Die Scheidelinie heißt Hiroshima. Um den großen Wissenschaftler Albert Szent-Györgyi zu zitieren: Ihr seid mit dem Atom schon auf die Welt gekommen, wir haben von ihm erst erfahren. Das ist ein Zitat aus seinem Buch «The Crazy Ape», das ich euch sehr empfehlen kann.

Als sich Hiroshima ereignete, war das Berkshire-Musikzentrum fünf Jahre alt. Heute ist es dreißig Jahre alt. In dieser Zeitspanne von fünfundzwanzig Jahren wuchs eine neue Generation heran: ihr. Es ist verständlich, daß ihr ungeduldig seid. Wie könntet ihr nicht ungeduldig sein, da ihr doch in einer Welt aufgewachsen seid, die nichts anderes kennt als augenblickliche Information, die Verheißung von Augenblicksgenuß und die Gefahr der augenblicklichen Vernichtung?

Glaubt nicht, daß wir uns damit unserer Verantwortung entziehen wollen, wir alten Herren. Wir können uns nicht der Verantwortung entziehen. Wir haben euch mit großer Sorgfalt auf das Leben vorbereitet: nie hat es auf der Welt eine Generation gegeben, die eine bessere Erziehung, eine raffiniertere Bildung genossen hätte. Ihr seid die politisch informierteste, belesenste, für eine demokratische Gesellschaft am besten gerüstete Generation, die es je gab. Wir waren dafür verantwortlich. Wir lehrten euch, daran zu glauben, es zu erhoffen, daß die Welt Vernunft annehmen werde, daß aller Mäuler gestopft würden, bis zum letzten Hottentotten, bis zum letzten Eskimo, daß nie wieder ein Mensch einen anderen Menschen im Visier haben würde, daß die Welt reich und blühend und daß genug für alle vorhanden sei, genug Nahrung und Kleidung und Musik und Freizeit und

Liebe. Das einzige Problem, das noch zu lösen ist, ist das der gerechten und universellen Verteilung. Das haben wir euch gelehrt. Wir haben euch zu hoffen gelehrt, wie im Laufe der Geschichte noch niemand gehofft hat. Wir haben euer Gefühl für das «Noch-nicht» entwickelt, euer «Träumen nach vorwärts» stimuliert.

Nur hat die Sache einen Haken gehabt. Was wir euch gelehrt haben, war das, was wir *vor* Hiroshima gelernt hatten. Wir lehrten euch, daß es nicht notwendig sei, daß es je wieder Krieg gebe; aber was ihr von uns erfuhrt, lehrte euch, daß es nie wieder Krieg geben dürfe, weil dies das Ende der Welt wäre. Wir haben auf euch eingeredet, und ihr habt uns zugehört, aber zwischen dem Reden und dem Hören wechselte die Sprache ihre Kleider. Wie konnten wir wissen, daß die Bombe, die auf Hiroshima fiel, euch uns entfremden würde? Daß das, was uns gelehrt worden war und wir nun an euch weiterzugeben gedachten, durch das Phänomen der Augenblicklichkeit dabei automatisch eine chemische Verwandlung durchmachen würde?

«Okay, danke vielmals», sagt ihr. «Wir haben vom Fortschritt und von der Demokratie gelernt, von der internationalen Verbrüderung und der Rassengleichheit und der Beendigung des Klassenkampfes – okay, danke vielmals, wo sind sie? Wir möchten das sehen. Wir möchten das haben. Frieden, Freiheit, Vereinte Nationen, all die Dinge, von denen ihr redet – wo sind sie? Ihr habt uns gesagt, nach dem Ende der Nazis würde es nie wieder politische Gefangene geben: und wie ist das in Griechenland und in Nigeria und in Rußland? Und was sind die Vereinten Nationen ohne China wert? Und was versteht ihr unter Verbrüderung, wenn nie zuvor Staatsgrenzen so hermetisch geschlossen waren wie jetzt? Was meint ihr mit Frieden, wenn zwei Supermächte mit der ganzen Welt zündeln und jonglieren?»

Ihr habt recht. Ihr habt vollkommen recht. Dank sei Gott, daß ihr ungeduldig seid, denn – und darum geht es – eure Ungeduld ist eine Art Hoffnungssignal. Ja, Hoffnungssignal. Ihr könntet diese Ungeduld, diesen Drang nach augenblicklicher Traumerfüllung nicht verspüren, wenn in euch nicht Hoffnung wäre. Was ist dann aber diese Verzweiflung, von der wir dauernd hören? Das ist gar nicht Verzweiflung – das ist Ungeduld, Enttäuschung, Wut: es geht euch bis daher. Ihr habt *genug*.

Die Lösung? Sie wird euch nicht in den Schoß fallen. Sie wird euch viel abverlangen, und ihr werdet Geduld wieder lernen müssen – Geduld, diesen altmodischen Begriff, der heute gültig ist wie eh und je. Wir sind also trotz allem, trotz Atom oder keinem Atom, trotz Hiroshima-Trennlinie zwischen den Generationen, wieder bei Koussevitzkys moralischem Anspruch gelandet. Das Bedürfnis nach Augenblicksgenuß ist nämlich ein Zeichen von Kindlichkeit, und die augenblickliche Stillung dieses Bedürfnisses könnte genauso gefährlich und töricht sein wie die augenblickliche Vernichtung.

Außer dem Tod tritt nichts in einem Augenblick ein. Jede Generation muß das von neuem lernen. Auch eure. Niemand kann am Sonntag davon träumen, ein bedeutender Oboist zu werden, und am Montag als solcher aufwachen oder als großer Komponist oder als ein die Welt vor ihrem Untergang rettender Staatsmann. Und die soziale Demokratie ist eine gewaltige Aufgabe –

schwieriger, als Oboe zu spielen. Daß sie leicht sei, hat auch niemand behauptet. Sie sieht bloß leicht aus. Aber, mein Gott, unser Land ist noch nicht einmal 200 Jahre alt. Alles kann noch gehofft werden, sogar, daß wir den Patriotismus, der täglich besudelt wird, aus den Fängen der Fahnenschwinger und der Fanatiker erretten. Natürlich müssen wir schneller und härter und mehr arbeiten, wenn wir unseren nächsten sozialen Fortschritt erzielen wollen, ehe der Overkill uns aller weiteren Schritte enthebt, aber wenn irgend jemand in der Lage ist, schneller und härter und mehr zu arbeiten, dann seid ihr es, die beste Generation der Geschichte.

Vor allem ihr, die ihr heute hier seid, die Künstler dieser Generation. Denn es sind die Künstler auf dieser Welt, die Fühlenden und die Denkenden, die uns schlußendlich erretten werden, denn sie sind in der Lage, die großen Träume auszudrücken, zu lehren, herauszufordern, festzuhalten, vorzusingen, herauszuschreien. Nur Künstler können das «Noch-nicht» Wirklichkeit werden lassen. Und wie stellt ihr das an? Nun, so: ihr findet heraus, worin ihr besonders gut seid, einzigartig gut – dazu ist nämlich das Studieren da: um herauszufinden, wofür man besonders begabt ist, worin man außergewöhnlich gut ist. Und dann tut es. Mit Leib und Seele. Auf Leben und Tod. Wenn ich *tun* sage, dann meine ich Taten (schon wieder so ein altmodischer Begriff), was im guten Sinn dieses Wortes immer auch Dienst an der Gemeinschaft bedeutet, ob diese Gemeinschaft nun aus sechs Straßen oder aus sechs Kontinenten besteht.

Ihr habt nicht viel Zeit zu verlieren. Das macht eure Lage doppelt so schwierig. Ihr befindet euch nämlich in einer paradoxen Situation. Ihr müßt schnell arbeiten, dürft aber niemals in Eile sein. Ihr müßt Geduld haben, dürft aber niemals passiv sein. Ihr müßt euch der Hoffnung, die in euch ist, bewußt werden, dürft eurer Ungeduld aber niemals gestatten, in Verzweiflung umzuschlagen. Wir werden euch aus diesem Paradoxon heraushelfen, dazu sind wir hier, aber ebensosehr müßt ihr euch selber helfen, mit eurem neuen Atomverstand, eurer lodernden, zornigen Hoffnung, eurer Geheimwaffe: der Kunst. Wenn noch immer einige unter euch sind, die daran zweifeln, daß ihr in euch selbst Hoffnung besitzt, dann werde ich jetzt beweisen, daß sie im Unrecht sind. Ihr hofft doch sicherlich alle, daß diese Rede jetzt endlich zu Ende ist. Nun, ich gratuliere. Eure Hoffnung hat sich erfüllt. Vielen Dank.

Rede vor Studenten, Tanglewood 1970

Aaron Copland ist siebzig -
eine Nahaufnahme

Am 14. November wird Aaron Copland siebzig Jahre alt. Der 14. November ist als Datum in mein Gedächtnis eingebrannt. Zwei der wichtigsten Begebenheiten meines Lebens haben sich an einem 14. November ereignet – die erste im Jahr 1937, die zweite 1943. Ich werde Coplands Geburtstag also bestimmt nie vergessen.

Im Herbst 1937 begann ich mein drittes Semester in Harvard. Copland war ich nie begegnet, ich war aber ein großer Verehrer seiner Musik. Er war der Komponist, der die amerikanische Musik aus ihrem Urzustand herausführen konnte, und ich stellte mir ihn als eine Mischung aus Walt Whitman und einem biblischen Propheten vor: bärtig und patriarchalisch. Ich hatte mir seine Werke verschafft und einstudiert, soweit ich nur konnte, und seine «Klaviervariationen» wurden buchstäblich mein Paradestück. Nach diesen Variationen war ich damals geradezu süchtig – auch heute noch finde ich sie wunderbar –, und es war mir ein Vergnügen, Parties mit dem Vorspielen dieses Werkes ein Ende zu bereiten. Diese «Klaviervariationen» waren das Äußerste, was man sich an avantgardistischem «Lärm» unterstehen durfte, und man konnte sich darauf verlassen, daß sich jedes Zimmer in Boston innerhalb von drei Minuten leeren würde, sobald ich mich ans Klavier gesetzt hatte, um sie vorzuspielen.

Ich war damals mit einem Studienkollegen befreundet, der sich I. B. Cohen nannte. (Jetzt nennt er sich I. Ber-

nard Cohen und ist Professor für Wissenschaftsge-
schichte in Harvard, und noch immer weiß keiner, was
das I. bedeutet.) Er war mir weit voraus – hatte bereits
die ersten Staatsprüfungen abgelegt und wußte alles
über buchstäblich alles –, aber zweierlei hatten wir gemeinsam: den Namen Bernstein (der Mädchenname seiner Mutter) und den Umstand, daß wir in Anna Sokolow verschossen waren.

Anna Sokolow war eine junge, hinreißende Tänzerin.
I. B. und ich hatten ihren Tanzabend in Boston besucht
und uns Hals über Kopf in sie verliebt. Als wir erfuhren,
daß ihr Abend in Boston eigentlich nur ein Probegalopp
für ihr bevorstehendes Auftreten am Broadway war, waren wir entschlossen, uns durch nichts in der Welt davon
abhalten zu lassen, bei ihrem New Yorker Debüt dabei-
zusein.

Durch eine Freundin, die Dichterin Muriel Rukeyser,
verschaffte I. B. uns die Karten. Am magischen 14. November trafen wir in New York ein, trafen Muriel und
gingen mit ihr ins Guild Theater am Broadway, in dem
der Tanzabend stattfand. Es stellte sich heraus, daß wir
Sitze in der ersten Reihe Balkon hatten. Ich bahnte den
Weg, gefolgt von Muriel und I. B. Schon auf seinem Sitz
befand sich zu meiner Rechten ein merkwürdig ausse-
hender Mann Ende Dreißig, eine Brille auf der großen
Hakennase und den Mund voller Zähne. Er lächelte
Muriel zu. Sie beugte sich vor, grüßte ihn zurück, dann
machte sie uns miteinander bekannt: «Leonard Bernstein ... Aaron Copland.» Um ein Haar wäre ich über
die Brüstung ins Parterre gefallen.

Als der Abend aus war, erklärte Copland, er habe heute

Geburtstag und deshalb ein paar Freunde in sein «Atelier» eingeladen *(Coplands berühmtes Atelier, in dem er komponierte!)* – ob wir Lust hätten mitzukommen.

Es war tatsächlich ein Atelier. Darunter war eine Bonbon-Fabrik. Das Haus stand dort, wo jetzt das Lincoln Center steht. (Im Atelier arbeitete er. Seinen Wohnsitz hatte er im Empire Hotel, das es nach wie vor an der Ecke 66. Straße und Broadway gibt.) Ungeniert, wie es meine Gewohnheit war, strebte ich nach dem Klavier. Und natürlich begann ich mit den «Klaviervariationen». Es muß allen Anwesenden einen Riß gegeben haben, daß dieser im letzten Augenblick Eingeladene, den niemand kannte, ein ungehobelter Student aus Boston, der erst zweimal in seinem Leben in New York gewesen und sichtlich davon fasziniert war, sich in einem *Atelier* zu befinden – noch dazu mit *Künstlern!* –, sich ganz einfach ans Klavier setzte und das ungestümste Werk des Gastgebers vorspielte. Meine Aufregung darüber, plötzlich der Mittelpunkt dieses Geburtstagsfestes geworden zu sein, war so groß, daß ich nach den «Klaviervariationen» jedes Stück spielte, das ich auswendig kannte; ich geniere mich heute noch, wenn ich daran denke, daß ich damals stundenlang am Klavier sitzen geblieben bin.

Von da an wurden Aaron und ich sehr bald Freunde. Er war von der inneren Überzeugung, mit der ich seine Musik spielte, ungeheuer beeindruckt und verstieg sich sogar zu extravaganten Bemerkungen wie: «Ich wollte, ich könnte das auch so spielen.» Danach besuchte ich Aaron, wann immer ich nach New York kam. Gewöhnlich kam ich am Morgen an und ging zu ihm ins Hotel, wo wir gemeinsam frühstückten. Dann spazierten wir in der Stadt herum, manchmal gingen wir auch in ein Konzert. In all diesen Jahren brachte ich ihm alles, was ich komponierte, und bat um seine Meinung. Ich weiß noch, wie ich in dieser Harvard-Zeit eine Violin-Sonate schrieb, etwas für zwei Klaviere und etwas Vierhändiges, ein Streichquartett und ein Trio. Ich zeigte Aaron dies und jenes, und meistens sagte er: «Das alles kannst du vergessen ... das ist reinster Skrjabin ... das mußt du dir aus dem Kopf schlagen und dann von vorne anfangen ... das ist gut. Diese zwei Takte sind gut. Nimm sie und fang damit an!» In diesen Stunden lehrte er mich eine Menge über Geschmack, Stil und Folgerichtigkeit in der Musik. Eigentlich hatte ich nie zuvor mit jemandem Komposition studiert; ich hatte in Harvard nur Harmonielehre, Fugieren und Orchestrieren belegt, also kompositionstheoretische Fächer. Dank seiner kritischen Analysen all dessen, was ich gerade in Arbeit hatte, wurde Aaron mein eigentlicher Kompositionslehrer – wenn ich je einen hatte.

Wir spielten in diesen Stunden natürlich nicht nur meine Musik. Vor allem spielten wir seine. Allerdings nie, solange er daran arbeitete; Aaron war auf seine Musik, solange er sie noch komponierte, furchtbar eifersüchtig und zeigte sie nie her, ehe sie nicht ihre endgültige Gestalt erhalten hatte. Aber dann kam doch einmal der große Tag, an dem er etwas aus der Schublade ziehen und sich mit mir ans Klavier setzen würde, damit wir es vierhändig vom Blatt spielten. Auf diese Art lernte ich Werke kennen wie «Billy the Kid» und «An Outdoor Overture» – und später auch die Klaviersonate und die

III. Symphonie –, noch ehe sie öffentlich aufgeführt wurden, und kannte die Partituren von «Quiet City», «Of Mice and Men» und «Our Town», bevor sie noch Hollywood in die Hände fielen. «El Salon Mexico» war schon komponiert und von Carlos Chávez ein paar Monate, ehe ich Aaron kennenlernte, uraufgeführt worden, aber der Klavierauszug, der veröffentlicht wurde, stammt von mir.

In diesen Jahren begann ich auch, an meiner eigenen Zukunft zu zweifeln, und ich kam zu Aaron mit allen meinen Sorgen. Er wurde zu einer Art Vater-Ersatz. Auch als ich später meine enge Bindung mit Koussevitzky einging – ich wurde, wenn man der Presse glauben darf, sein Ersatz-Sohn –, war es immer Aaron, an den ich mich wandte, wenn mich etwas bedrückte. Ich war ein großer Jammerer in jener Zeit und kam dauernd zu ihm, um mich über meinen Zustand auszuweinen: «Wann wird irgend jemand irgend etwas von mir spielen?» Und später: «Mein Gott, wie stellt man es nur an, irgend einmal ein Orchester dirigieren zu dürfen?» Zunächst einmal kicherte er – sein ansteckendes Kichern ist seine normale Reaktion auf fast alles –, aber dann, als wollte er Strenge zeigen, starrte er mich an: «Hör auf zu jammern. Der Erfolg steht dir ins Gesicht geschrieben. Niemand zweifelt an dir. Du bist der einzige, der sich um dich Sorgen macht.» Worauf ich mich grün ärgerte und auf meinem Recht bestand, an mir zweifeln zu dürfen. Eines schönen Sonntags im Jahr 1943, es war (schon wieder) ein 14. November und Aarons 43. Geburtstag, weckte mich um neun Uhr früh ein Telephonanruf der New Yorker Philharmoniker, bei welchem Orchester ich

Assistent des Chefdirigenten war. Bruno Walter war erkrankt, und ich hatte an diesem Tag um drei Uhr nachmittags für ihn bei einem Konzert einzuspringen, das im ganzen Land übertragen wurde. Für eine Probe war keine Zeit – es war kaum Zeit, einen Kater loszuwerden, den ich mir in der vergangenen Nacht bei einer Party geholt hatte. Es war dieses Konzert, das meine Laufbahn entschied. Ich hatte einen beinahe dramatischen Erfolg, für mich um so mehr, als Aarons Vorhersage prophetisch an seinem Geburtstag eintraf. Als am nächsten Tag die Kritik sensationellerweise auf der Titelseite der *New York Times* erschien, sagte Aaron nichts als: «Aber das ist ja nur, was jeder erwartet hat», und ich ärgerte mich über ihn doppelt so grün wie sonst.

Natürlich war ich nicht der einzige junge Musiker, für den Aaron so etwas wie ein Leuchtturm war. In Amerika war er die Leitfigur, die Autorität, der die Jungen ihre Werke vorzeigten. Bei jeder Uraufführung eines Werkes von Copland war der Konzertsaal zur Hälfte von jungen Komponisten und Musikern besetzt. Aus der ganzen Welt kamen junge Komponisten angereist, um bei ihm in Tanglewood zu studieren. (Aaron und ich verbrachten für gewöhnlich unsere Sommer dort; wir eröffneten die erste Tanglewood-Saison sogar zusammen – er als administrativer Leiter der Schule, ich als Student.)

Nach dem Krieg aber brach das Schönberg-Syndrom aus und die Jungen wandten sich von Copland Schritt für Schritt ab. Die Wirkung auf Aaron – und damit auf die amerikanische Musik – war herzzerreißend. Er ist, immerhin, einer der bedeutendsten Komponisten unseres Jahrhunderts. (Ich denke jetzt nicht in historischen, sondern in musikalischen Dimensionen.) Zur Triebkraft der nachfolgenden amerikanischen Musik wurde er ja tatsächlich nur deshalb, weil seine eigene Musik von solcher Bedeutung ist. Sie ist eine rare Mischung aus Spontaneität und Sorgfalt: sein schöpferisches Material kommt ausschließlich aus dem Instinkt, die Verarbeitung dieses Materials aber zeugt von höchster Kunstfertigkeit. Zum Unterschied von den vergänglichen Werken des letzten Jahrzehnts hat Aarons Musik stets die Grundwerte der Musik enthalten, deren nicht geringster die Kunst ist, sich mitteilen zu können.

In dem Maße, in dem diese Grundwerte nicht mehr zum guten Ton gehörten, widerfuhr dies auch Aarons Musik. Zu den Betrübnissen der letzten Jahre, die mir im Gedächtnis geblieben sind, zählte unsere Begegnung anläßlich der Uraufführung seines Werkes «Inscape»: «Hast du bemerkt», fragte er mich, «daß kein einziger junger Komponist hier ist, kein einziger junger Musiker, der auch nur im geringsten an diesem Werk interessiert wäre, an diesem nagelneuen Werk, mit dem ich mich so gequält habe?» Aber das ist die Wahrheit: Als die musikalischen Stürme an ihm vorbeiwehten, versuchte er, sie einzuholen – mit Hilfe der Zwölftonmusik, just als auch sie aufhörte, für die Jungen zum guten Ton zu gehören.

Als er mit seinen Zwölfton-Kompositionen anfing, nahm ich an, daß das eben unvermeidlich sei – offenbar muß sich jeder einmal seriell austoben. Gott ist mein Zeuge, daß ich mein ganzes Urlaubsjahr 1964 mit dodekaphonischen Versuchen zubrachte. Ich habe sicher mehr Zwölfton-Stücke und Stückwerke weggeworfen, als ich anderes geschrieben habe. Und dennoch fragte ich ihn: «Warum du? Warum gerade du, der du so instinktvoll, so spontan bist? Warum schlägst du dich mit Tonreihen herum, mit Krebsgängen und Umkehrungen und all dem anderen Zeug?» – «Weil ich neue Klänge brauche», sagte er. «Die Klänge sind mir ausgegangen.»* Und so ging es weiter, vier weitere Werke lang, und dann komponierte er nichts mehr. Wie jammervoll für ihn. Wie schrecklich für uns.

Als ich mich bei Aaron darüber beklagte, daß er das Komponieren zugunsten des Auftretens aufgegeben hatte (er ist ein ganz ausgezeichneter Dirigent geworden und immer schon ein glänzender Vortragender gewesen), gab er mir zu bedenken, wie viele Komponisten denn noch in ihren späten Sechzigern bedeutende Musik geschrieben hätten. Wir kennen das allbekannte Beispiel Verdis, der sich mit sechzig halbherzig mit einem «König Lear» abmühte und überzeugt war, als Opernkomponist sei er längst abgeschrieben, um nach fünfzehnjähriger Pause, hoch in den Siebzigern, mit den beiden Meisterwerken «Othello» und «Falstaff» hervorzutreten. Vielleicht – hoffen können wir – ist solches auch bei Aaron der Fall. Die Vorbedingung hierfür wäre in meinen Augen eine musikalische Richtungsänderung, diesmal in Richtung der Wiederentdeckung der der Kunst zugrunde liegenden Schlichtheiten: damit zu Copland aufs neue als Leitfigur aufgeblickt wird, damit Copland

* Das erinnert mich an eine Geschichte, die mir Paul Simon (von Simon & Garfunkel) vorletzten Sommer erzählte. Als er, Simon, Bob Dylan kennenlernte, waren Dylans erste Worte: «He! Hast du irgendwelche neuen Klänge? *Mir sind die Klänge ausgegangen!*»

aufs neue spürt, wie sehr man ihn als Komponisten braucht.

Alles Gute zum Geburtstag, Aaron. Deine Musik fehlt uns sehr.

Erinnerungen an eine musikalische Freundschaft,
im November 1970 in «High Fidelity» erschienen

Brief an Franz Endler über
Beethovens Neunte Symphonie

Lieber Endler: Diese Zeilen schreibe ich, nachdem ich gerade die ganz außerordentliche Erfahrung machte, zwei verschiedene Aufführungen von Beethovens IX. Symphonie innerhalb von sechs Tagen dirigiert zu haben; eine mit den Wiener Philharmonikern in Wien, die andere mit dem Boston Symphony Orchestra in Boston. Ich war mir immer bewußt, wie extrem die Reichweite der Interpretation bei Aufführungen irgendeines Werkes von Beethoven sein kann, aber ich spürte dies nie so akut wie diesmal, als ich nicht nur einem so mysteriösen, komplizierten, unfaßbaren und so unorthodox instrumentierten Werk wie der Neunten gegenüberstand, sondern auch zwei großartigen Orchestern von so verschiedenem Charakter – und das in so kurzer Zeit. Und gerade in diesem Jubiläumsjahr, in dem wir alle beethovenbewußter sind als je zuvor, wird es auch klarer als je zuvor, daß Beethoven von allen Komponisten der am meisten «interpretierbare» ist. Der Grund dafür scheint die Komplexität seiner symphonischen Gedanken zu sein, doch so ist es nicht; ich erkenne jetzt, daß genau das Gegenteil der Fall ist – die äußerste Simplizität seiner Gedanken ist der Grund. Sie ist eine Simplizität, so grundlegend, so voll Glauben, so elementar, daß sie notwendig zur Interpretation einlädt, ganz so, wie es die einfachsten, die grundlegendsten Feststellungen immer getan haben («Es werde Licht», «Cogito ergo sum», «Alles ist eitel», «Gesegnet seien die Schwachen»,

«Zuerst Existenz, dann Essenz», «Gott ist Eins», «Gott ist Drei», «Gott ist tot»).

Aber bei Beethoven – was meine ich mit «Simplizität»? Gewiß gibt es bei ihm genug Komplexität in seinen formalen Strukturen. Das ist ein Thema, das Tausende von Worten verlangt; aber lassen Sie mich Ihnen eine Beobachtung erzählen, die vielleicht ein wenig in diese Frage hineinleuchtet.

Bei einer der beiden Ausführungen der Neunten (ich sage nicht, bei welcher) entdeckte ich ein neues Element in Beethovens Musik. Stellen Sie sich vor – ein neues Element in Beethovens Musik! Ist das überhaupt möglich? Ist nicht schon alles gesagt, was man über Beethoven sagen kann? Und doch passierte es: Ich entdeckte, daß Beethovens Musik Charme hat. Was? Charme bei Beethoven? Von allen Eigenschaften ist dies wohl eine, die man zuletzt erwartet. Charme, Zauber bei diesem wilden Antlitz, diesem Löwenkopf, diesem verkümmerten, von Pockennarben gezeichneten Körper? Und doch, man findet ihn, begraben unter Schichten von Ernst, Strenge, kompromißloser Beharrlichkeit, leidenschaftlichem Eigensinn, dämonischer Unbarmherzigkeit, jenseitigem Mystizismus – unter ihnen begraben liegt der Charme. Unter ihnen? Aber Charme ist doch ein äußerliches Attribut, nicht wahr? Nicht der Charme Beethovens. Er ist nicht von der scheuen Art, niemals kokett, nicht Rokoko, nicht «mozartisch», nicht verdreht. Es ist der tiefe Zauber äußerster Naivität, die pure Einfachheit kindlichen Glaubens. Und was verzaubert mehr als kindlicher Glaube? Er ist total, überwältigend. Beethovens Musik spielen heißt sich selbst ganz dem

Kindergeist anvertrauen, der in diesem grimmigen, unbeholfenen, gewalttätigen Mann lebt. Es heißt, sich von einer hinreißenden Unschuld verführen lassen. Ohne diese äußerste Hingabe kann man das Adagio der Neunten nicht spielen. Oder, zum Beispiel, das Scherzo. Oder, weiß der Himmel, den ersten Satz. Und das Finale? Das vor allem! Es ist schlechthin unspielbar, solange wir nicht den ganzen Weg mit ihm gehen, in kindlichem Glauben, in der Sicherheit, daß es eine Unsterblichkeit gibt, wie sie nur Kinder (oder das Genie) besitzen – es ist unspielbar, solange wir nicht mit ihm gehen, wenn er ausruft «Brüder!», «Tochter!», «Freude!», «Millionen!», «Gott!». Aber vor allem «Brüder!». Das vor allem ist sein kindlicher Aufschrei. Den müssen wir glauben, um ihn spielen zu können. Das ist der Grund, warum wir in dieser zynischen Welt von der wunderlichen, unzeitgemäßen Vorstellung verzaubert werden, daß alle Menschen auf Erden als Kinder Gottes zusammenleben können – wenn wir es von Beethoven ausgesprochen hören. Es ist der unwiderstehliche Zauber seines Glaubens, der die Idee und die Musik unzerstörbar macht.

Und ich glaube fest daran, daß einzig die Beziehung zu diesem Glauben die Auffassung eines Dirigenten ausmacht. Die Begabung, sich mit Beethoven, dem zauberhaften Kind, dem unschuldigen Geist der Gnade, zu identifizieren, macht es einem möglich, die Musik wiederzugeben. Nur soweit diese Identifikation gelingt, ergeben sich die Lösungen aller anderen Probleme von Rhythmus und Orchestration und Stil.

Und das ist der Schlüssel zu meinem Rätsel von den

Konzerten in Boston und Wien. Wie war das Verhältnis von Hoffnung zur Verzweiflung, das ich in Boston oder Wien fühlte? Wie lang waren meine Arme in der einen Stadt oder der anderen – lang genug, um meine Brüder, das Orchester oder nur die Gruppe der Celli oder alle, auch den Chor, «umschlungen» zu halten? Wie sehr gelang es mir selbst, mich wieder kindhaft werden zu lassen? Wie vertrauensvoll war ich? Wie sehr bereit, die Zweifel abzutun? Wie verzweifelt wegen Vietnam, Israel, der Sowjetunion, einem eben erst verlorenen Freund? Wie hoffnungsvoll für die Neue Musik, für Kreisky, für die Farbigen Amerikas, für Friede! Brüder!!

Deutsch von Franz Endler

Zu Ehren Strawinskys

Heute vor einem Jahr hat die Welt für immer von Igor Strawinsky Abschied genommen. Strawinsky ist die letzte große Vaterfigur der abendländischen Musik gewesen. Während seines langen, überaus fruchtbaren Lebens schuf er ein Werk ganz persönlicher Prägung; und so paradox es klingen mag: es scheint die gesamte Musik in sich einzuschließen und gleichzeitig einen Schlußstrich unter sie zu ziehen. Das betrifft die einfachste Folklore und die ausgeklügeltste Reihentechnik, verfremdete Kirchenmusik und unverhüllten Jazz. Die Art des Einbeziehens, des Umfassens aller Musik ist ureigenster Strawinsky: in seiner Musik findet sich zwar das Eigenartige von Bach, von Mozart, von Tschaikowsky, von vielen anderen; aber durch geheime Alchimie, durch verborgene Zauberkunst eignet er sich all diese Eigenartigkeiten an, verwandelt sie und schenkt sie uns wieder: brandneu, unnachahmlich, unverwechselbar.

Seine Kompositionen können aus dem üppigsten, aber auch aus dem anspruchslosesten aller Gewebe angefertigt sein. Sein Gemüt war sowohl von Inbrunst erfüllt, als von Respektlosigkeit geprägt. Seine Musik kann zugleich zärtlich und stachlig sein, gefühlvoll und dabei unromantisch. Ebenso kann sie populär sein oder esoterisch, folkloristisch oder kosmopolitisch. Strawinsky dürfte in dieser Beziehung der universellste Komponist gewesen sein, der je gelebt hat. Und eben diese Universalität wollen wir heute durch die Aufführung dreier Meisterwerke des Komponisten ehren. Es sind drei Werke, die die ungeheure Spannweite seiner Kunst ahnen lassen.

Das erste Stück ist der «Sacre du printemps», ein Werk, das einst ausbrach wie ein Vulkan und Strawinsky über Nacht Weltbedeutung verlieh. Es entstand kurz vor dem Ersten Weltkrieg. Damals zählte Strawinsky zusammen mit dem Ballettchef Diaghilew, dem Maler Picasso und dem Dichter Cocteau zu den Idolen der Pariser Avantgarde. Die Uraufführung des «Sacre» im Théâtre des Champs-Élysées endete mit einem der größten künstlerischen Skandale, die es je gegeben hat, mit einem Skandal, der das Bild des Komponisten in der Öffentlichkeit als das eines Revolutionärs, eines Bilderstürmers, eines Enfant terrible erscheinen ließ. Und als das eines Komponisten, dessen Werke die Musik für immer verändern mußten – wenn nicht gar umbringen. Und diese Angst hatten an jenem denkwürdigen Abend nicht nur das mondäne Ballettpremierenpublikum, sondern auch einige sehr ernst zu nehmende Musiker.

Sechzig Jahre sind seither vergangen. Heute hören wir dieses Werk anders. Wir nehmen den Magier Strawinsky bereits als Alchimisten wahr, der Vergangenes in Zukünftiges verwandelt. Wir hören heraus, daß der «Sacre» auf den Grundfesten musikalischer Überlieferung ruht; hören heraus, wie tief er in der Tonalität wurzelt, in der Harmonie des Dreiklangs, in der russischen Volkskunst; wir hören sogar Charakteristika heraus, die eigentlich anderen Komponisten gehören: Skrjabin, Rimsky-Korsakow, Debussy, Ravel. Aber aus alldem wurde eine ans Wunderbare grenzende Neuschöpfung von solcher Kraft und solcher Originalität, daß sie uns

auch heute noch zu bezaubern und zu erschüttern vermag.

Um die Mitte der zwanziger Jahre erwies es sich, daß
Strawinsky die Musik keineswegs umgebracht hatte; er
war ganz im Gegenteil zur Galionsfigur einer neuen musikalischen Richtung geworden. Neoklassizismus hieß
sein neues Losungswort. Es besagte, daß seine Anleihen
bei der Vergangenheit nunmehr zu einem ebenso bewußten wie selbständigen Stilelement im jeweiligen musikalischen Schöpfungsverlauf geworden waren. Die al-
chimistischen Kunstgriffe von ehedem hatten viel von
ihrer Bedeutung eingebüßt. Um auch diesen Aspekt seiner Musik darzustellen, spielen wir als zweites Stück zu
Ehren Strawinskys sein «Capriccio für Klavier und Orchester»; es ist mit seinen Anklängen an Bach und an
Mozart ein Paradebeispiel für den neoklassizistischen
Stil.

In der «Capriccio»-Partitur finden sich aber auch Elemente, die weniger klassisch sind als Mozart und Bach;
so findet man etwa den Ballett-Stil Tschaikowskys
darin. Und auch noch minder klassische Elemente lassen
sich finden, wie etwa eine gewisse französische Salon-
Atmosphäre, die Erinnerungen an Chaminade oder an
Offenbach weckt. Zusammen mit gelegentlichen Anspie-
lungen auf Jazz-Rhythmen fügt sich das alles zu einem
Werk von deliziöser Künstlichkeit, beinahe zu einem Essay über musikalische Witzigkeit. Denn witzig war
Strawinsky in überreichem Maße – mit einem angeborenen Hang zum Absurden dazu.

Die «Psalmen-Symphonie», mit der wir das Konzert
beenden, zeigt uns den inbrünstigen Strawinsky, den

wahrhaft glaubenden. Diese Chorsymphonie ist ohne Zweifel die erhabenste musikalische Verherrlichung des Glaubens an Gott, die in diesem Jahrhundert geschrieben wurde. Es ist Strawinskys «Lied der Lieder». Hier verbinden sich das Einfache, das Komplizierte und das Monumentale zu lauterster Frömmigkeit. Doch auch hier «stiehlt» Strawinsky von der altrussischen Kirchenmusik, von Bach, vom gregorianischen Choral und – wie immer – von sich selber. Aber vom schroffen Auftakt bis zum ungetrübt reinen Schlußakkord könnte kein einziger Takt von jemand anderem komponiert worden sein.

Nach dieser «Psalmen-Symphonie» ging Strawinsky noch weitere vier Jahrzehnte «stehlen», wie er das selber so nannte. Und all diese Jahrzehnte überraschte er sein Publikum durch das, was er stahl, wobei die größte Überraschung zweifellos der Diebstahl von Schönbergs Reihentechnik war. Das Umfassende, das alles Einbeziehende seiner Musik war so total, daß er nicht nur bei jedermann Anleihen machte, sondern auch für jedermann komponierte: für den Laien, für den Fachmann, für jeden dazwischen. Dadurch eroberte er die Phantasie der ganzen Welt. Er wurde geehrt wie kein Komponist unserer Zeit, vom Kreml bis zum Vatikan, von Staatsoberhäuptern bis zu texanischen Cowboys.

Es fügt sich gut, daß wir das heutige Konzert mit dem «Sacre du printemps» beginnen. Igor Strawinsky kam im Frühling zur Welt, und im Frühling ist er gestorben. Sein ganzes Leben war ein einziger, schöpferischer Frühling. Seine ganze Musik ist frühlingshaft: dem Neuen entgegensprießend, im Alten wurzelnd, frisch und unverbraucht in ihrer durchdringenden, paradoxen Kombination des Unvermeidlichen mit dem Unerwarteten. Deshalb wollen wir an diesem Frühlingsabend Strawinsky so feiern wie den Frühling selbst – wie eine ewige Erneuerung. Wir alle wollen uns verbünden – Musiker und Musikliebhaber jeglichen Geschmackes, jeglicher Anschauung – zu Ehren Strawinskys, unserer dahingegangenen musikalischen Vaterfigur.

Einführung zur Fernsehübertragung eines Konzerts
mit dem London Symphony Orchestra
am 6. April 1972

Über Gershwin

Die einzelnen Kunstrichtungen unterliegen fast wehrlos dem Diktat der Mode. Plötzlich dreht sich alles um
Hume oder um Diderot oder um die Kleinschreibung
der Brüder Grimm; plötzlich ist Thomas Mann *passé* und
Macaulay *en vogue*; plötzlich fällt Cervantes um fünfein-
halb Prozent . . .
In diesen Launen unserer Zeit bildet die Musik keine
Ausnahme. Sie ist im Gegenteil noch unbeständiger,
noch flatterhafter als sogar die schöne neue Welt der
Sprachwissenschaften. Ich erinnere mich noch lebhaft,
welche Sensation es hervorrief, als ich in meinem zweiten Harvard-Jahr verkündete, ich sei von Tschaikowsky
begeistert. Das galt damals als unglaubliche Ketzerei,
denn in dieser Zeit wurde Tschaikowsky – wie übrigens
auch Verdi – nicht einmal der Verachtung wert befun-
den. Das Modediktat befahl Vorklassik und Spätroman-
tik. Heute, ein halbes Lebensalter später, begegnet man
Verdi mit dem gleichen musikwissenschaftlichen Ernst
wie etwa Monteverdi; dafür ist Hindemith aus der Mode
gekommen, und Ravel wird sträflich unterschätzt. So
geht es zu auf dem Jahrmarkt der Musik.
Eines der edelsten Opfer dieser musikalischen *Haute
Couture* ist in diesem Jahrhundert George Gershwin gewesen. Er ist nicht bloß aus der Mode gekommen, er
wird nicht nur unterschätzt – er wird kaum irgendwann
zur Sprache gebracht. Die hohe Musikkritik hat
Gershwin ganz einfach nicht in ihr Namensregister bedeutender Komponisten aufgenommen. Gershwins

Schlager sind uns zwar ebenso vertraut geworden wie unsere Muttersprache, aber sie werden von Leuten gesummt und gepfiffen, die keine Ahnung haben, wer sie geschrieben hat, denen es egal ist, wer sie geschrieben hat, und die höchstens unwillig reagierten, wüßten sie, wer sie geschrieben hat. (Halt, das muß ich anders ausdrücken: zu erfahren, wer diese Schlager geschrieben hat, würde die Leute vielleicht sogar freuen; unwillig würden sie erst, erführen sie, daß es sich hierbei um einen Komponisten richtiger «Werke» handelt.) Das alles ist traurig, denn Gershwin war zweifellos eines der wenigen echten, authentischen Genies, die die amerikanische Musik hervorgebracht hat. Und es wird sich noch weisen, ob er nicht das echteste, das authentischste Genie seiner Zeit gewesen ist.

Das alles ist traurig und doch verständlich. Immerhin war Gershwin ein Schlagerkomponist – das lag in seiner Natur, in seiner Herkunft, in seinem Werdegang, in dem, was er konnte. Er kam sozusagen von der falschen Straßenseite her, stammte aus einem Vergnügungsviertel, war in einem Durcheinander von Singsang und Songs fast als musikalischer Analphabet aufgewachsen. Sein kurzes Leben war ein einziger hartnäckiger Versuch gewesen, auf die richtige Straßenseite zu gelangen, sowohl in musikalischer wie in gesellschaftlicher Hinsicht, und bei diesem Versuch halfen ihm Ehrgeiz, eine enorme Lernfähigkeit und ein unglaublich feines Fingerspitzengefühl. Das vorliegende Buch folgt der Spur dieser Straßenüberquerung von den Schlagern zu den Revuen, von den Revuen zu richtigen Bühnenstücken («Werken») wie «Of Thee I Sing», von noch schwächlich strukturierten Konzertstücken wie der «Rhapsody in Blue» zum «Concerto in F» bis hin zur letzten Verschmelzung, wie er sie uns in «Porgy and Bess» hinterlassen hat.

Der hohen Musikkritik fällt es nicht schwer, diese Werke samt und sonders in Grund und Boden zu verdammen. Die «Rhapsody in Blue» etwa ist ein Paradebeispiel für strukturelle Unzulänglichkeit: sie ist eine Aneinanderreihung von Episoden, deren einziger flüchtiger Zusammenhalt in künstlichen Übergängen, gekünsteltem Tonartenwechsel und Kadenzen aus zweiter Hand besteht. Es ist aber nicht so wichtig, was an dieser Rhapsodie falsch ist; wichtig ist, was an ihr stimmt. Und was stimmt, ist, daß jede dieser unzulänglich aneinandergereihten Episoden in sich melodisch inspiriert ist, harmonisch echt, rhythmisch authentisch. Schon wieder stoßen wir auf dieses Wort; aber es war kein geringerer als Arnold Schönberg, dieser Meister der Form und der Struktur, der «das Authentische» in Gershwins Musik erkannt hat.

Gershwins Tragödie bestand nicht darin, daß ihm etwa die Straßenüberquerung mißlungen wäre, sondern vielmehr darin, daß sie gelang: denn einmal drüben, auf der «richtigen» Straßenseite, hatte er keine Gelegenheit mehr, dort starke und tiefe Wurzeln zu schlagen. Es blieb ihm ein knappes Jahrzehnt, die Früchte dieser Verpflanzung heranreifen zu lassen, dann starb er, noch in seinen Dreißigern, nur wenig älter als Mozart, als dieser unsere Welt verließ. Es mag sich nicht gehören, Gershwin mit Mozart in einem einzigen Atemzug zu nennen, aber diese zwei Komponisten ermöglichen einen faszinierenden Vergleich. Beide waren «natürliche» Genies, beide schufen ein musikalisches Œuvre, das wie ein Naturereignis aufschoß, aufblühte und Früchte trug. Aber Mozart hatte keine Hindernisse zu überwinden: er brachte eine einzige, große und ununterbrochene Ernte ein, von seiner Kindheit bis zu seinem Tod. Gershwin hingegen mußte immer wieder pflügen, säen und reifen lassen. Erst mit «Porgy and Bess» kündigt sich ein kommender Meister an. Welchen Grad der Meisterschaft er erreicht hätte, hätte er länger gelebt – darüber können wir heute nur rätseln. Es ist eine Tragödie, daß er in der Blüte seiner Jahre sterben mußte; aber wir vergrößern diese Tragödie nur, wenn wir an unseren sogenannten kritischen Einsichten festhalten und dabei übersehen, was Gershwin unüberhörbar war und bleibt: eine der bedeutendsten Stimmen, die sich in der Geschichte der amerikanischen Großstadtkultur je erhoben hat.

*Vorwort zu Charles Schwartz' Buch
über Gershwin, 19. April 1973*

Jennie Tourel
1910-1973

Ich habe lange gebraucht, den Sinn von Beerdigungen zu erkennen: ich hatte sie stets als leeren Pomp, als echte «pompes funèbres», gehaßt und gemieden; als eine eitle Zurschaustellung eines privaten letzten Lebewohls.

Und mit einem Mal, bei einer sehr persönlichen Gelegenheit, entdeckte ich, was offenbar alle anderen die ganze Zeit bereits gewußt hatten: daß Begräbnisse für die Lebenden da sind; sie lassen uns zusammenkommen, wie wir es sonst nie tun würden – um einander zu stützen, um die Gemeinsamkeit unserer Bewegtheit zu spüren, um gemeinsam zu trauern, zu weinen und – jawohl! – um uns gemeinsam zu freuen, zu freuen im Namen derjenigen, der diese Zusammenkunft gilt. In unserem Falle gilt sie einer der ganz Großen, einer, die uns über die Jahre immerwährender Anlaß war, uns zu erfreuen, und sie tut es auch heute.

Indem ich das so oft mißbrauchte Wort von einer «ganz Großen» gebrauche, meine ich es nicht im Sinne einer «Grande Dame» oder einer großen Künstlerin – wiewohl Jennie Tourel beides im höchsten Maße war. Jeder, der sie oder ihre künstlerische Meisterschaft kannte, ob aus der Nähe oder aus der Ferne der letzten Reihe Balkon, weiß von dieser Größe. Aber die Größe, die mich heute erfüllt, die diesen Raum zum Bersten füllt, ist Jennies überwältigende Vielfalt.

Während der drei Jahrzehnte, in denen es mir vergönnt war, sie zu kennen, lernte ich eine Unzahl von Jennies

224

kennen: ein Übermaß an Sprachen und Rhythmen und Stilen, an Verworrenheiten und kindlichen Einfältigkeiten. Es gab auch ein Übermaß an Fähigkeiten Freundschaften zu schließen, an Großzügigkeit gegenüber Kollegen und Studenten. Und zugleich ein Übermaß an Kritik diesen Kollegen und Studenten gegenüber, während sie selber verwundbarer war als sie alle zusammen.

Am bemerkenswertesten war es wohl, daß sie in jeder dieser Eigenschaften – Kollegin, Gastgeberin, Lehrerin, Emigrantin, Patriotin, Freundin, Dame von Welt –, daß sie in jeder dieser Eigenschaften völlig aufging und vollkommen überzeugend war. Ihre Vielfalt wurde nur noch von ihrer Ursprünglichkeit erreicht. Es schien mir immer ein Wunder, daß so etwas möglich war: woher nahm sie die innere Kraft, all das zu sein? Nicht, all diese Rollen zu spielen, sondern diese Rollen zu sein? Und in jeder war sie überzeugend, weil sie echt war. Sie hatte eben diese besondere innere Kraft. Es war möglich, aber sie zahlte einen hohen Preis: zuallerletzt war ihr vertrautester Gefährte doch nur die Einsamkeit.

Der Widerspruch in Jennie: mit solchem Übermaß versehen, von Freunden, die sie liebten, von Anhängern, die sie anbeteten, und von galanten Verehrern umringt zu sein – und dabei ununterbrochen der schockierenden Tatsache der eigenen Isolierung gewahr zu werden –, ausgenommen in den paar tausend Minuten ihres Lebens, in denen sie von der Seligkeit, sich durch ihre Kunst mitteilen zu können, mitgerissen wurde.

Dieses Mitteilen durch die Kunst war ihr Credo: das tiefstmögliche Eindringen in die Empfänglichkeiten des Menschen; und doch war sie eine Stunde später wieder isoliert. Sie lebte ihr Leben in der Annahme, daß kein Mensch eine Insel sei; aber sie wußte – und erzählte mir oft, daß sie es wußte –, daß jeder Mensch eine Insel ist.

Auf ihre wundervoll anziehende anti-intellektuelle Art und Weise bekannte sie sich zur Wittgensteinschen Idee, daß nicht der Umriß eines Individuums dessen Umfang bestimmt, sondern das Universum, das ihn umgibt. Sie wußte, daß Geburt und Tod einsame Wirklichkeiten sind, peinvolle Wege, die man alleine gehen muß. Aber sie war entschlossen, an jedem Augenblick, der dazwischenlag, andere teilhaftig werden zu lassen.

Der Widerspruch in Jennie: einerseits unheilbar romantisch, andrerseits gerade genug existentialistisch, um die Allgemeinheit der Isolierung erkennen zu können. Die russische Fatalistin, die dennoch pragmatisch genug ist, um dem Schicksal ins Auge zu sehen, um es manchmal sogar herauszufordern und hereinzulegen. Wie wir alle, zitterte sie ihrer Sterblichkeit wegen; und doch stand sie seit langem mit dem Begriff des Todes in enger Beziehung. All diesen Widersprüchen entsprang ihre sinnliche, bezaubernde Neigung für das Absurde; und dieser Neigung entsprang ihr unerhörter Humor, der ihr immer wieder über das Grauen der Einsamkeit hinweghalf und sie jedem, der sie kannte, ans Herz wachsen ließ.

Man hat mich gebeten, hier im Namen ihrer vielen Freunde, ihrer vielen Weggefährten zu sprechen, vor allem im Namen der New Yorker Philharmoniker, mit denen sie eine so lange und beglückende Zusammenarbeit verband. Aber es ist mir nur möglich, als einer zu sprechen, der ihr in tiefer Zuneigung verbunden war und sie kannte – vielleicht ein wenig besser als andere. Sage ich zuviel in zu wenigen Worten? Können wir uns ein Urteil darüber gestatten, ob ihr Leben ein glückliches war oder ein unglückliches?

Die chassidischen Rabbiner haben ein schönes Gleichnis für die vier höchsten Heiligtümer: daß der heiligste Ort der ganzen Erde das Heiligtum der Heiligtümer in Jerusalem ist; daß unter allen irdischen Zungen das heiligste Wort der Name Gottes ist; daß von allen Tagen des Jahres der heiligste Tag der Tag der Versöhnung ist; und daß von allen Geschöpfen Gottes das heiligste der Hohepriester ist. Diese vier Heiligtümer treffen sich zu einer bestimmten Stunde an einem bestimmten Tag im Jahr. Und zwar am Tag der Versöhnung, um die Stunde, wenn der Hohepriester das Heiligtum der Heiligtümer betritt und den Namen Gottes offenbart . . .

Woraus bestand Jennies Leben? Wo immer sie sang: die Bühne war das Heiligtum der Heiligtümer. Sobald sie ihren Mund zum Lobgesang auf die Musik öffnete, war sie eine Hohepriesterin, und was sie sang, war der Name Gottes; und in diesem Augenblick brach der Tag der Versöhnung an.

War Jennie Tourel unglücklich? Die alten Griechen haben gesagt, man könne nie wissen, ob ein Mensch glücklich sei, ehe er stirbt. Nun, jetzt wissen wir es: Jennie sang den Namen Gottes bis zum allerletzten Augenblick.

Aus einer Grabrede, 9. Dezember 1973

Erinnerungen
an das Curtis-Institut

Wenn ich mich an meine beiden Jahre in Philadelphia zurückerinnere, entstehen vor mir Bilder eines richtungweisenden Erlebnisses, geprägt durch harte Arbeit, persönliche Beziehungen und faszinierende Grenzen, die überschritten werden mußten. Im Curtis-Institut entdeckte ich völlig neue musikalische Welten, obwohl ich direkt aus Harvard kam, wo ich gerade mein Musikstudium *cum laude* abgeschlossen hatte.

Zunächst einmal war es mir nie zuvor in den Sinn gekommen, daß ich Dirigent werden könnte. Das war eine völlig neue Idee. Dimitri Mitropoulos hatte sie mir während der Sommerferien eingegeben, und zu meinem Glück war Fritz Reiner eben dabei, Aufnahmeprüfungen für seine Dirigentenklasse abzuhalten. Ich ging zur Prüfung, bestand sie und war im Handumdrehen Schüler des großen, bis zum Fanatismus unerbittlichen Fritz Reiner geworden, der mir das Dirigieren beibrachte.

Dann war da auch die große Vengerova, auch sie bis zum Fanatismus unerbittlich; nie zuvor hatte mich jemand die Kunst des Klavierspielens mit so hohem Anspruch und solcher Tyrannei gelehrt wie meine geliebte Isabella Afanasiowna Vengerova. Auch das war neu für mich ebenso wie der Kontrapunkt der fünf Gattungen, der in Harvard kein Unterrichtsfach war, weil man ihn für einen alten Hut hielt, und den mir der hervorragende, liebenswürdige Dr. Stöhr erklärte.

Schließlich hatte ich noch weniger das gute, altmodische

Solfeggieren gelernt, aber da war die liebenswerte, beglückende Renée Longy, um es mir beizubringen – Madame Miquelle wurde sie damals von uns genannt –, und auch in ihrem Unterricht über die Kunst des Partiturlesens wirkte sie Wunder. Alles zusammen war für mich ein einziges, großes, neues Erlebnis – um von der Nähe des Philadelphia Orchestras und dem Erlebnis des Philadelphia-Trinkwassers erst gar nicht zu reden.

Nach vier Studienjahren in Harvard kam ich im September 1939 ans Curtis-Institut, erfüllt von den Problemen und vom Wirrwarr meiner Zeit. Die Tonart, die diese Zeit bestimmte, ist heute nur noch wenigen im Ohr. Das große Thema, um das sich alles drehte, war der Faschismus; und das große Unterfangen, das wir uns in den Kopf gesetzt hatten, war der Antifaschismus. Ein Land nach dem anderen war vergewaltigt worden: Spanien, China, Abessinien, Österreich, die Tschechoslowakei. Auf einmal waren Flüchtlinge unter uns, berühmte Flüchtlinge: Thomas Mann, Hindemith, Einstein, Schönberg. Die Luft war von ununterbrochener Aufregung erfüllt, und die Aufregung kam von einem ehrlichen und ehrenhaften Kampf. Wir Harvard-Leute diskutierten, marschierten und demonstrierten, ich spielte Klavier zugunsten von Spanien, zugunsten von Schwarzen, zugunsten von jedermann, der in unserer Gunst war. Und nichts von alledem kam unseren musikalischen, literarischen oder philosophischen Studien in die Quere, auf irgendeine interdisziplinäre Art und Weise wurde alles auf den gemeinsamen Nenner der klaren Formel von Keats gebracht:

«Schönheit ist wahr und Wahrheit schön – dies ist,
Was Ihr auf Erden wißt, mehr frommt Euch nicht.»

Diese Gleichung setzte mich in Flammen; ich empfand
mich als jungen Künstler *und* als jungen Bürger, ich war
von unstillbarem Wissensdurst erfüllt.

Als ich ans Curtis-Institut kam, war ich aber nicht minder verwirrt und bedrückt. Es gab so viele heikle Fragen,
auf die man Antworten suchen mußte, so viele Widersprüche. Da gab es diesen niederträchtigen Nicht-
angriffspakt zwischen Deutschland und Rußland: auf
welcher Seite hatte man zu sein? Doch gewiß nicht auf
der Seite Hitlers. Und andererseits wurde der arme
Schostakowitsch wegen seiner wundervollen V. Symphonie öffentlich von der Regierung angeklagt. Wo waren jetzt Schönheit und Wahrheit? Welche Wahrheit?
Wessen Schönheit? Und was mich am stärksten nieder-
schlug: an eben diesem September-Anfang marschierte
Hitler in Polen ein, und die Verheerung, die damit begann, ist in die Weltgeschichte eingegangen.

Es fällt mir schwer, diese Mischung aus Aufregung und
Niedergeschlagenheit zu beschreiben, mit der ich das
Curtis-Institut betrat. Aber dem großen Dichter Wystan
Hugh Auden gelang diese Beschreibung in einem
«1. September 1939» genannten Gedicht mit grandioser
Klarheit. Die erste Strophe lautet:

> Da sitze ich, in einem Lokal
> Der Zweiundfünfzigsten Straße
> Unsicher und angsterfüllt
> Während die eitlen Hoffnungen
> Eines verlogenen Jahrzehnts verenden.

Wellen der Wut und der Angst
Umspielen die hellen
Und dunkelnden Länder der Welt,
Belagern unser tägliches Leben;
Der unaussprechliche Geruch des Todes
Schändet die Septembernacht.

Und so lautet die letzte Strophe:

Wehrlos unter der Nacht
Liegt unsre Welt wie gelähmt;
Und doch, überall verstreut
Blitzen ironische Punkte des Lichts,
Wo immer die Gerechten
Ihre Botschaften verkünden:
Darf ich, der ich wie sie
Aus Staub und Eros bin,
Erdrückt von gleichem Ekel, gleichem Grimm,
Ein Lichtsignal der Hoffnung geben?*

So sah es in mir aus, als ich das Curtis-Institut für Musik
in Philadelphia zum ersten Mal in meinem Leben betrat.
Es war, als beträte ich ein fremdes Land. In der damaligen Zeit war das Institut eine ziemlich genaue Wider-
spiegelung der isolationistischen Haltung, die ein so
großer Teil dieses Landes angenommen hatte. Die allgemeine Parole lautete: Nur keine Einmischung! Das Curtis-Institut war ein Eiland musikalischen Unterneh-
mungsgeistes. Es schien niemanden zu geben, mit dem
ich meine audensche Gefühlswelt teilen konnte, zumindest niemanden unter den Studenten. Diese ersten Mo-

---

* Deutsch von Kurt Heinrich Hansen

nate in Philadelphia waren voll Einsamkeit und Qual. Außerdem war ich unter den Studenten nicht wirklich beliebt. Sie betrachteten mich als einen Besserwisser aus Harvard, als einen intellektuellen Bildungsprotz, als einen Snob, einen Angeber. (Ich weiß, daß das so war: sie gestanden es mir später). Vielleicht hatten sie nicht einmal so unrecht. Aber es verhielt sich nun einmal so, daß ich der einzige Hochschultyp in dieser Schule war, und deshalb kam es wahrscheinlich von beiden Seiten zu Überreaktionen. Keiner von meinen Mitschülern war je in einem College gewesen; manche trugen noch kurze Hosen; viele waren ein, zwei Jahre vorher in kurzen Hosen angekommen und ausschließlich damit beschäftigt, die Terzen-Etüde schneller als ihr unmittelbarer Konkurrent herunterzuhämmern; bei anderen ging es um ein Capriccio von Paganini oder um eine Arie von Puccini. Von interdisziplinärem Geist keine Spur. Philosophie, Geschichte, Ästhetik waren unwichtig. Die Schule kam mir wie eine Virtuosen-Fabrik vor, die identische Virtuosen wie Würste ausstieß. Natürlich ist das eine Übertreibung. Aber so kam mir das Curtis-Institut im September 1939 eben vor.

Aber es waren die Leute, die für dieses Konservatorium verantwortlich waren, die ersten, die sich über dessen Zustand Rechenschaft gaben: die angesehene Mrs. Bok, eine große Dame und kultiviert dazu, und ihre Mitarbeiter, allen voran Dr. Reiner und unser geliebter Rudolf Serkin, beide Emigranten, beide von hoher Bildung.

Es mußte etwas geschehen. Und etwas geschah auch: Man engagierte als neuen Direktor Randall Thompson, einen Komponisten, einen Intellektuellen und – großer

Gott! – einen Harvardianer. Man engagierte ihn, damit er das Curtis-Institut aus einem Konservatorium zu einer echten Bildungsstätte mache, die vom Axiom ausging, daß es über die Virtuosität hinaus noch eine Wahrheit gebe.

1939 kamen wir beide zugleich ans Curtis-Institut: er als Direktor und ich als Student. Wir verließen es auch zugleich, zwei Jahre später: ich mit einem Diplom, er mit einem Entlassungsschreiben in der Hand. Es hatte eben nicht geklappt. Aber wie hatte er sich geplagt: er organisierte Vorträge, er hielt interdisziplinäre Kurse ab, er bemühte sich um eine Atmosphäre der Lernfähigkeit, des Wissensdurstes. Ich lernte bei ihm Orchestrieren, und wir wurden schnell Freunde. Wir hatten einen gemeinsamen Tick für englische Kreuzworträtsel entdeckt und verbrachten allzuviel Zeit unserer Orchestrierstunden mit der «London Times».

Meine einzigen Freunde damals, in den ersten paar Monaten, waren Professoren. Unter den Studenten hatte ich keine. Ganz im Gegenteil: ich hatte Feinde, deklarierte Feinde. Es gab sogar einen geheimen Anti-Bernstein-Klub, der aus Studenten bestand, unter denen sich später einige besonders innig mit mir befreundeten: Julian Lutz, Leo Luskin, Lynn Wainwright. Ein paar unter ihnen, etwa ein halbes Dutzend, glaubten außerdem, daß ich nicht nur ein Harvard-Snob war, sondern auch ein Betrüger, vor allem in bezug auf meine Fähigkeit, Partituren vom Blatt zu lesen. Sie waren überzeugt, daß ich diese Partituren insgeheim studiert hatte und nur so tat, als würde ich vom Blatt lesen. Das Gerücht verbreitete sich; die Spannung stieg.

Dann spitzte sich die Sache zu. Einer von meinen Mitschülern aus Reiners Klasse ging und kaufte einen Revolver mit Kugeln, die mir zugedacht waren. Dieser ver-
wirrte junge Mann hatte Schwierigkeiten beim Auswen-
diglernen von Partituren, und der gnadenlose Reiner
war dafür bekannt, seine Schüler mitten in einem Stück
zu unterbrechen und ohne Vorwarnung zu fragen: «Was
spielt die zweite Klarinette in diesem Takt?»
All das wurde meinem Mitschüler zuviel. Es war ihm
nicht auszureden, daß ich Reiners Liebling und er das
unschuldige Opfer unseres Wissensunterschiedes sei,
weswegen ihm nichts anderes übrigbleibe, sowohl mich
als auch Reiner und Randall Thompson zu erschießen.
Er machte nur den verhängnisvollen Fehler, Randall
diese Absicht mitzuteilen, wobei er den Revolver auf den
Tisch legte. Randall besänftigte ihn sehr geschickt, ließ
die Polizei rufen und den armen Kerl in seine Heimat-
stadt zurückbringen.
Dieser dramatische Zwischenfall änderte meine Lage
von Grund auf. Feinde wurden zu Freunden und über-
schütteten mich mit Sympathie. Lutz und Luskin eilten
herbei und gestanden mir ihren Geheimklub, und mit einem Mal waren alle davon überzeugt, daß ich am Klavier Partitur wirklich vom Blatt spielen konnte. Aber zugleich mit dieser Wandlung ereignete sich etwas noch
viel Wichtigeres. Als ich meine neuen Freunde näher
kennenlernte, fand ich zu meiner Überraschung, daß sie
sehr wohl an den Dingen interessiert waren, die sich
draußen in der Welt begaben, und an philosophischen
und politischen Anschauungen. Und musikalisch streb-
ten die meisten von ihnen nach mehr als nur nach Vir-

tuosität, ihre Anliegen waren Stil und Form, was sie gefangennahm, waren Fragen der Gelehrsamkeit, der Stellung des Komponisten in unserer Gesellschaft, der interdisziplinären Denkmöglichkeiten.

Als ich diese Entdeckung machte, öffneten sich noch in einer anderen Hinsicht meine Augen: ich erkannte, daß Harvard in seiner extrem akademischen Weise eigentlich genau so arg war, wie mir Curtis in seiner Konservatoriums-Art erschienen war. Die Harvard-Fakultät für musikalische Studien war nichts als Theorie und Kopfarbeit auf Kosten des praktischen Musizierens.

In Harvard gab es keine Möglichkeit, ein Instrument spielen oder singen zu lernen; derlei lag unter der universitären Würde. Ja, man konnte stundenlang durch die Fakultät für musikalische Studien spazieren, ohne eine einzige Note tatsächlich gespielter Musik zu hören. Ich begriff, daß Harvard imstande war, genauso viele musikalische Blindgänger hervorzubringen wie Curtis – womöglich mehr.

Es lag auf der Hand, daß jede der beiden Institutionen ein Extrembeispiel für seinen jeweiligen Schultypus war, daß eine Lösung für die Zukunft darin bestand, die beiden Schulen einander entgegengehen zu lassen. In Harvard mußte der praktische Musikunterricht eingeführt werden (er wurde es), und das Curtis-Institut brauchte weitere Horizonte (es bekam sie). Am Ende geht sich alles aus: Wahrheit und Schönheit sind nach wie vor eine gültige Gleichung.

Und so erkannte ich, daß ich ja doch irgendwie ein Snob, ein universitärer Angeber gewesen war. Mein weiterer Aufenthalt in Curtis verlief von da an ganz anders.

Wir bildeten Diskussionsrunden und Arbeitsgruppen für neue Musik. Wir spielten sogar für edle Zwecke. Mein Glaube war wiederhergestellt: ein Künstler konnte ohne weiteres ein verantwortliches Mitglied der Gesellschaft sein. Sogar ein politisches. 1941, als ich das Curtis-Institut verließ, zog unser Land in den Krieg gegen den Faschismus und half mit, wie wir hoffen, ihn für immer zu zerstören.

Was aber hat all das mit Keats' klarer Formel vom Schönen und vom Wahren zu tun? Ich will versuchen, es zu erklären. Das oben Geschilderte fand vor dreißig Jahren statt. Es fällt nicht leicht, daran zu denken, was sich seither begab. Der unsägliche Holocaust. Die Atombombe. Der Sieg. Ein kalter Krieg. Neue, unabhängige Staaten. Die Vereinten Nationen. Der Staat Israel. Ein Krieg in Korea. Die Jahre McCarthys. Jugendbanden. Die Jahre Kennedys. Die Beatles. Das untragbare Ansteigen der Kapitalverbrechen. Der Jugendkult. Die Bürgerrechtsbewegung. Ein Krieg in Vietnam. Friedensdemonstrationen. Subkulturen. Lange Haare und Blue jeans. Ein Krieg in Nahost. Watergate. Und bei alledem gab es eine immer ausgeklügeltere Verformung der Wahrheit.

Es wird immer schwieriger, herauszufinden, was nun eigentlich tatsächlich die Wahrheit ist. Wird das arabische Öl die Welt aufkaufen? Ist die höhere Schulbildung noch etwas Natürliches, oder ist sie nur noch an sich selbst interessiert? Verfällt unsere Moral im Gleichschritt mit unserer Wirtschaft? Ist menschliche Habgier heilbar? Produziert unsere Avantgarde wahre Kunstwerke, demnach also schöne Kunstwerke? Sollte man unser wissenschaftliches Vernunftsystem durch Mystizismus ersetzen? Ist Gott tot? Ist das Überleben wichtiger als die Ehre? Sind alle diese akademischen Fragen zu nichts anderem nütze als zur Belebung von Diskussionsrunden und Fernseh-Nachtgesprächen, oder können wir Künstler wirklich dazu beitragen, sie zu beantworten? Ja, wir können. Ich weiß, daß ich kann. Sonst wäre ich außerstande zu musizieren.

Ich bin mittlerweile recht alt geworden und dennoch nicht viel klüger, als ich vor dreißig Jahren war. Ich weiß vielleicht mehr als früher, aber ich habe weit mehr vergessen, als ich je wußte. Nur eines weiß ich noch immer: Schönheit ist Wahrheit und Wahrheit Schönheit. Nach wie vor eine große Gleichung und zumindest ebenso wichtig wie $E = mc^2$. Noch immer die einzige Möglichkeit für mich als Künstler, zu wissen, wie ich mit der Beantwortung dieser Frage beginnen soll. Aber unsere Wahrheitsliebe muß interdisziplinär, unser Schönheitsbegriff muß dehnbar, sogar eklektisch sein. Unsere Horizonte können nie weit genug sein. Wir müssen in der Lage sein, Empfindung und Vernunftwissen, Theorie und Praxis miteinander zu vermählen. In anderen Worten: Harvard *und* Curtis.

Ich höre schon die Fragen: Was haben wir Künstler mit Öl und mit Wirtschaft, mit Überleben und Ehre zu tun? Die Antwort ist: alles. Unsere Wahrheit, wenn sie vom Herzen kommt, und die Schönheit, die wir aus ihr hervorbringen, sind vielleicht die einzigen wirklichen Wegweiser, die übriggeblieben sind, die einzigen klar sichtbaren Leuchttürme, die einzige Quelle der Erneuerung der Vitalität der menschlichen Weltkulturen. Wo Wirtschaftsfachleute hadern, können wir heiter sein. Wo Politiker ihre diplomatischen Spiele betreiben, können wir Herz und Hirn bewegen. Wo die Habgierigen raffen, können wir schenken. Unsere Federn, unsere Stimmen, unsere Pinsel, unsere Pas de deux, unsere Worte, unsere Cis' und b's steigen höher empor als die höchste Öl-Fontäne. Sie können Eigennutz in die Knie zwingen. Sie können uns vor dem moralischen Niedergang bewahren. Vielleicht sind es überhaupt nur die Künstler, die das Mystische mit dem Rationalen versöhnen und darin fortfahren können, die Allgegenwart Gottes der Menschheit vor Augen zu führen.

Rede, gehalten am 27. Februar 1975

Die Zukunft
der Symphonie-Orchester

Meine lieben Freunde!

Ich begrüße Sie mit ebenso herzlichen wie merkwürdig gemischten Gefühlen. Einerseits freut es mich besonders, Sie alle hier zu sehen und mit einem so außerordentlich wichtigen Segment des amerikanischen Kulturlebens wieder zusammenzutreffen. Ich fühle mich auch geschmeichelt, daß man mich gebeten hat, das heutige Grundsatzreferat zu halten – was immer das heutzutage bedeuten mag, da Grundsätze immer seltener gesichtet werden. Anderseits komme ich nicht um die Frage herum: warum gerade ich? Es hat mich einigermaßen verblüfft, daß ich just in diesem Jahr – diesem besonderen, kostbaren Jahr 1980, das ich ausschließlich dem Komponieren zugedacht habe und in dem ich kein einziges Mal den Taktstock hebe –, daß ich in just diesem Jahr ausersehen wurde, hier über die Probleme der Symphonie-Orchester zu sprechen.

Seltsames passiert, wenn ein Dirigent sich in einen Komponisten verwandelt – zumindest in meinem Fall. Ein drastischer Persönlichkeitswandel findet statt: eine öffentliche Figur schlüpft in die Gestalt einer Privatperson. Wenn überhaupt, so gibt es nur sehr wenige öffentliche Auftritte (dies ist einer davon); es gibt eine Menge Einsamkeit und eine Unmenge von Versuchen des Insichgehens. Zunächst einmal gibt es eine Übergangsperiode, in der man versucht, die Klänge aller anderen loszuwerden – die von Beethoven, Mahler, Strawinsky, Druckmann – all die Klänge, die man studiert und dirigiert und tagein, tagaus gehört hat; dann kommt die Periode der Qualen und der Verzückungen, in der man seine *eigenen* Klänge sucht und wiederfindet. Das war's, womit ich beschäftigt war: ich bin fast nie unter Leute gegangen, weder beruflich noch privat, fast nie in Konzerte; ich bin ein in sich gekehrter Einsiedler geworden. Kurzum: ein etwas seltsamer Zeitpunkt, dieses Referat zu halten.

Nachdem ich nun alles vorgebracht habe, was gegen mich spricht, möchte ich ganz offen mit Ihnen reden. Im Laufe dieser Periode des Überlegens und Lesens und Wiederlesens bin ich auf die bemerkenswerte Ansprache gestoßen, die mein geschätzter Freund und Kollege Gunther Schuller letztes Jahr bei der Eröffnungsveranstaltung im Berkshire-Musikzentrum gehalten hat. Ich bin sicher, Sie kennen sowohl diese Tanglewood-Rede ganz genau als auch Herrn Schullers Fortsetzung davon, die in der Zeitschrift «High Fidelity» veröffentlicht wurde. Sie haben eine ungeheure Aufregung und heftige Auseinandersetzungen in der amerikanischen Orchesterwelt zur Folge gehabt – einer Welt, die beinahe vollzählig hier versammelt ist.

Ich sage es geradeheraus: ich stehe eisern im Lager Schullers. Mit ganz wenigen Ausnahmen sind alle seine Feststellungen wahr – nur allzu wahr, wie ich aus langer, eigener Erfahrung weiß. Die ersten Jahre meiner Tätigkeit als Musiker waren gleichzeitig auch die letzten Jahre der großen Pulttyrannen Koussevitzky, Reiner, Rodzinski, Toscanini, Stokowski, Szell – große Namen, die durch höchste Autorität und Willenskraft die großen amerikanischen Orchester geschmiedet haben. Ich kann aber auch von der Apathie, von der Freudlosigkeit Zeugnis ablegen, von welcher Schuller spricht und die heute so viele dieser Super-Symphonie-Orchester erfaßt zu haben scheint.

Gewiß war das Leben in dieser herrlichen «schlechten alten Zeit» – oder sollte ich besser sagen: in dieser grauenhaften «guten alten Zeit»? –, war das Leben damals keineswegs nur freudvoll, wenn man im Orchester saß. Es gab ein Ächzen, Stöhnen und Brummen; es gab Laserstrahlen des Widerwillens in Richtung Dirigentenpult, sogar vorlautes Getuschel und kaum verhüllte Disziplinlosigkeiten – und alle haben sie mit verlängerten Proben und autoritärem Auftreten zu tun. Aber nichts davon war das Resultat von Apathie. Im Gegenteil. Da stak eine unbändige Kraft dahinter. Da war ein Anliegen, für das man kämpfte, ein gerechtes Anliegen.

Es stimmt, daß die Orchestermusiker damals total überarbeitet und mehr als unterbezahlt waren und wenige – wenn überhaupt – Garantien für eine fixe Anstellung, für soziale Sicherheit bestanden. Aber die Unbedingtheit und das Charisma ihrer sie überwältigenden Taktstocktyrannen waren derart, daß die Musik stärker war als alles andere. Wenn das Konzert kam, war jeglicher Unmut verschwunden und hatte einem strahlenden Gefühl des Stolzes Platz gemacht.

Es war der Stolz zu wissen, daß das zu erreichende Ziel Vollkommenheit war, vollkommene Dienstbarkeit dem Komponisten – nicht dem Dirigenten – gegenüber. Es war der Stolz zu wissen, daß sie, die im Orchester saßen, diesem Ziel mit jeder Aufführung näher kamen – dank beinharter Arbeit und den sakrosankten Anweisungen ihres Maestros.

Auch jetzt, während ich zu Ihnen spreche, drängen sich Bilder der Vergangenheit meinem Gedächtnis in unversiegbarer Lebhaftigkeit auf. Ich sehe meinen geliebten Meister vor mir, den Hohepriester Koussevitzky, der auf seinem Altar unermüdlich eine kein Ende nehmende Probe durchtobt. Ich höre ihn noch heute: «Ich wärrde nicht aufherren, bevor es nicht schönerr ist!» – «Wir wärrden das noch hundärrt Mal spielän, bis alle spielän zusammän!» – «Kindärr! Für Musik man muß lajdänn!» Und leiden taten sie, aber aus welchem grandiosen Grund!

Und ich sehe Fritz Reiner vor mir, meinen anderen großen Lehrer, der ein unbestechliches Ohr und ein furchterregendes Auge hatte, wie er wegen des vierten Viola-Pultes die Probe unterbricht und zwei zitternde Bratschisten eine Passage allein wiederholen läßt, als hätten sie dem ganzen Orchester vorzuspielen. Nicht selten endete eine derartige Szene mit dem schrecklichen Wort: «Hinaus!» Damals konnte «Hinaus!» für immer draußen bedeuten. Aber welche Aufführungen von Mozart und Bartók, welche «Rosenkavaliere» verdankte man nicht solchen *Lajdänn*. Jeder litt, Reiner mit inbegriffen. Wie man sich erzählte, wurde er zumindest einmal auf dem Gang zum Künstlerzimmer von einem seiner Orchestermusiker tätlich angegriffen.

Die Musiker, die heutzutage unsere symphonischen Orchester bilden, sind als Künstler anerkannt und dementsprechend geachtet und entlohnt. Bei der Wahl eines neuen Chefdirigenten, bei der Festlegung der Bedingungen einer Tournee, ja sogar bei der Einstellung neuer Musiker haben sie ein Mitspracherecht. Woher kommt dann diese Apathie, diese Freudlosigkeit, von der Gunther Schuller spricht? Die beredteste Erklärung hierfür stammt von Schuller selbst, und ich brauche sie hier nicht zu wiederholen. Aber ich möchte etwas hinzufügen, eine Art historischer oder philosophischer Untermauerung dieses Dilemmas. Vielleicht trägt sie dazu bei, einige unserer Probleme aufzuklären – nicht notwendigerweise sie zu lösen, doch zumindest sie in einem neuen Licht zu sehen.

Fragen wir uns doch einmal selbst: woher kommt eigentlich diese merkwürdige Erscheinung, dieses heilige Ungetüm, das man Symphonie-Orchester nennt? Ist es bereits erwachsen auf die Welt gekommen wie Minerva, die dem Haupt des Jupiter entsprang? Keineswegs. Es wuchs allmählich und entwickelte sich im Einklang mit dem Wachstum und der Entwicklung einer musikalischen Form namens Symphonie, einer tonalen und dualistischen Vorstellung, die, zusammen mit verwandten Formen des Konzerts, des symphonischen Gedichtes und so weiter einen phantastischen Bogen von Mozart zu Mahler beschrieb.

Es handelt sich hier um ein Stück vorausbestimmter Geschichte, wenn man so will, die wir durch eine imaginäre Zeichnung ebenso darstellbar machen können wie diejenige des Feudalismus oder des Heiligen Römischen Reiches: Geburt, Aufstieg, Triumph, Abstieg. In dem Maße, in dem die Symphonie an Umfang, Spielraum und Schwierigkeitsgrad zunahm – von Haydn über Beethoven, Brahms bis zu Bruckner –, so ging es auch dem Orchester, für das sie komponiert wurde; jeder neue Anspruch, den ein Komponist erhob, stellte dem Orchester die Bedingung, ihn zu erfüllen; diese Entwicklung endete schließlich im Orchester Mahlers und Ravels – einem Klangkörper aus hundert Musikern.

Unsere heutigen Orchester unterscheiden sich weder in ihren Grundzügen noch ihrer Zusammensetzung entscheidend vom Symphonie-Orchester des Jahres 1910. Und dies trotz dreifacher, vierfacher, ja fünffacher Holzbläserbesetzungen und trotz der Erfindung einer ganzen Armee von Schlagzeug-Instrumenten, die bei manchen Werken das Podium buchstäblich besetzt. Theoretisch ließe sich sagen, daß die Symphonie ihre äußersten Grenzen bei Mahler erreichte – Mahler war ganz gewiß dieser Meinung –, aber wir wissen, daß durch weitere fünfunddreißig Jahre symphonische Werke von echter Bedeutung komponiert wurden.

Es gibt Leute, die davon überzeugt sind, daß diese Symphonien der Endzeit epigonenhaft seien, und vielleicht wird ihnen die Musikgeschichte eines Tages recht geben. Aber so ohne weiteres kann man symphonische Meisterwerke, wie sie Sibelius, Schostakowitsch, Prokofieff, Hindemith, Schönberg, Copland, Strawinsky, Schuman und Bartók komponiert haben, doch nicht beiseite schieben. Um so mehr als danach mit erstaunlicher Schroffheit Schluß zu sein schien. Es ist mehr als merkwürdig, daß die letzte wirklich große Symphonie, Strawinskys Symphonie in drei Sätzen, die 1945 vollendet wurde, genau mit dem Ende des Zweiten Weltkriegs zusammenfällt. Manchmal glaube ich, daß die apokalyptische Bombe nicht nur Hiroshima zerstört hat, sondern auch die gesamte tonale Idee der Symphonie.

Die letzten 35 Jahre haben also in der Geschichte der Symphonie keine Rolle mehr gespielt. Wer das für übertrieben hält, sei daran erinnert, daß sehr viele davon überzeugt sind, diese Feststellung träfe bereits auf die letzten siebzig Jahre zu, also auf die Zeit seit dem Tode Mahlers – um von denen nicht erst zu reden, die eine Degeneration der symphonischen Form bereits seit Schubert feststellen. Einigen wir uns also auf 35 Jahre. Was bedeutet das aber für das heutige Symphonie-Orchester? Daß es überflüssig, daß es ein zum Aussterben verurteilter Dinosaurier ist? Denn wenn es wahr ist, daß das symphonische Orchester der symphonischen Form wie ein Handschuh angepaßt und gemeinsam mit ihr emporgestiegen war, mußte es nicht also auch Hand in Hand mit ihr den Abstieg vollziehen? Nein, ganz im Gegenteil! Für die Symphonie-Orchester sind die letzten 35 Jahre wahre Jubeljahre gewesen, sie haben Knospen angesetzt und geblüht wie nie zuvor. Wie ist dieses Paradoxon erklärlich?

Auf zweierlei Art. Erstens – aber jetzt kommt mein wunder Punkt, denn ich habe mich früher oft darüber geäußert, bin aber ebensooft falsch zitiert worden: angeblich sagte ich, das Symphonie-Orchester sei tot. Was ich tatsächlich sagte, war, daß die Orchester *teilweise* die Funktion von Museen erfüllen, von herrlichen, lebendigen Schatzkammern der Kunst. Und was kann gegen ein Museum vorgebracht werden, vor allem gegen eines, bei dem wir nicht mit Bildern und Statuen konfrontiert werden, sondern mit lebenden Menschen? Mit interpretierenden Künstlern, die uns nachschöpferisch den Atem unseres unschätzbaren symphonischen Erbes spürbar machen? Mit Dirigenten, die keine bloßen Museumskuratoren sind, sondern wahrhaftige Hohepriester in ihrem eigenen Heiligtum? Die symphonische Form *ist* zu einem Museum geworden, und wir sollten froh sein, daß wir es haben.

Das ist der erste Teil der Antwort. Der zweite Teil hat damit zu tun, daß der Verfall der symphonischen Form keineswegs das Ende des Komponierens von Werken für Orchester bedeutete. Ganz im Gegenteil. Die letzten 35 Jahre erlebten eine Fruchtbarkeit, die in der Geschichte der Musik kein Beispiel kennt; die Komponisten haben sich in allen Richtungen ausgetobt und dabei eine Fülle neuer Werke hervorgebracht – keine Symphonien, vielleicht, aber was tut's? Wo steht geschrieben, daß einzig und allein das, was wir als Symphonie bezeichnen, würdig ist, im Repertoire eines Symphonie-Orchesters aufzuscheinen?

Es existieren ganz hervorragende neue Werke von Carter und Berio und Crumb, von Boulez, Stockhausen, Foss, Rorem, Corigliano – und von Schuller selbst. Diese Werke stellen aber ganz neue Anforderungen an unser herkömmliches Symphonie-Orchester von siebzig Streichern, dreißig Bläsern und einer Handvoll Schlagzeugern.

Es gibt neue Arten, diese über hundert Instrumente zu gruppieren, neue Aufteilungen, neue Unterteilungen, Formationen mehrerer kleiner Orchester.

Es gibt neue elektronische Instrumente und die Einbeziehung von Tonband-Einspielungen.

Es gibt neue instrumentale Techniken, wie vieltönige Bläserklänge oder das Streicheln des Tam-Tam.

Manches darunter stellt nichts als eine geringfügige Veränderung des gewohnten Mahler-Orchesters dar; aber einiges ist doch von einschneidender Bedeutung.

Das wichtigste: die erwähnten Komponisten zwingen die Orchester-Musiker, mit neu-geschärften Ohren zu hören, vor allem die nicht-tonale Musik – und aufmerksamer aufeinander zu hören, vor allem bei aleatorischer Musik. Mit einem Wort: die Orchester-Musiker von heute haben etwa die gleichen Abenteuer zu bestehen, vor die Beethoven das Haydn-Orchester stellte, als er es in musikalisches Neuland führte. Oder Debussy das Orchester César Francks.

Das sogenannte Symphonie-Orchester hat eine zusätzliche Funktion übernommen, die von seiner Identität des klingenden Museums völlig verschieden ist: den fruchtbaren Boden, auf dem neue Orchestermusik gedeihen könnte, aufzubereiten. Damit beginnen wir das Hauptproblem klarer zu sehen, denn dieses Aufgabengebiet verlangt andere Zeiteinteilungen, andere Einstellungen, oft auch andere Leute als die, die bisher vor dem Altar Johannes Brahms' so gute Dienste geleistet haben.

Und da beginnen die Schwierigkeiten. Ist eine einzige Orchestervereinigung in der Lage, beide Funktionen auszufüllen und trotzdem Koussevitzkys Ziel der Vollkommenheit im Auge zu behalten – um vom Problem der Kompetenz nicht erst zu reden?

Viele sagen nein. Viele fragen: «Warum nicht zwei Museen? Haben wir nicht in New York das Metropolitan Museum *und* das Museum für Moderne Kunst? Haben nicht Boston und Philadelphia ihre Museen der schönen Künste *und* ihre Institute für Zeitgenössische Kunst? Warum sollte das beim musikalischen Museum nicht ebenfalls so gelöst werden können? Mit zwei verschiedenen Orchestern, zwei verschiedenen Chefdirigenten, zwei verschiedenen Abonnement-Zyklen?»

Warum das in der Musik nicht ebenso gelöst werden kann? Weil der Orchester-Musiker ein Lebewesen ist, ein Mensch, der alle Musik, die vor ihm da war, und alle Musik, die mit ihm da ist, in sich aufnimmt. Er ist kein Bild, das an der Wand hängt – und ein Orchester ist keine Ausstellung, nicht einmal eine Picasso-Ausstellung. Ein Musiker ist ein Pilger, der durch die Welt wandert, die er bewohnt. Sperrt man ihn ein – oder aus –, versteinert er. Und mit ihm das Orchester. Und damit das Publikum. Und damit die Kunst.

Aber woher nehmen wir, werden Sie jetzt fragen, die Zeit und die Energie, die es ermöglichen, daß all dies geschieht, ohne daß wir unsere Musiker durch Überarbeitung umbringen, ohne daß wir sie durch pausenlose stilistische Purzelbäume ins Irrenhaus bringen? Das, meine lieben Freunde, ist der Augenblick, wo ihr *euren* großen Auftritt habt: *eure* Ideenfülle, *eure* Erfindungskraft, *eure* Wendigkeit, *eure* Bereitschaft zur Zusammenarbeit und *euer* guter Wille können die Situation, in der wir uns befinden, noch retten.

Ich sehe ein, daß ich zu einer eher bunt zusammengewürfelten Versammlung spreche, die alle Aspekte der amerikanischen Orchesterwelt vertritt: zu Dirigenten und Managern, zu Agenten und Komponisten, zu Betriebsräten, Gewerkschaftsvertretern, Orchestermitgliedern, Direktionsmitgliedern, die mit Sicherheit alle begeisterte Musikliebhaber sind und höchstwahrscheinlich hierhergekommen sind, um eben deshalb zu beraten, wie sich die Situation retten ließe.

Außerdem nehme ich an, daß Sie alle in Ihrem eigenen Wirkungsbereich für fabelhaft ausgebildete, perfekte Fachleute gehalten werden – *und das ist ja das ganze Malheur.* Sokrates würde Ihnen sagen: «Experten, lernt voneinander; das ist der Moment, in dem eure Ausbildung zu *beginnen* hat – eine interdisziplinäre, fachübergreifende Ausbildung.»

Sie können gleich jetzt damit beginnen, hier in New York. Nützen Sie diese Woche als Sprungbrett und fahren Sie dann fort, einander besser und gründlicher kennenzulernen und zu verstehen. So wie jetzt kann es nicht weitergehen: daß die EINEN gegen die ANDEREN ausgespielt werden. Es darf nur noch die EINEN geben. ANDERE darf es nicht mehr geben, wenn unser Musikleben diese Krise überleben soll.

Leider bin ich weder Sokrates noch ein großer Kenner der amerikanischen Orchesterszene. Aber ich verfüge über eine lange, vielfältige Erfahrung, die ich mir hier und in anderen Kontinenten erworben habe. Vielleicht kann ich Ihnen ein paar Fingerzeige geben, wie man mit den EINEN wie mit den ANDEREN zurechtkommen könnte.

Zu den Dirigenten würde ich sagen: Versuchen Sie, zu einem subtileren Verständnis der Verantwortung, die Sie tragen, zu gelangen. Der Verantwortung gegenüber der Kunst im weitesten Sinn, der Verantwortung gegenüber Ihren Kollegen im Orchester, gegenüber der besonderen

Gemeinschaft, in der Sie leben. Vernachlässigen Sie nie die amerikanische Musik: sie ist der Lebensquell Ihres Repertoires, der ewige Jungbrunnen unseres Musiklebens. Reisen Sie weniger. Und wenn, dann reisen Sie mit Ihrem Orchester. Es gibt vieles, was Sie von Ihren Leuten lernen können.

Die Orchestermusiker würde ich beschwören: Haltet eure Liebe zur Musik in Ehren; verhindert, daß euch Quertreibereien und Schlaumeiereien je vergessen machen, aus welchem freudvollen Grund ihr am Anfang ins Orchester eingetreten seid; bewahrt euch euren Maßstab der Vortrefflichkeit – was viel mehr bedeutet als technisches Können oder Perfektion. Lassen Sie Ihren Dirigenten nie die Worte hören: «Wir wollen nur wissen, ob Sie es lauter oder leiser haben wollen», denn damit beginnt die Verdammnis, die fürchterliche Hölle, in der es nur noch lauter und leiser und sonst nichts mehr gibt. Hören Sie auf meine Warnung: mischen Sie sich nicht ins Management ein, es sei denn, Sie wären bereit, die finanzielle Verantwortung für Ihre Einmischung zu übernehmen. Was wohl kaum der Fall sein dürfte. Und noch etwas: Je mehr Sie im Management mitarbeiten, desto mehr Schwierigkeiten werden Sie mit Ihrer eigenen Gewerkschaft bekommen. Lernen Sie vom Management ebenso wie von Ihrem Dirigenten.

Zum Management würde ich viel mehr Dinge sagen, als mir heute möglich ist. Wenigstens *ein* unmißverständlicher Hinweis: Vergessen Sie die amerikanischen Dirigenten nicht. Sie sind da, in ausreichender Zahl und Güte, begabt, brillant, unvoreingenommen und nach Aufgaben dürstend. Amerika hat Weltklasse-Orchester hervorgebracht. Wir alle wissen das. Einige zählen zu den besten der Welt, jedes hat seinen besonderen Klang. Aber ist das unser wahres Ziel? Geht es nicht darum, daß diese Orchester in der Lage sind, nicht nur ihren eigenen, sondern jeweils den besonderen Klang, den der aufgeführte *Komponist* erfordert, zu entwickeln? Dieses Ziel wäre in Amerika leichter erreichbar als anderswo; es würde zu den Ruhmesblättern unseres Schmelztiegels zählen. Aber es läßt sich nur mit einem amerikanischen Dirigenten erreichen, der umfassend und international Wurzeln geschlagen hat und nicht bloß in einem Konservatorium oder einer Hochschule verwurzelt ist.

Ein Wort zu den Impresarios: auch Sie dienen der Musik. Dienen Sie ihr mit aller Macht, anstatt mit ihrer Hilfe selber nach Macht zu streben.

Den Vertretern der Gewerkschaft ein bleischwerer Fingerzeig: Vergessen Sie nie, daß ein Symphonieorchester kein Achter mit Steuermann ist. Damit lasse ich's bewenden.

Und was soll ich den Kuratoren und Direktionsmitgliedern sagen? Dasselbe: *Lernen* Sie. Lernen Sie von all den anderen, denen meine bisherigen Worte gegolten haben. Erziehen Sie sich dazu, sie zu verstehen. Vor allem uns Musiker. Wir Musiker sind seltsame Leute, aber wir sind nicht unvernünftig und voll von Zuneigung. Stecken Sie Ihre Köpfe mit den unseren zusammen und finden, erfinden Sie neue Arten, Konzerte zu geben und die landesübliche Konzertpraxis zu entkrampfen. Finden, erfinden Sie neue und einfallsreiche Möglichkeiten der Arbeitsteilung und verlieren Sie die Kammermusik, in welcher Besetzung auch immer, nie aus den Augen.

Erziehen Sie sich zu alledem so, daß Sie in der Lage sind, auch Ihrerseits diejenigen zu erziehen, für die Sie die Verantwortung tragen, in erster Linie das Musikpublikum. Was ist eigentlich aus den Konzerten für junge Leute geworden? Und warum haben die Fernsehübertragungen von Orchesterkonzerten ihre erzieherischen Elemente für das Blendwerk von Kamera-Kunststücken aufgegeben? Das müssen Sie abstellen. Natürlich gehört Geldverdienen auch zu Ihren Aufgaben. Aber diese Kunst beherrschen Sie ohnehin vorzüglich, so daß ich mir alle diesbezüglichen Ratschläge sparen kann.

Liebe Freunde, und ich meine Sie alle: interdisziplinäre, fachübergreifende Erziehung kann Wunder wirken. Verständnis und Flexibilität können Wunder wirken. Ja, auch Geld kann Wunder wirken. Aber woher kommt die Energie, die nötig ist, um alle diese Wunder in Gang zu setzen. Ich kann Ihnen sagen, woher sie kommt, woher sie seit jeher gekommen ist: von der Liebe zur Musik, von der puren ästhetischen Verzückung um diese geheimnisvollste und beseligendste Kunstform, von unserer eigenen Lust, von unserem Zukunftsglauben, von unserer Freude und von unserer Hingabe an eine Kunst, der zu dienen wir geschworen haben. Ich bitte Sie alle, diesen Schwur jetzt noch einmal mit mir zu tun: «Ich wärrde nicht aufherren, bevor es nicht schönärr ist!» Gott befohlen und vielen Dank.

Referat auf der Jahrestagung der Vereinigung amerikanischer Symphonie-Orchester-Verbände, 18. Juni 1980

«Ohne Anfang, ohne Ende . . .»

Als ich Nadja das letzte Mal besuchte, hatte sie ihren letzten Geburtstag. Ich glaube nicht, daß sie wußte, daß sie Geburtstag hatte; sie lag schon im Koma. Aber die Natur schien es zu wissen, denn sie hielt für diesen Anlaß einen unvergeßlich strahlenden September-Sonntag bereit, an dem das intensive, satte Blau des wolkenlosen Himmels mit dem nicht minder satten Grün der Gärten von Fontainebleau im Wettstreit lag. Die Luft zitterte. An diesem Tag schien mich alles unwiderstehlich nach Fontainebleau zu treiben: mein einziger freier Nachmittag während dreier Wochen harter Arbeit in Paris; das einmalig heitere Wetter; die Gewißheit, daß es das letzte Mal sein würde, sie zu sehen. Dagegen allerdings sprachen einige nicht mißzuverstehende Warnungen seitens ihrer engsten Freunde und Behüter: ein solcher Besuch könnte Mademoiselle aufregen und erschöpfen; sie könne nicht mehr sprechen und würde mich keinesfalls mehr erkennen. *Tant pis:* ich besuchte sie, wie aus einem inneren Zwang.

Von der engelgleichen, angstgeplagten Demoiselle Dieudonné und einer Krankenschwester mit dem Zeigefinger an den Lippen ins Schlafzimmer geleitet, erhielt ich im Flüsterton den unmißverständlichen Befehl: «Nur zehn Minuten.» Wie sich herausstellte, dauerte mein Besuch beinahe eine Stunde.

Nadja war wunderschön gekleidet und gepflegt, als wäre sie schon für den Sarg bereit. Ein Kreuz schimmerte an ihrem Hals: ihre Augen und ihr Mund waren geschlossen. Das Koma schien ihr ganzes Gesicht geschlossen zu haben. Ich kniete neben dem Bett – in schweigender Vereinigung. Auf einmal: der Schock ihrer Stimme – tief und stark wie stets. (Woher kam sie? Ihre Lippen schienen sich nicht zu bewegen. Woher?) – «Wer ist da?» Ich konnte vor Schreck nicht antworten. Vor ihren Lippen bewegte die Dieudonné warnend ihren Zeigefinger. Schließlich wagte ich doch ein Wort: «Lenny, Leonard . . .» Stille. Hörte sie? Wußte sie? «Cher Lenny . . .» Sie wußte; es war ein Wunder. Ermutigendes Zeichen von der Dieudonné. Ich drängte weiter: «Chère amie, wie fühlen Sie sich?» Pause. Dann wieder dieser tiefe Baß (und abermals durch bewegungslose Lippen): «. . . so stark.» Ich holte tief Atem. «Sie meinen . . . innerlich?»

«. . . ja. Aber der Körper . . .» – «Ich verstehe», sagte ich schnell, um ihre Anstrengung zu verkürzen, «ich gehe jetzt. Sie müssen sehr müde sein.» – «Nicht müde. Gar nicht . . .» Eine längere Pause, und ich begriff, daß sie wieder in Schlaf gefallen war.

Die erstaunten anwesenden Damen gaben mir Zeichen zum Aufbruch, aber etwas hielt mich fest; ich war unfähig, mich von den Knien zu erheben. Ich wußte, etwas mußte noch kommen, und nach einigen Minuten kam es auch: «Nicht weggehen.» Keine Bitte, ein Befehl. Ich suchte verzweifelt nach Worten und wußte, ich würde nie die richtigen finden. Dann hörte ich mich fragen: «Hören Sie Musik in Ihrem Kopf?» – «Die ganze Zeit. Die ganze Zeit.» Das machte mir Mut. Ich fuhr fort, als wären wir in einer alltäglichen Konversation: «Und was hören Sie jetzt, in diesem Augenblick?» Ich dachte an

ihre Lieblingskomponisten: «Mozart? Monteverdi? Bach? Strawinsky? Ravel?» Lange Pause. «Eine Musik ... (sehr lange Pause) ... ohne Anfang, ohne Ende ...»
Sie war schon drüben. Auf der anderen Seite.

Erstmals in einem Sammelband
von Erinnerungen an Nadja Boulanger
1981 veröffentlicht

Promotionsrede für die Studenten der Johns-Hopkins-Universität

Präsident Muller, sehr ehrenwerte Dekane,
meine sehr verehrten Professoren,
hochwürdige Geistlichkeit!

Ich danke Ihnen vielmals für die Ehre, diese Rede halten zu dürfen. Beim Versuch, dieser Ehre gerecht zu werden, fallen mir die berühmten Worte ein, die Ihr erster Präsident, Daniel Gilman, anläßlich der Eröffnung der medizinischen Fakultät ausgesprochen hat: «Eine Universität verfehlt ihr Ziel, wenn sie neunmalkluge Schulmeister oder bloße Handwerker oder pfiffige Besserwisser oder Praktiker voller Dünkel hervorbringt ... Es ist nicht so sehr die Vermittlung von Wissen die eigentliche Aufgabe einer Universität, als Appetit auf Wissen zu erregen ...»
An diesem Punkt möchte ich fortsetzen und bitte um die Erlaubnis, nun direkt zu den zu Promovierenden sprechen zu dürfen.

Meine lieben jungen Freunde!
Für das, was ich zu sagen gedenke, habe ich mir am vergangenen Sonntag ein paar Notizen gemacht – an einem kalten, verregneten Sonntagvormittag. Ich hatte gerade die Sonntagsausgabe der «New York Times» weggelegt – beziehungsweise den Teil, den ich lesen konnte, ohne mein Frühstück zu ruinieren –, starrte abwechselnd auf

den grauverhangenen Himmel draußen und auf den leeren Notizblock vor mir und versuchte, die erbarmungslos schlechten Nachrichten zu verdauen, die ich über diese, über unsere Welt lesen hatte müssen; dann versuchte ich, aus ihnen etwas herauszulesen, was als Grundlage für diese Promotionsrede hätte dienen können; dann versuchte ich, sie zu verdrängen, damit mein Gehirn völlig ungehindert etwas Hoffnungsvolles erfände, das ich euch, ihr glücklichen, in die Welt hinausziehenden Promovierten, hätte zurufen können. Denkste – um meine Mutter zu zitieren. Und ich erzähle euch das alles bloß deshalb, damit ihr Verständnis für mich habt, wenn ich unversehens etwas sage, das aus dem Frösteln dieses Sonntagvormittags und aus dieser Zeitung herzurühren scheint.

Wie auch immer: an diesem Sonntagvormittag begann ich, Notizen zu machen, und stellte mir vor, ich sei an eurer Stelle. Ich versuchte mir auszudenken, was ihr wohl von mir zu hören erwartet. Daß ihr eine brillante Ausbildung genossen habt? Daß die Welt euer sei? Daß ihr hinausgehen und sie euch nehmen sollt? Ihr seid viel zu gewitzt, um auf solche Beruhigungsmittel anzusprechen.

Oder erwartet ihr eine eher moralisierende Tonhöhe, in der euch empfohlen wird, ihr möget euren erworbenen Idealismus über euren angeborenen Materialismus obsiegen lassen? Nein, sagte ich mir an diesem Sonntagvormittag, das darf keine Predigt werden, und ich darf nicht als Priester auftreten. Aber vielleicht sollte ich als Künstler kommen, als der Musiker, der ich bin, und euch erzählen, wie es um Herz und Hirn eines Künstlers bestellt ist, wenn er mit dem konfrontiert wird, was wir so sorglos die Wirklichkeit nennen.

Vor zwei Weltkriegen stellte der große irische Dichter Yeats eine Wirklichkeit fest, die der heutigen bemerkenswert ähnlich war. «Die Dinge zerfallen; der Mittelpunkt kann sie nicht halten» begann er sein kurzes, alles zerschmetterndes Gedicht: «The Second Coming».

> Die blutgetünchte Flut ist losgelassen, und überall
> Ertränken sie die Herolde der Unschuld.

Und dann kommen zwei Zeilen, die einem kalte Schauder einjagen, denn sie klingen, als seien sie gestern geschrieben worden:

> Den Besten mangelt es an Überzeugung, indes die
> Schlechtesten
> Voll passioniertem Eifer sind.

Das klingt leider sehr vertraut. Und wie reagierte Yeats auf dieses frieren machende Bild, das er selbst entworfen hatte? Er reagierte, wie alle Künstler dies tun, mit einer Vision: mit der Vision einer unbarmherzigen Erlösung. Ich bin sicher, daß ihr euch alle an das Bild vom struppigen Tier erinnert, das sich nach Bethlehem schleppt, um geboren zu werden. Wer könnte dieses Bild vergessen? Und dieses Bild, diese Vision alarmiert und erschreckt uns heute genauso wie die Leser dieses Gedichtes vor sechzig Jahren. Gleichzeitig aber gelingt es diesem Gedicht, uns durch sein bloßes Vorhandensein, seine vollendete Schönheit, seinen ästhetischen Gehalt zu trösten und aufzurichten. Wie alle große Kunst, vermittelt es uns, daß wir irgendwo draußen Schutzengel haben:

Künstler, die Propheten unserer Zeit, die Horizonte abtasten, die wir nicht wahrnehmen können. Yeats sah weit über die Wirklichkeit hinaus und erblickte ein unzerstörbares Wunschbild.

Jeder Künstler ringt mit der Wirklichkeit mittels seiner Einbildungskraft. Diese Einbildungskraft, allgemein bekannt unter dem Namen Phantasie, ist sein größter Schatz, das Rüstzeug für sein ganzes Leben. Und da seine Arbeit sein ganzes Leben ist, wird seine Phantasie fortwährend strapaziert. Sein Leben ist geträumt. Psychologen behaupten, daß die Phantasie eines Kindes im sechsten oder siebten Lebensjahr ihren Höhepunkt erreicht und dann langsam eingedämmt und zurückgedrängt wird, um sich dem Verhalten der Erwachsenen, also der Wirklichkeit, anzupassen. Leider.

Vielleicht ist es dieser Umstand, der die Künstler von den gewöhnlichen Leuten unterscheidet: daß die Antriebskräfte ihrer Phantasie nicht eingedämmt wurden, daß sie sich im erwachsenen Zustand mehr von ihren Kinderphantasien bewahren konnten als «normale» Menschen. Das bedeutet keineswegs, daß der Künstler nur der kindhafte Wirrkopf sei, der er aller romantischen Tradition zufolge sein sollte; er ist normalerweise durchaus imstande, sich die Zähne zu putzen, sein Liebesleben zu koordinieren und im Taxi ein Trinkgeld zu geben.

Wenn ich von seiner *Einbildungskraft* spreche, meine ich nicht einen Dauerzustand der Geistesabwesenheit, sondern das Wirken unaufhörlicher Einbildungskräfte, die seine schöpferischen Aktivitäten ebenso beflügeln und beeinflussen wie seine Reaktionen auf das, was sich um ihn herum ereignet. Und dieser Kreativität, diesen von der Phantasie diktierten Reaktionen, entspringen nicht leere Träume, sondern Wahrheiten – diese fortdauernden Wahrheits-Ablagerungen, Wahrheits-Bezugssysteme, die uns beleben, von Praxiteles bis Picasso, von Dante bis James Joyce.

Die Gabe der Phantasie ist aber keineswegs ausschließlicher Besitz der Künstler; dieser Gabe sind wir alle teilhaftig; bis zu einem gewissen Grad sind wir alle, seid ihr alle im Besitz der Macht, Phantasie spielen zu lassen. Der dümmste Dummkopf unter uns hat die Gabe, in der Nacht Träume zu haben – Visionen und Sehnsüchte und Hoffnungen. So wie jeder denken kann. Der Unterschied liegt bloß in der Güte des Denkens – nicht bloß des logischen Denkens, sondern auch des aus der Phantasie heraus Gedachten. Unsere größten Denker, die, die unsere Welt von Grund auf verändert haben, sind auf ihre Wahrheiten gestoßen, als sie sie träumten: zuerst waren sie bloß Einbildungen, dann ging man ihnen nach und konnte schließlich ihre Realität beweisen. Dies gilt für Plato und Kant, für Moses und Buddha, für Pythagoras und Kopernikus, für – ja, gewiß – Marx und Freud und seit neuestem auch für Einstein, der immer wieder darauf hinwies, daß Phantasie wichtiger als Wissen sei. Er sprach offen aus, daß er seine Relativitätstheorie längst erträumt hatte, ehe er beweisen konnte, daß sie wahr sei.

Aber was ist wahr? Sind die Lehrsätze Newtons plötzlich weniger wahr, weil sie von Einsteins physikalischen Lehrsätzen verdrängt wurden? Hat Wittgenstein Plato aus den philosophischen Seminaren zu verdrängen vermocht? Die Vorstellung, daß die Erde flach sei, war nie eine Wahrheit. Sie war bloß eine Vorstellung. Daß die Erde rund ist, ist hingegen eine nachgewiesene Wahrheit; sie mag eines Tages durch einen neuen Rundungsbegriff modifiziert werden, aber ihren Wahrheitswert wird sie nicht verlieren, modifiziert oder nicht. Wahrheiten sind ewig; deswegen sind sie so schwer zu entdecken. Plato verkündete absolute Wahrheiten, Einstein relative. Beide waren im Recht. Beider Visionen sind Produkte der Phantasie. Sogar Hegel, der unerbittliche Dialektiker, stellte fest, daß die Wahrheit ein bacchanalisches Gelage ohne einen einzigen nüchternen Teilnehmer sei. Gut gesagt, lieber Georg Wilhelm Friedrich, wir hören deine helle, klare Stimme: um sich auf die Suche nach der Wahrheit begeben zu können, muß man trunken von Phantasie sein.

Aber was hat all das mit euch zu tun, oder mit der scheußlichen Wirklichkeit, die uns jeden Tag begegnet? Alles. Denn ihr seid die Generation der Hoffnung. Wir zählen auf euch – und auf eure Phantasie –, zählen darauf, daß ihr neue Wahrheiten finden werdet und wahre Antworten – nicht bloße Augenauswischereien – auf die Pattsituationen, die rund um uns aus dem Boden schießen. Ihr fragt, wie ihr zu der Ehre kommt. Warum wir euch die Last unseres ganzen Hoffens auferlegen. Ich werde den Versuch unternehmen, euch das zu erklären.

Die Generation, die euch voranging, war eine recht passive, und das war kein Wunder. Sie war die erste Generation, die in eine atomare Welt hineingeboren wurde, wer ihr angehörte, hatte die schreckliche Bombe als eine der grundlegenden Gegebenheiten des Lebens zu akzeptieren. So ist es. Die Welt ist eben eine qualitativ andere geworden. Sie waren nun einmal die Hiroshima-Generation. Ihr müßt verstehen, daß es das ist, was zu einer abgrundtiefen Passivität geführt haben könnte, zu einem ausschließlichen Eigennutz-Denken, zur Philosophie, soviel wie möglich zusammenzuraffen, solange noch Zeit dazu ist. Wozu noch kommt, daß diese «Ich bin mir selbst der Nächste»-Generation in ihrer Passiv-Philosophie vom unglaublichen Vordringen des Fernsehens gefördert wurde: sie war die erste Generation, die vom Bildschirm erzogen und an ihn gefesselt worden war – mit all den Versprechungen der Sofortbefriedigung, wie sie der Werbung, aber auch dem Umstand zugrunde liegen, daß ein Knopfdruck genügt, um sofort befriedigend unterhalten zu werden. Wenn man als drittes Element den ständig wachsenden Genuß an Rauschgift hinzufügt, haben wir das Patentrezept für Passivität beisammen. Die Folge: entweder irgendein Aussteigen aus der Gesellschaft oder ein irrer Wettlauf um den Nadelstreif mitsamt dem Zwang zum täglichen Kampf um den Erfolg in einer höchst zynisch materialistischen Art und Weise. Ich brauche nicht zu erwähnen, daß keine der beiden Wahlmöglichkeiten in bezug auf phantasievolles Denken Bemerkenswertes hervorgebracht hat.

Eure Generation aber ist anders. «Woher wissen Sie das so genau?» kann ich euch fragen hören. «Wir leben ebenfalls unter der schrecklichen Bombendrohung, wir haben auch unser Fernsehen, unser Rauschgift, unsere Sofortbefriedigung. Ein paar von uns haben sich sogar schon für einen Nadelstreif Maß nehmen lassen.»

Ihr seid trotzdem anders, weil ihr eine *Aussicht* habt, und das ist ein unschätzbares Kapital. Ihr seid Lichtjahre von der euch vorausgegangenen Generation entfernt, auf die all das auf einmal und ohne Vorwarnung hereingebrochen war. Ihr seid die erste Generation seit Hiroshima, die einen Blick zurückwerfen und sagen kann: «Danke – nichts für uns.»

Ihr habt die unfruchtbaren Denkweisen eurer Vorgänger kennengelernt, ihr habt den Vietnam-Krieg miterlebt, Watergate und all die anderen zur Vorsicht mahnenden Begebenheiten eurer zwei Jahrzehnte. Deshalb seid ihr eine neue und andere Generation, mit klarem Verstand, zu neuem Denken bereit – zu *phantasievollem* Denken –, *wenn* ihr dazu bereit seid, eure Phantasie weiterzuentwickeln. Zumindest könntet ihr eine solche Generation sein.

Das sind die Fragen, die ich euch zu stellen habe und die auch ihr euch stellen müßt:

Seid ihr bereit, euren Verstand aus den Fängen eines engen, konventionellen Denkens und aus den Zwängen eines unerbittlichen logischen Positivismus zu befreien?

Seid ihr bereit, euch niemals in jenen Zustand der Passivität versetzen zu lassen, in dem man sich betäubt mit dem Status quo zufriedengibt?

Seid ihr im Besitz von genügend Phantasie, um euch selbst vom Dunstkreis des kalten Krieges lösen zu können, der sich in diesen achtziger Jahren wieder zeigt – mit all seinen Siebensachen wie noch mehr Grenzen, noch mehr Schranken, noch mehr Mauern, in puncto Völker und Länder, Rassen und Klassen?

Viel zu viele sprechen von einem Dritten Weltkrieg, als

wäre er nicht nur vorstellbar, sondern eigentlich unvermeidlich. Ich sage euch dies: Er ist weder vorstellbar noch unvermeidlich, und das ganze pseudo-fachmännische Gerede über die Größenordnungen der Überlebenschancen in den Städten A und B oder in den Gebieten X und Y im Falle eines Atomangriffes ist dummes, gefährliches Geschwätz.

Was soll überlebt werden? Wie soll überlebt werden? Warum soll überlebt werden? In dem jetzt häufig strapazierten Wortgebilde *Overkill* ist der Gipfelpunkt der Absurdität erreicht: was um Himmels willen hat es für einen Sinn, feierlich Verhandlungen zu beginnen, damit die Overkill-Rate von 89 auf 84 sinkt? Oder von mir aus auch von 2 auf 1?

Eine einzige Dosis Overkill genügt, um unseren Planeten auszulöschen. Und je länger dieses sinnlose Gerede dauert, desto weiter breitet das Atomwaffen-Arsenal sich aus. Der Verstand bleibt stehen.

Was tut man, wenn der Verstand stehenbleibt? Man belebt ihn mit der Kühnheit seiner Phantasie. Deshalb frage ich euch zum zweiten Mal:

Seid ihr bereit und tapfer genug, euren Verstand aus den Zwängen zu befreien, die wir Älteren ihm aufgezwungen haben?

Seid ihr bereit, es – wie die Künstler – anzuerkennen, daß das Leben des Geistes Vorrang vor dem tätigen Leben hat und dieses bestimmt?

Seid ihr bereit, von der Annahme auszugehen, daß unsere Gesellschaft um so gesünder, um so fruchtbringender sein wird, je reicher und schöpferischer das Geistesleben sich zu entfalten vermag?

Wenn ihr bereit seid, all das auf euch zu nehmen – und ich behaupte nicht, daß es etwa leicht wäre –, dann muß ich euch fragen, ob ihr auch bereit seid, alle sich daraus ergebenden Schlußfolgerungen als richtig anzuerkennen, vor allem die härteste unter ihnen: daß Krieg ein Unding ist.

Unser nuklearer Wahnwitz hat ihn zu einem Unding gemacht, so daß er uns heute wie eine schlechte Gewohnheit von früher vorkommt, wie ein ritueller, stammesüblicher Kniefall vor der Vermessenheit eines ungeheuren Nationalismus, eines Gesichtwahrens, blinden Eifers, Fremdenhasses und, vor allem, einer ungeheuren Habgier.

Findet ihr nicht auch, daß das endlose, sinnlose Aufstapeln von Atomraketen strafbar, ja: unzüchtig ist?

Findet ihr nicht auch, daß es grundfalsch ist, wenn die großen Nationen den Großteil ihres Vermögens in Waffen anlegen, statt es für Schulen, Spitäler, Bibliotheken, für lebenswichtige medizinische Forschung, für die Erschließung von Energiequellen, für die Erhaltung unserer Umwelt auszugeben?

Warum führen wir uns wie Selbstmörder auf?

Ich kann euch nicht mit den sachkundigen Antworten dienen, mit denen euch ein Politiker, ein Nationalökonom, ein Soziologe sofort versehen könnte. Das sind nicht meine Fächer. Ich bin Künstler und kann nur feststellen, daß wir unsere Phantasie nicht neue Blüten treiben lassen. Die Wunschträume, denen wir uns hingeben, sind noch immer die alten, stammesähnlichen: sie entspringen der Habgier, dem Machtdurst, dem Überlegenheitsgefühl. Wir haben neue Wunschträume bitter nötig.

Nur wenn wir sie Wirklichkeit werden lassen können, wird es uns gelingen, unsere Erde zu einem sicheren Ort werden zu lassen, statt zu einer zusammengewürfelten Ansammlung von Gesellschaftssystemen, die sich von Krise zu Krise weiterschleppt, bis sie die Selbstzerstörung erreicht hat.

Man versichert uns immer wieder, daß es auf dieser Welt zwanzigmal mehr Nahrungsmittel gibt, als nötig wären, den Hunger aller lebenden Menschen zu stillen, und daß genug Wasser da ist, um alle Wüsten zu bewässern. Die Welt ist reich, die Natur ist freigebig, wir haben alles, was wir brauchen. Warum ist es aber dann so schwer, allen Menschen ein gewisses Lebensminimum zu sichern? Einen Lebensstandard, unter den kein Mensch sinken dürfte? Noch einmal: wir brauchen Phantasie, Wunschträume – neue Wunschträume. Und die Leidenschaft und den Mut, sie Wirklichkeit werden zu lassen. Stellt euch nur vor, welche Wunder wir wirken könnten, welche neuen Wahrheiten, welche Königreiche an Schönheit wir entdecken könnten, würden all die Aufwendungen an Phantasie, die gegenwärtig an die Erfindung neuer Machtideologien und neuer Waffensysteme verschwendet werden, ausschließlich für Zwecke der Abrüstung eingesetzt.

Unmöglich, sagt ihr? Undenkbar, abzurüsten, ohne sich der Vernichtung preiszugeben? Okay. Träumen wir gemeinsam einen Wunschtraum. Gleich jetzt. Und zwar einen phantastischen Wunschtraum! Nehmen wir an, irgendeiner von uns hier wäre Präsident der Vereinigten Staaten geworden, ein sehr phantasievoller Präsident, fest entschlossen, abzurüsten, vollständig und einseitig.

Ich sehe eure alarmierten Gesichter: dieser verrückte Künstler schlägt einen Wahnsinn vor. Das geht nicht. Ein Präsident ist kein Diktator. Wir leben in einer Demokratie. Der Kongreß würde nie seine Zustimmung geben, der Mann auf der Straße würde aus verletztem Nationalstolz aufheulen und alles würde Verrat wittern. Das geht nicht.

Natürlich geht es nicht, wenn jedermann sofort behauptet, daß es nicht gehe. Aber strengen wir doch unser Vorstellungsvermögen an. Nehmen wir uns vor, einen Wunschtraum zu träumen. Probieren wir's mit einem Knopfdruck auf die Phantasie. Haben wir den Mut zur Vereinfachung. Also gut. Irgendwer steht im Kongreß auf und verlangt, daß der Präsident zum Rücktritt gezwungen werde, weil er in ein Irrenhaus gehöre. Die anderen werden ihm beipflichten. Aber stellt euch bloß vor, ein oder zwei Senatoren oder Kongreßabgeordnete erfassen, was der Präsident im Sinn hat, begreifen, daß seine verrückte Idee vielleicht der großartigste Gedanke ist, der in der Geschichte der Menschheit je von einem Sterblichen gefaßt wurde. Und stellt euch weiter vor, diese zwei, drei Politiker besäßen eine fast hypnotisierende Rednergabe. Sie könnten ansteckend wirken – laßt euren Knopf nicht los! –, könnten den Mann von der Straße überzeugen, der dann statt aufzuheulen über sich selbst hinauswüchse und für die Verwirklichung dieses beispiellosen Vorschlages, dieses Aktes der Stärke und des Heldentums einträte. Vielleicht gäbe es sogar Menschen, die fänden, dies sei das edelste aller Opfer – weit edler, sicherlich, als die Opferung der eigenen Kinder auf den Schlachtfeldern von Armageddon. Dieser

Stolz, dieser frohe Mut könnte sich ausbreiten – fest auf euren Knopf weiterdrücken! – und vielleicht werden uns sogar unsere Verbündeten Beifall spenden. Es gibt die winzige Möglichkeit, daß sich das alles verwirklichen ließe.

Also? Ich kann eure Gedanken lesen: Die Sowjetunion wird kommen und uns in die Tasche stecken. Würde sie wirklich? Was fingen die Russen mit uns bloß an? Warum sollten sie ein so ungeheures und problematisches Staatswesen wie das unsere regieren und verwalten wollen? Noch dazu auf englisch! Außerdem: Wer ist das, die Sowjetunion? Wer sind ihre Führer? Ihre Armee? Ihre Völker? Der einzige Grund, den die Armee fände zu kämpfen, wären die Befehle ihrer Führer. Aber wie kämpft eine Armee, wenn sich kein Feind zeigt? Der hypothetische Feind hat sich in 200 Millionen lächelnde, starke, friedfertige Amerikaner verwandelt.

Träumt weiter! Das russische Volk will sicherlich keinen Krieg; es hat schon zu viel gelitten; wahrscheinlicher ist es wohl, daß es seine kriegslüsternen Führer absetzen – laßt euren Knopf nicht los! – und die Union der Sozialistischen Sowjetrepubliken in einen demokratischen Bundesstaat umwandeln wird.

Denkt an die Beispielsfolgerungen für die ganze Welt. Denkt an die Erleichterung, sich nicht mehr aufplustern, nicht mehr mit dem Säbel rasseln, nicht mehr sein Gesicht retten zu müssen! Denkt an den riesigen neuen Reichtum, der zur Verfügung stünde – träumt weiter, weiter! – und dazu diente, das Leben tatsächlich reich, schön, rein, sexy, gedankenvoll, erfindungsreich, gesund, lustig zu gestalten. Und es würde so viele neue

Dinge zu tun, zu erfinden, zu bauen, zu versuchen, zu kaufen, zu verkaufen geben.

Nun: vielleicht würde es nicht funktionieren. Aber einiges in diesem Wunschtraum hat euch sicher eingeleuchtet – ist euch zumindest als möglich erschienen. Und wenn auch nur ein Samenkorn einer Idee seinen Weg in eine einzige Gehirnzelle dieser großen Versammlung gefunden hat und dort weiterwachsen kann – dann habe ich erreicht, was ich wollte. Und immerhin werdet ihr zuallerletzt zugeben müssen, daß nichts von dem, was ich vor mich hin phantasiert habe, unvorstellbar ist – auch wenn ich nur ein mondsüchtiger Künstler bin. Immerhin: Wir haben es uns gemeinsam vorgestellt, haben gemeinsam unseren Wunschtraum geträumt, und das war weiß der Himmel besser, als hätten wir versucht, uns Armageddon auszumalen, die Vernichtung der Menschheit, die zumindest für *diesen* Künstler hier unvorstellbar ist. Und dieser Künstler fordert euch auf, weiterzuträumen, alle eure Phantasien durchzuträumen, solange noch Zeit zum Träumen ist.

Ihr seht, was ich angerichtet habe. Trotz aller guten Vorsätze habe ich euch gesagt, daß ihr euch die Welt erobern müßt; ich habe vermutlich sogar gepredigt. Verzeiht mir. Hoffnung, Hoffnung im Windschatten meiner Verzweiflung, hat mich mitgerissen. Diese Hoffnung seid ihr, meine lieben jungen Freunde. Gott behüte euch.

Rede, gehalten am 30. Mai 1980

Anhang

Register

Das Register enthält Namen und Eigennamen dieses Buches, die manchem europäischen Leser nicht geläufig und in deutschsprachigen Nachschlagewerken nicht ohne weiteres aufzufinden sein mögen. Namen allgemein bekannter Persönlichkeiten wurden nur dann in dieses Register aufgenommen, wenn die Daten ihres Lebens für das bessere Verständnis des Buches von Bedeutung sind.

ALESSANDRESCU Alfred (1893–1959), rumänischer Komponist, Pianist und Dirigent, von 1921 bis zu seinem Tod erster Kapellmeister der Bukarester Oper.

ARMAGEDDON: Der Kampf zwischen dem Guten und dem Bösen am Tag des Jüngsten Gerichts (Offenbarung Joh., 16: 14–16).

AUDEN Wystan Hugh (1907–1973), englischer Dichter, dessen Werk «The Age of Anxiety» (1947; dt.: «Das Zeitalter der Angst») L. B. zu seiner II. Symphonie inspirierte, die den Namen dieser Dichtung trägt.

BAY OF PIGS («Schweinebucht»), Küstenstrich Kubas, an dem ein von Exilkubanern 1961 mit Hilfe der USA unternommener Versuch, das Castro-Regime zu stürzen, kläglich scheiterte.

BERIO Luciano (* 1925), italienischer Avantgarde-Komponist, 1965–1972 auch Professor für Komposition an der Juilliard School of Music in New York.

BERNSTEIN Alexander Serge (* 1955), aus New York, Sohn L. B.'s.

BERNSTEIN Burton (* 1932), aus Boston, Massachusetts, USA, Redakteur der Zeitschrift «The New Yorker» und Buchautor, unter anderem von «Family Matters» (1982), einer Familiengeschichte der Bernsteins. Bruder L. B.'s.

BERNSTEIN Felicia Montealegre, gebürtige Chilenin († 1978), Gattin L. B.'s, den sie 1951 geheiratet hatte. Unter ihrem Mädchennamen Felicia Montealegre war F. B. zeitlebens eine gefeierte Schauspielerin in New York.

BERNSTEIN Jamie (* 1952), aus New York, Tochter L. B.'s.

BERNSTEIN Jenny geb. Resnik (* 1898), aus Schepetowka in Rußland, ausgewandert 1905 in die USA, Mutter L. B.'s.

BERNSTEIN Leonard (* 1918), aus Lawrence, Massachusetts, USA, Autor dieses Buches.

BERNSTEIN Nina (* 1962) aus New York, L. B.'s Tochter.

BERNSTEIN Samuel J. (1892–1969), aus Beresdow, Rußland, ausgewandert 1908 in die USA, Vater L. B.'s.

BERNSTEIN Shirley (* 1923), Schwester L. B.'s.

BLITZSTEIN Marc (1905–1964), amerikanischer Komponist «gesellschaftsrelevanter» Bühnenwerke, wie sie in Deutschland von Brecht und Weill geschaffen worden waren («The Cradle Will Rock», «Regina», etc.).

BLOCH Ernest (1880–1959), aus der Schweiz stammender Musiker, der sich stets als jüdischer Komponist verstand. («Trois poèmes juifs», «Schelomo», Rhapsodie für Cello und Orchester, etc.).

BLOCH Ernst (1885–1977), deutscher Philosoph, Verfasser u. a. des von L. B. bewunderten Werkes «Das Prinzip Hoffnung».

BOK Mary Louise geb. Curtis (1876–1970), amerikanische Mäzenin, die 1924 mit einer Stiftung von 12 Millionen Dollar das nach ihrer Mutter benannte Curtis-Institut in Philadelphia gründete.

BOULANGER Nadja (1887–1980), französische Organistin, Pianistin und Dirigentin und (seit 1920) Professorin an der École Normale de Musique in Paris.

BOULEZ Pierre (* 1925), Komponist und Dirigent, führender Musiker seiner Generation in Frankreich, 1969–1977 Nachfolger Bernsteins an der Spitze der New Yorker Philharmoniker.

BRUBECK Dave (* 1920), amerikanischer Pianist, berühmt durch seine z. T. auf Improvisation beruhenden Jazz-Improvisationen.

CAGE John (* 1912), amerikanischer Avantgarde-Komponist, der als erster u. a. das «präparierte» Klavier als Musikinstrument benützte.

CAPOTE Truman (* 1924), amerikanischer Dichter und Schriftsteller («Die Grasharfe», «Kaltblütig»).

CARTER Elliott (* 1905), bedeutender amerikanischer Komponist, der, wie L. B., an der Longy School of Music und an der Uni-

versität Harvard ausgebildet
wurde.

CASALS Pablo (1876–1973), welt-
berühmter Cellist, der Spanien
aus Protest gegen Franco verließ
und sein Leben in Puerto Rico
beschloß.

CHAMBERS Whittaker (* 1901),
ehemaliger Herausgeber der
Zeitschrift «TIME» und Kron-
zeuge gegen den Diplomaten Alger Hiss (s. d.).

CHAMINADE Cécile (1857–1944),
französische Komponistin salon-
musikartiger Musikstücke, die in
Frankreich, England und in den
USA zeitweise ungeheuer populär waren.

CHÁVEZ Carlos (1899–1978),
mexikanischer Komponist,
Gründer und Chefdirigent des
ersten mexikanischen Symphonie-Orchesters.

COCTEAU Jean (1889–1963),
französischer Dichter, Schriftsteller und Zeichner, u. a. Freund
Diaghilews und Strawinskys.

COHEN Bernard I. (* 1914), Professor in Harvard, Autor mehrerer Werke über Benjamin Frank-
lin und Isaac Newton.

COPLAND Aaron (* 1900), amerikanischer Komponist und Diri-

gent, der vor allem in den dreißiger und vierziger Jahren großen
Einfluß auf L. B. ausübte.

CORIGLIANO John (* 1938), amerikanischer Komponist in der ly-
rischen und rhythmischen Nach-
folge von Bartók und Prokofieff.

CRAWFORD Cheryl (* 1902), US-
Theaterproduzentin, der u. a. die
Uraufführungen von Musicals
(«Porgy and Bess», «Brigadoon»)
und wichtiger Stücke von Ten-
nessee Williams zu verdanken
sind.

CRUMB George (* 1929), amerikanischer Komponist mit extremen Neigungen zu technischem
Raffinement; Schüler von Boris
Blacher.

CURTIS-INSTITUT: siehe BOK
Mary Louise.

DANIEL July Markowitsch
(* 1925), russischer Schriftsteller,
der 1966 zu 5 Jahren Arbeitslager
verurteilt wurde.

DEWEY John (1859–1952), amerikanischer Philosoph und Pädagoge, einflußreichster Vertreter
des Pragmatismus, der seine
Lehre Instrumentalismus nannte.

DIAGHILEW Sergej (1872–1929),
Schöpfer und Direktor der neuen
russischen Ballettschule; starb in
der Emigration.

DIAMOND David (* 1915), amerikanischer Komponist, Dirigent und langjähriger Fulbright-Professor in Florenz. Bekanntestes Werk: «Hommage à Paul Klee».

DRUCKMAN Jacob (* 1928), Absolvent (und später Lehrer) der Juilliard School of Music in New York, Komponist, u. a. auch von Werken elektronischer Musik.

DYLAN Bob (* 1941), Folk-Sänger, der seinen Familiennamen Zimmermann aus Bewunderung für den wallisischen Dichter Dylan Thomas änderte.

ENDLER Franz (* 1937), österreichischer Musikkritiker und Kulturredakteur der traditionsreichen Wiener Tageszeitung «Die Presse».

ENESCU Georges (1881–1955), bedeutendster rumänischer Komponist und Geiger. Nach ihm wurde der bekannte Enescu-Wettbewerb, einer der wichtigsten Europas, benannt.

FOSS Lukas (* 1922), aus Berlin gebürtiger, seit 1937 in den USA lebender Komponist, Pianist und Dirigent. Wichtigstes Werk: «Time Cycle».

GALINDO Blas (* 1910), mexikanischer Komponist in der nationalen Tradition.

GEBHARD Heinrich (1878–1963), in Wien ausgebildeter amerikanischer Komponist, Pianist und Musikpädagoge. Sein Werk «The Art of Pedaling» wurde nach seinem Tod von L. B. herausgegeben.

GELLHORN Martha (* 1908), amerikanische Schriftstellerin und Kriegsberichterstatterin, Gefährtin Hemingways im Spanischen Bürgerkrieg, von 1940 bis 1945 auch seine Frau.

GILBERT Henry F. (1868–1928), amerikanischer Komponist, der sich zuerst der russischen und skandinavischen Folklore zugewandt hatte.

GILMAN Daniel Coit (1831–1908), amerikanischer Enzyklopädist und Pädagoge, 1975–1901 Präsident der Johns-Hopkins-Universität.

GRAHAM Martha (* 1894), Tänzerin und Choreographin. Mit ihrer 1926 gegründeten Martha Graham Dance Company machte sie ein halbes Jahrhundert lang Ballettgeschichte.

GUARNERI Camargo Mozart (* 1907), Komponist, dessen unverkennbare musikalische Herkunft in der Fachsprache die Bezeichnung «Brazilidad» erhielt.

HARRIS Roy (1898–1979), amerikanischer Komponist von großer Originalität, Schüler von Nadja Boulanger.

de HARTMANN Thomas (1885–1956), von Koussevitzky sehr geschätzter russischer Komponist, der 1921 nach Paris und 1951 in die USA emigrierte.

HAYES Rutherford B. (1822–1893), war Generalmajor der Nordstaaten im Sezessionskrieg und 1877–1881 Präsident der USA.

HELLMAN Lillian (* 1905), amerikanische Bühnenautorin. Bekanntestes Werk: «The Little Foxes». Schrieb für L. B. das Libretto zu seinem Musical «Candide».

HILL Edward Burlingame (1872–1960), Komponist und seit 1908, wie sein Vater und sein Großvater, Professor für Musikwissenschaft in Harvard.

HISS Alger (* 1904), hoher US-Diplomat, in den 40er Jahren fälschlich kommunistischer Umtriebe bezichtigt. Saß jahrelang unschuldig im Gefängnis.

HOFFA James (1908–1975), umstrittener, zu hoher Gefängnisstrafe verurteilter und unter mysteriösen Umständen ermordeter Gewerkschaftsführer der USA.

HUME David (1711–1776), englischer Philosoph, dessen Untersuchungen über die Prinzipien der Assoziation und der Kausalität heute noch gültig sind.

HUS Jan (1370–1415), böhmischer Kirchenreformer, der auf dem Konzil von Konstanz verbrannt wurde und seither als Nationalheiliger der Tschechen gilt.

IVES Charles (1874–1954), zweifellos interessantester amerikanischer Komponist dieses Jahrhunderts. Sein Werk «The Unanswered Question» inspirierte L. B. zu seinem gleichnamigen Buch (auf deutsch «Musik – die offene Frage»).

JUILLIARD SCHOOL OF MUSIC, führende amerikanische Musikhochschule, von Frank Damrosch 1905 in New York gegründet.

KENNEDY John F. (1917–1963), wurde im November 1960 zum Präsidenten der USA gewählt und 1963 in Dallas, Texas, ermordet. L. B. war mit Präsident Kennedy persönlich befreundet.

KENNEDY Robert F. (1925–1968), Bruder von J. F. K., 1960–1964 Justizminister, wurde 1968 in Kalifornien ermordet, als er sich um die Nominierung zum demokratischen Präsidentschaftskandidaten bewarb.

KENTON Stan (1912–1979), Komponist, Pianist, Jazzband-Leader. Einer der Vorkämpfer des ‹Progressive Jazz›.

KING Martin Luther (1929–1968), Baptistenprediger und geistiger Führer der Neger in den Südstaaten («Stride Toward Freedom»). Wurde während einer Protestdemonstration für die Bürgerrechte ermordet.

KISSINGER Henry (* 1923), aus Fürth gebürtiger Historiker und Politiker, war 1969–1973 Sicherheitsberater im Weißen Haus und 1973–1977 US-Außenminister («White House Years», «Years of Upheaval»).

KOUSSEVITZKY Sergej Alexandrowitsch (1874–1951), aus Rußland stammender Dirigent, der mehr als jeder andere Ausländer das Musikleben seiner neuen Heimat USA beeinflußte.

KREISKY Bruno (* 1911), langjähriger österreichischer Außenminister (1959–1966) und Bundeskanzler (1970–1983), persönlicher Freund von L. B.

KRONENBERGER Louis (1904–1980), amerikanischer Schriftsteller («The Cart and the Horse») und Theaterkritiker der Zeitschrift «TIME» (1938–1961).

KUBIE Lawrence (* 1896), Neurologe, seit 1961 Professor für Psychiatrie an der Medical School der Universität von Maryland.

LAURENTS Arthur (* 1920), amerikanischer Bühnenschriftsteller. Bekannteste Werke: «Home of the Brave», «The Bird Cage», «The Time of the Cuckoo», «West Side Story».

LIPATTI Dinu (1917–1950), aus Rumänien stammender Pianist, dessen Bach- und Chopin-Interpretationen zu seinen Lebzeiten als unerreicht galten.

LONGY Renée, französische Musikpädagogin († 1979), die L. B. am Curtis-Institut in der Kunst des Partitur-Lesens unterwies.

MACAULY Thomas (1800–1859), englischer Politiker und Historiker, dessen «Geschichte Englands» ebenso populär wie berühmt geworden ist.

Mac DOWELL Edward A. (1860–1908), genialischer Komponist und Pianist, ab 1896 Dekan der Musikfakultät der Columbia Universität New York.

Starb in geistiger Umnachtung.

MACHIAVELLI Niccolo (1496–1527), italienischer Politiker, der in seiner Schrift «Il principe» (1513) im Namen der Staatsraison jede Treulosigkeit und jedes Verbrechen billigte.

MALIPIERO Gian-Francesco (1882–1973), venezianischer Komponist, der die Musik des 19. Jahrhunderts mit modernen Stilelementen in Einklang zu bringen suchte.

MARSON Philip (1892–1982), US-Schriftsteller und Pädagoge: Bekanntestes Werk: «Breeder of Democracy – A History of the Boston Latin School».

MARTHA'S VINEYARD, kleine Insel vor der Südküste von Massachusetts, bevorzugte Sommerfrische vor allem der New Yorker Künstler und Intellektuellen.

MCCARTHY Joseph, US-Senator, der Anfang der Fünfzigerjahre eine wahre Hexenjagd gegen (nicht nur) linksstehende Intellektuelle entfesselte. Noch vor seinem Tod (1957) hatte sich die Unschuld der meisten seiner Opfer herausgestellt.

MELVILLE Herman (1819–1891), Autor des Romans «Moby Dick» (1851), der seit langem als Höhepunkt der amerikanischen Prosaliteratur gilt.

MERRITT Tilman A. (* 1902), Musikologe, 1932–1972 Professor an der Musikwissenschaftlichen Fakultät der Universität Harvard.

MITROPOULOS Dimitri (1896–1960), griechischer Dirigent und Komponist, von 1950–1958 Vorgänger L. B.'s als Chefdirigent der New Yorker Philharmoniker.

MONCAYO José Pablo (1912–1953), mexikanischer Komponist, gründete mit Schülern von Carlos Chávez die «Grupo de los Cuatro», um einer eigenständigen mexikanischen Musik zum Durchbruch zu verhelfen.

NABOKOV Vladimir (1899–1982), Schriftsteller, Übersetzer, Literarhistoriker, der durch seinen Roman «Lolita» weltberühmt wurde.

NIELSEN Carl (1865–1931), neuromantischer dänischer Komponist, dessen Wiederentdeckung L. B. in den sechziger Jahren unternahm.

NIXON Richard (* 1913), 1953–1960 Vizepräsident, 1969–1975 Präsident der Vereinigten Staaten. Der sogenannte «Watergate»-Skandal beendete abrupt seine politische Karriere.

ORREGO-SOLAR Juan Antonio (* 1919), chilenischer Komponist, seit 1961 Direktor des lateinamerikanischen Musikzentrums an der Universität von Indiana.

PASTERNAK Boris (1890–1960), russischer Dichter («Dr. Schiwago») und Übersetzer. Mußte 1958 unter dem Druck der sowjetischen Machthaber die Annahme des Nobelpreises für Literatur ablehnen.

PICASSO Pablo (1881–1973), spanischer Maler, von dessen politischem Engagement L. B. stets sehr beeindruckt war.

PISTON Walter (1894–1976), Komponist und Schüler Nadja Boulangers, deren Ethos er als Professor in Harvard (1926–1960) seinen Schülern zu vermitteln trachtete.

PIZZETTI Ildebrando (1880–1968), italienischer Komponist, dessen teils ekstatische, teils verinnerlichte Musik sich eng dem Tonfall der italienischen Sprache anschließt.

PRALL David (1866–1940), US-Pädagoge, war Philosophie-Professor und Lehrer von L. B., als dieser an der Universität von Harvard studierte.

REINER Fritz (1888–1963), aus Budapest gebürtiger Musiker, der u. a. Chefdirigent der Symphonie-Orchester von Pittsburgh (1938–1948) und Chicago (1953–1962) war.

RICHARDS Ivor Armstrong (1893–1979), englischer Psychologe, Sprachphilosoph und Literarhistoriker, seit 1939 Professor in Harvard.

ROBBINS Jerome (* 1918), Tänzer, Choreograph, Regisseur und Gründer des American Ballet Theater. Welterfolge: «West Side Story», «Fiddler on the Roof», «Funny Girl».

RODZINSKI Arthur (1892–1952), aus Dalmatien gebürtiger Dirigent, Schüler von Sauer, Schreker und Schalk, 1943–1947 Chefdirigent der New Yorker Philharmoniker.

ROREM Ned (* 1923), amerikanischer Komponist, der vor allem durch kammermusikalische und Lied-Kompositionen bekannt wurde.

RUGGLES Carl (1876–1971), amerikanischer Maler und Komponist, dessen Bedeutung in beiden Künsten erst nach seinem Tode erkannt wurde.

RUKEYSER Muriel (* 1913), amerikanische Lyrikerin und Verfasserin von Biographien («Houdini», «The Traces of Thomas Hariot»).

RUSK Dean (* 1909), Politologe, Diplomat, Professor für Staatswissenschaften und (1961–1969) Außenminister der USA.

SANTAYANA George (1863–1952), amerikanischer Philosoph und Humanist, 1889–1912 Professor in Harvard.

SARTRE Jean-Paul (1905–1982), französischer Philosoph und Schriftsteller, in den vierziger Jahren Galionsfigur der antifaschistischen Intellektuellen.

SCHMITT Florent (1870–1958), französischer Komponist im impressionistisch-symbolistischen Stil, Schüler von Fauré und Massenet.

SCHULLER Gunther (* 1928), amerikanischer Komponist, versucht, in seiner Musik die Elemente des Jazz und der Klassik zu verbinden.

SCHUMAN William (* 1910), amerikanischer Komponist, 1945–1962 Präsident der Juilliard School of Music, 1962–1968 Präsident des Lincoln Center in New York.

SCHWEINEBUCHT: siehe BAY OF PIGS.

SEDER-ABEND: religiöse Feier an den beiden ersten Abenden des jüdischen Passah-Festes (Ostern).

SERKIN Rudolf (* 1903), aus Eger gebürtiger Pianist, seit 1933 Professor, später (bis 1977) Direktor des Curtis-Instituts in Philadelphia. Mitbegründer des Marlboro Festivals in Vermont.

SESSIONS Roger (* 1896), amerikanischer Komponist und Musiktheoretiker. Schriften u. a.: «Music and Crisis», «Music and Nationalism».

SIMON Paul (* 1941), Textdichter, Komponist, Gitarrist und Pianist des weltberühmten Duos Simon & Garfunkel.

SINJAWSKY Andrej Donatowitsch (* 1925), russischer Schriftsteller, wurde 1965 zu 7 Jahren Arbeitslager verurteilt.

SMIT Leo (1900–1943), holländischer Pianist und Komponist zahlreicher Werke für großes und Kammer-Orchester. Starb in Auschwitz.

SOKOLOW Anna, Tänzerin, schuf 1956 die Choreographie für L. B.'s Musical «Candide», ist seit 1957 Professorin für modernen Tanz an der New Yorker Juilliard School.

SONDHEIM Stephen (* 1930), amerikanischer Komponist und Textdichter («Send in the Clowns»), u. a. der Songs von «West Side Story».

STANHOPE Philip, Earl of Chesterfield (1694–1773), englischer Staatsmann und Schriftsteller, dessen «Letters to his Son» ein Jahrhundert lang pädagogisch beispielgebend waren.

STOCKHAUSEN Karlheinz (* 1928), Komponist, Vorkämpfer der elektronischen und Theoretiker der seriellen Musik, Galionsfigur der deutschen Avantgarde in den sechziger Jahren.

STÖHR Richard (1874–1967), aus Wien stammender Arzt und Musiker, der (1939–1942) Musiktheorie am Curtis-Institut in Philadelphia lehrte und L. B. zu seinen Hörern zählte.

STOKOWSKI Leopold (1882–1977), gebürtiger Engländer, seit 1909 in den USA, wo er Dirigent fast aller Orchester wurde und der zeitgenössischen Musik zum Durchbruch verhalf.

STRAWINSKY Igor (1882–1971), russischer Komponist, in dessen Werk Bernstein die Möglichkeit einer Weiterentwicklung der tonalen Musik im Gegensatz zur Lehre Arnold Schönbergs erkannte.

SZELL George (1897–1970), aus Wien stammender, in Prag und Berlin berühmt gewordener Dirigent, der von 1946 bis 1970 als Chef des Cleveland Orchestra diesem zu Weltruhm verhalf.

SZENT-GYÖRGYI Albert (* 1893), ungarischer Physiker und Nobelpreisträger, in seiner Heimat und in den USA auch als Schriftsteller sehr populär. Hauptwerke: «Bioelectronics», «Bioenergetics», «The Crazy Ape», «What Next?».

THOMPSON Randall (* 1899), amerikanischer Komponist, 1939–1941 Direktor des Curtis-Instituts, 1948–1965 Professor für Komposition in Harvard.

TORTELIER Paul (* 1914), französischer Musiker, 1935–1939 Solocellist der Bostoner Philharmoniker, lebte seit 1955 in Israel, seit 1977 in Wien.

TOSAR Hector (* 1923), führender Komponist Uruguays der neoklassischen Schule, allerdings mit unverkennbarer Neigung zu lateinamerikanischen Melorhythmen.

TOSCANINI Arturo (1867–1957), einer der bedeutendsten Dirigenten des 20. Jahrhunderts, verließ Europa aus Abscheu vor Faschismus und Nationalsozialismus und fand 1938 in Amerika eine zweite Heimat.

VENGEROVA Isabella (1877–1956), in Minsk geborene und in Wien ausgebildete Pianistin, die seit der Gründung des Curtis-Instituts (1924) bis zu ihrem Tod dort unterrichtete.

WALLACE Henry (1888–1965), amerikanischer Politiker und (1940–1943) Vizepräsident, der nach dem 2. Weltkrieg vergeblich versuchte, das geistige Erbe Präsident Roosevelts in eine sozialistische Partei einzubringen.

WALTER Bruno (1876–1962), gefeierter deutscher Dirigent und musikalischer Jünger Gustav Mahlers, der sich in der amerikanischen Emigration unendlich um sein Idol verdient machte.

WHITMAN Walt (1819–1892), amerikanischer Dichter, der glaubte, die amerikanische Demokratie gebe der kosmischen Harmonie einen adäquaten gesellschaftlichen Ausdruck.

WILLIAMS Susan (* 1905), Professorin am Curtis-Institut in Philadelphia, die L. B. von 1939 bis 1941 unterrichtete.

WILLIAMS Vaughan (1872–1958), englischer Komponist, Dirigent, Musikschriftsteller und Pädagoge, vielleicht der bedeutendste britische Musiker seiner Zeit.

WITTGENSTEIN Ludwig (1889–1951), österreichischer Philosoph («Tractatus logico-philosophicus») mit besonders starkem Anhang in den Universitäten Englands und der amerikanischen Ostküste.

ZANGWILL Israel (1864–1926), englischer Schriftsteller. Sein Roman «The Melting Pot» zählt noch heute zur Pflichtlektüre der anglosächsischen Intellektuellen jüdischer Abkunft.

Werkverzeichnis

Die nachstehend angeführten Werke Leonard Bernsteins sind – wenn nicht anders angegeben – bei Amberson Enterprises (G. Schirmer) verlegt.

I. ORCHESTERWERKE N.Y.

1942
1. Symphonie («*Jeremiah*»)
Uraufführung: 28. Januar 1944.
Der Komponist dirigierte das
Pittsburgh Symphony Orchestra.
Gesangsolo: Jennie Tourel.
Verlegt bei Warner Bros. Music
(Harms), (Neuausgabe 1982).

1944
«*Fancy Free*», Ballett-Suite
Uraufführung: 14. Januar 1945.
Der Komponist dirigierte das
Pittsburgh Symphony Orchestra.

1945
«*On the Town*», drei Tanz-Episoden
Uraufführung: 13. Februar 1946.
Der Komponist dirigierte das
San Francisco Symphony Orchestra.

1946
«*Facsimile*», choreographischer
Essay
Uraufführung: 5. Mai 1947. Der
Komponist dirigierte das Rochester Philharmonic Orchestra im
Vassar College, Poughkeepsie,

1949
2. Symphonie («*The Age of Anxiety*») für Klavier und Orchester, nach dem gleichnamigen
Gedicht von W. H. Auden.
Uraufführung: 8. April 1949.
Serge Koussevitzky dirigierte die
Bostoner Symphoniker, das Klaviersolo spielte der Komponist.
Eine revidierte Fassung wurde
am 15. Juli 1965 uraufgeführt.
Der Komponist dirigierte die
New Yorker Philharmoniker, das
Klaviersolo spielte Philippe Entremont.
Verlegt bei Jalni Publications.

1949
«*Prelude, Fugue and Riffs*» für Soloklarinette und Jazz-Band.
Uraufführung: 16. Oktober
1955. Es spielten Benny Goodman und seine Band.
Verlegt bei Jalni Publications.

1954
Serenade (nach Platons «Symposion») für Solovioline, Streichorchester, Harfe und Schlagzeug.

Uraufführung: 12. September 1954 im Teatro Fenice in Venedig. Der Komponist dirigierte die Israelische Philharmonie. Violinsolo: Isaac Stern.

1955
Symphonische Suite aus «On the Waterfront»
Uraufführung: 11. August 1955. Der Komponist dirigierte die Bostoner Symphoniker in Tanglewood.

1956
Ouverture zu «Candide»
Uraufführung: 26. Januar 1957. Der Komponist dirigierte die New Yorker Philharmoniker.

1960
Symphonische Tänze aus «West Side Story»
Uraufführung: 13. Februar 1961. Lukas Foss dirigierte die New Yorker Philharmoniker.

1961
«Fanfares»
Fanfare Nr. 1: Sie wurde für die feierliche Angelobung von Präsident John F. Kennedy komponiert.
Uraufführung 19. Januar 1961. Der Komponist dirigierte eine Kapelle der amerikanischen Militärmusik.
Fanfare Nr. 2: Sie wurde für das 25jährige Jubiläum der Musik- und Kunsthochschule der Stadt New York komponiert.
Uraufführung: 24. März 1961. Alexander Richter dirigierte ein Studenten-Orchester.
Leihmaterial bei G. Schirmer.

1963
3. Symphonie («Kaddish») für Orchester, gemischten Chor, Knabenchor, Sprechstimme und Sologesang.
Uraufführung: 10. Dezember 1963 in Tel Aviv. Der Komponist dirigierte die Israelische Philharmonie und israelische Chöre. Sprecherin: Hannah Rovina. Gesangsolo: Jennie Tourel.
Eine revidierte Fassung wurde am 25. August 1977 in Mainz uraufgeführt. Der Komponist dirigierte die Israelische Philharmonie, den Wiener Jeunesse-Chor und die Wiener Sängerknaben. Sprecher: Michael Wager. Gesangsolo: Montserrat Caballé.

1965
«Chichester Psalms» für gemischten Chor, Knabenstimme und Orchester.
Uraufführung: 15. Juli 1965. Der Komponist dirigierte die New Yorker Philharmoniker und die Camerata Singers. Altsolo: John Bogart.

1971
Meditationen aus «Mass» für Orchester
Uraufführung der Meditationen I und II: 31. Oktober 1971. Maurice Peress dirigierte das Austin Symphony Orchestra.
Uraufführung der Meditation III, diese Version ist inzwischen zurückgezogen worden): 21. Mai 1972. Der Komponist dirigierte diese Meditation – zusammen mit den beiden anderen – in einem Konzert der Israelischen Philharmonie in Jerusalem.
Verlegt bei Amberson Enterprises (G. Schirmer).

1974
«Dybbuk», Suiten 1 und 2 aus dem gleichnamigen Ballett.
Uraufführung: 16. August 1974 in Auckland, Neu-Seeland, unter dem ursprünglichen Titel «Dybbuk-Variations». Der Komponist dirigierte die New Yorker Philharmoniker.
Verlegt bei Amberson Enterprises (Boosey & Hawkes).

1977
Drei Meditationen aus «Mass» für Violoncello und Orchester.
Uraufführung: 11. Oktober 1977. Der Komponist dirigierte das National Symphony Orchestra. Solist: Mstislaw Rostropowitsch.

Verlegt bei Amberson Enterprises.

1977
«Songfest», ein Zyklus nach amerikanischen Gedichten für sechs Sänger und Orchester.
Uraufführung: 11. Oktober 1977. Der Komponist dirigierte das National Symphony Orchestra. Solisten: Clamma Dale, Rosalind Elias, Nancy Williams, Neil Rosensheim, John Reardon und Donald Gramm.
Verlegt bei Amberson Enterprises (Boosey & Hawkes).

1977
«Slava!» Orchesterouvertüre.
Uraufführung: 11. Oktober 1977. Mstislaw Rostropowitsch dirigierte das National Symphony Orchestra.
Verlegt bei Amberson Enterprises (Boosey & Hawkes).

1980
Divertimento for Orchestra
Uraufführung: 25. September 1980. Seiji Ozawa dirigierte die Bostoner Symphoniker.
Verlegt bei Jalni Publications (Boosey & Hawkes).

1980
A Musical Toast
Uraufführung: 11. Oktober 1980. Zubin Mehta dirigierte die New Yorker Philharmoniker.

Verlegt bei Jalni Publications (Boosey & Hawkes).

1981
Halil, Nokturno für Soloflöte, Streichorchester und Schlagzeug. Uraufführung: 23. Mai 1981 in Jerusalem. Der Komponist dirigierte die Israelische Philharmonie. Flötensolo: Jean-Pierre Rampal.
Verlegt bei Jalni Publications (Boosey & Hawkes).

II. Bühnenwerke

1944
«One the Town», musikalische Komödie nach einem Libretto und Liedertexten von Betty Comden und Adolph Green, mit zusätzlichen Liedertexten des Komponisten.
Uraufführung: 13. Dezember 1944 im Colonial Theater in Boston. New Yorker Premiere: 28. Dezember 1944 im Adelphi Theater. Dirigent: Max Goberman.
(Der gleichnamige Film aus dem Jahr 1949 verwendete nur vier von Bernstein komponierte Lieder; die übrige Musik stammt von Roger Edens.)
Leihmaterial bei Tams-Witmark Music Library.

1950
«Peter Pan», Bühnenmusik zum gleichnamigen Theaterstück von J. M. Barrie.
Uraufführung: 24. April 1950 im Imperial Theater, New York. Dirigent: Ben Steinberg.
Verlegt bei Jalni: Publications.

1951
«Trouble in Tahiti», Oper in einem Akt nach einem eigenen Libretto.
Uraufführung: 12. Juni 1952 an der Brandeis-Universität in Waltham, Massachusetts.
Verlegt bei Jalni Publications.

1953
«Wonderful Town», musikalische Komödie nach einem Buch von Joseph Fields und Jerome Chodorov, mit Liedertexten von Betty Comden und Adolph Green.
Uraufführung: 19. Januar 1953 im Shubert Theater in New Haven. New Yorker Premiere: 26. Februar 1953 im Winter Garden. Dirigent: Lehman Engel.
Leihmaterial bei Tams-Witmark Music Library.

1955
«The Lark», Bühnenmusik zu einer Komödie von Jean Anouilh, in einer Fassung von Lillian Hellman.

Uraufführung: 28. Oktober 1955 im Plymouth Theater, Boston. New Yorker Premiere: 17. November 1955 im Longacre Theater.

1955
«Salome»
Bühnenmusik zum gleichnamigen Theaterstück von Oscar Wilde, für Kammerorchester und Vokalsoli.
Nicht aufgeführt.
Unveröffentlicht.

1956
«Candide», komische Operette
nach der Satire Voltaires. Buch von Lillian Hellman. Liedertexte von Richard Wilbur, John La Touche, Dorothy Parker, Lillian Hellman und vom Komponisten.
Uraufführung: 29. Oktober 1956 im Colonial Theater, Boston. New Yorker Premiere: 1. Dezember 1956 im Martin Beck Theater. Dirigent: Samuel Krachmalnick.
Verlegt bei Amberson Enterprises (G. Schirmer).
Die Neufassung von 1973 basiert auf einem Buch von Hugh Wheeler. Die Liedertexte stammen von Richard Wilbur, John La Touche, Stephen Sondheim und vom Komponisten.
Uraufführung der Neufassung: 20. Dezember 1973 im Chelsea Theater, New York. Dirigent: John Mauceri.
Verlegt bei Schirmer Books (Macmillan).

1957
«West Side Story», Musical nach
einer Idee von Jerome Robbins. Buch von Arthur Laurents, Liedertexte von Stephen Sondheim. Uraufführung: 19. August 1957 im National Theater in Washington. New Yorker Premiere: 26. September 1957 im Winter Garden. Dirigent: Max Goberman.
(Der 1961 gedrehte gleichnamige Film erhielt zehn «Oscars»).

1958
«The Firstborn», Bühnenmusik
zum gleichnamigen Theaterstück von Christopher Fry.
Uraufführung: 29. April 1958 im Coronet Theater, New York. Wurde nicht verlegt.

1971
«Mass», ein Stück fürs Theater,
für Sänger, Instrumentalisten und Tänzer, nach der Liturgie der römisch-katholischen Messe. Zusatztexte von Stephen Schwartz und vom Komponisten. Uraufführung: 8. September 1981 im neueröffneten Kennedy Center in Washington. Dirigent: Maurice Peress.

Eine kammermusikalische Version von «Mass» wurde am 26. Dezember 1972 im Mark Taper Forum in Los Angeles uraufgeführt. Dirigent: Maurice Peress.

1975
«By Bernstein»
Eine Revue nach unveröffentlichten Songs, mit einem Buch von Betty Comden und Adolph Green.
Uraufführung: 23. November 1975 im Chelsea Westside Theater, New York City.
Zurückgezogen.

1976
«1600 Pennsylvania Avenue»
Musical nach einem Libretto und Liedertexten von Alan Jay Lerner.
Uraufführung: 24. Februar 1976, im Forrest Theatre, Philadelphia.
New Yorker Premiere: 8. Mai 1976, im Mark Hellinger Theater. Dirigent: Roland Gagnon.
Verlegt bei Amberson Enterprises (Boosey & Hawkes).

1979
«Mad Woman of Central Park West»
Musical nach einem Libretto von Phyllis Newman und Arthur Laurents, mit Liedertexten des Librettisten, des Komponisten und von Betty Comden und Adolph Green.
Uraufführung: 6. April 1979 im Studio Arena Theater in Buffalo.
New Yorker Premiere: 13. Juni 1979 im 22 Steps Theater.
Dirigent: Herbert Kaplan.
Verlegt bei Amberson Enterprises.

III. BALLETTE

1944
«Fancy Free»
Wurde am 18. April 1944 an der Metropolitan Opera in New York vom Ballet Theater uraufgeführt.
Choreographie: Jerome Robbins.
Dirigent: der Komponist.

1946
«Facsimile»
Wurde am 24. Oktober 1946 am Broadway Theater in New York vom Ballet Theater uraufgeführt.
Choreographie: Jerome Robbins.
Dirigent: der Komponist.

1949
«Prelude, Fugue and Riffs»
Wurde am 15. Mai 1969 im Lincoln Center vom New York City Ballet uraufgeführt.
Choreographie: John Clifford.
Dirigent: Robert Irving.

1949
«The Age of Anxiety»
Wurde am 26. Februar 1950 im City Center vom New York City Ballet uraufgeführt.
Choreographie: Jerome Robbins. Dirigent: Leon Barzin. Klaviersolo: Nicholas Kopeikine.

1954
Serenade (nach Platons «Symposion»)
Wurde am 13. Juni 1959 beim Festival zweier Welten in Spoleto vom American Ballet Theater uraufgeführt.
Choreographie: Herbert Ross. Dirigent: Carlo Franci. Violinsolo: Salvatore Accardo.

1974
«Dybbuk»
Wurde am 16. Mai 1974 im Lincoln Center vom New York City Ballet uraufgeführt.
Choreographie: Jerome Robbins. Dirigent: der Komponist.

1979
«Three Meditations aus MASS»
Wurden am 6. Mai 1979 bei einem Bernstein Festival in Kansas-City in einer Choreographie von John Butler uraufgeführt.

1979
«Songfest»
Wurde am 22. Dezember 1979 an der Hamburger Staatsoper in einer Choreographie von John Neumeier uraufgeführt.

IV. Filmmusik

1954
«On the Waterfront»
Filmpremiere: 28. Juli 1954. Produzent: Sam Spiegel. Regisseur: Elia Kazan.
Der Film erhielt 1955 den Preis als bester Film des Jahres.

V. Lieder

1943
«I Hate Music», ein Zyklus von fünf Kinderliedern für Sopran und Klavier nach Texten des Komponisten.
Verlegt bei Warner Bros. Music.

1943
«Lamentation» (3. Satz aus der «Jeremiah»-Symphonie).
Verlegt bei Warner Bros. Music (Harms).

1945
«Afterthought», nach Worten des Komponisten.
Verlegt bei Jalni Publications.

1947
«La Bonne Cuisine», vier Rezepte für Singstimme und Klavier.
Verlegt bei Jalni Publications.

1949
«*Two Love Songs*», nach Gedichten von Rainer Maria Rilke.

1951
«*Silhouette*», nach Worten des Komponisten.
Verlegt bei Jalni Publications.

1954
«*On the Waterfront*», Text von John La Touche.
Verlegt bei J. J. Robbins, New York (inzwischen zurückgezogen).

1955
«*Get Hep!*» Marschlied nach Worten des Komponisten.
Verlegt bei G. Schirmer (inzwischen zurückgezogen).

1968
«*So Pretty*», nach Worten von Betty Comden und Adolph Green.

1974
«*An Album of Songs*»
(Enthält «La Bonne Cuisine», vier Lieder aus «Peter Pan», «Silhouette», eine Arie aus «Trouble in Tahiti», vier Lieder aus «Candide», «Two Love Songs» und drei Lieder aus «Mass».)

1978
«*Bernstein on Broadway – Favorite Songs*»
(Enthält sieben Lieder aus «On the Town», vier Lieder aus «Peter Pan», neun Lieder aus «Wonderful Town», zehn Lieder aus «Candide», drei Lieder aus «1600 Pennsylvania Avenue», acht Lieder aus «West Side Story» und ein Lied aus «Mad Woman of Central Park West».)

VI. CHORWERKE

1943
«*Hashkivenu*», für einen Kantor (Tenor), gemischten Chor und Orgel.
Worte nach der mosaischen Liturgie in Hebräisch.
Verlegt bei M. Witmark.
Neu herausgegeben von G. Schirmer in der Sammlung «Contemporary Synagogue Music».

1947
«*Simchu Na*»
Hebräisches Volkslied von Mattiyahu Weiner, arrangiert von Bernstein für gemischten Chor und Klavier.
Verlegt bei Board of Jewish Education Inc., New York.

1947
«*Reena*»
Hebräisches Volkslied, orchestriert.
Unveröffentlicht.

1950
«Yigdal»
Kanon für Chor und Klavier in
hebräischer Sprache.
Veröffentlicht in «The Songs We
Sing», Jewish Publication So-
ciety.

1957
Zwei Chöre für Harvard
Worte von Alan Jay Lerner.
Unveröffentlicht.

1970
«Warm-up»
Kanon für gemischten Chor.

1973
«A Little Norton Lecture»
Vertonung des Gedichtes «if you
can't eat you got to» von
e. e. cummings.
Unveröffentlicht.

1981
Olympische Hymne
Für Chor und Orchester, nach
Worten von Gunter Kunert.
Verlegt bei Amberson Enterpri-
ses (Boosey & Hawkes).

VII. KAMMERMUSIK

1941/42
Sonate für Klarinette und Klavier
Verlegt bei Warner Bros.

1948
Blasmusik
Verlegt bei Jalni Publications.

1969
«Shivaree», für doppeltes Blasor-
chester und Schlagzeug.

1971
Drei Meditationen aus «Mass», für
Violoncello und Klavier.

VIII. KLAVIERWERKE

1943
Seven Anniversaries
(I. Für Aaron Copland. II. Für
meine Schwester Shirley. III. In
memoriam Alfred Eisner. IV. Für
Paul Bowles. V. In memoriam
Natalie Koussevitzky. VI. Für
Serge Koussevitzky. VII. Für
William Schuman.)
Verlegt bei Warner Bros. (M.
Witmark).

1948
Four Anniversaries
(I. Für Felicia Montealegre.
II. Für Johnny Mehegan. III. Für
David Diamond. IV. Für Helen
Coates.)
Verlegt bei Jalni Publications.

1954
Five Anniversaries
(I. Für Elizabeth Rudolf. II. Für
Lukas Foss. III. Für Elizabeth B.

Ehrman. IV. Für Sandy Gellhorn.
V. Für Susan Kyle.)

1981
Touches
Choral, 8 Variationen und Coda
für Soloklavier, für das 6. Van
Cliburn Festival in Fort Worth
komponiert und bei diesem als
Pflichtstück von allen Teilneh-
mern gespielt.
Verlegt bei Jalni Publications
(Boosey & Hawkes).

IX. Jugendwerke

1932
148. Psalm
Für Singstimme und Klavier.
Verlegt bei Jalni Publications
(Boosey & Hawkes).

1937
Klaviertrio, für Violine, Violon-
cello und Klavier.
In Harvard von Mildred Spiegel,
Dorothy Rosenberg und Sarah
Kruskall gespielt.
Verlegt bei Jalni Publications
(Boosey & Hawkes).

1937
Musik für zwei Klaviere
In der Klavierklasse von Heinrich Gebhard in Brookline, Massachusetts, von Mildred Spiegel
und vom Komponisten gespielt.

1938
Sonate für Klavier

Geschrieben für Heinrich Gebhard.

1938
«Music for the Dance», Nr. 1 und
Nr. 2.
Geschrieben für Mildred Spiegel.

1938
«The Birds», Bühnenmusik zum
gleichnamigen Stück von Aristo-
phanes.
Aufgeführt 1939 im Sanders
Theater, Cambridge, Mass.

1939
«Scenes from the City of Sin»
Acht kleine Klavierstücke über
New York.

1940
«The Peace», Bühnenmusik zum
gleichnamigen Stück von Aristo-
phanes.
Aufgeführt 1941 im Sanders
Theater, Cambridge, Mass.

1940
Sonate für Violine und Klavier
Von Raphael Hillyer und vom
Komponisten in Cambridge,
Mass., gespielt.
Verlegt bei Jalni Publications
(Boosey & Hawkes).

ca. 1940
«Four Studies»
Geschrieben für zwei Klarinetten, zwei Fagotte und Klavier,
1940 im Rundfunk in Philadelphia übertragen.

Leonard Bernstein

KONZERT FÜR JUNGE LEUTE
Die Welt der Musik in neun Kapiteln

**Deutsch von Else Winter, durchgesehen und ergänzt
von Albrecht Roeseler
192 Seiten, zahlreiche Abbildungen im Text, kartoniert**

Leonard Bernstein verschont seine Leser mit der Rede
von den perlenden Glissandi und den expressiven
Valeurs, die hierzulande gern als Ausweis für Sach-
kunde mißverstanden wird. Er stellt sich einfache Fragen: Was ist eine Melodie? Was ist Impressionismus?
Was ist symphonische Musik? Und gibt einfache Antworten. Sie machen neugierig, Musik zu hören, nach
Möglichkeit auch selbst zu spielen.

Nichts charakterisiert den Dirigenten, Lehrer und
Komponisten Bernstein besser als das, was er über den
Humor in der Musik schreibt. Hier zeigt er einen unge-
wöhnlichen, aber erstaunlich breiten Zugang zu einer
Kunstübung, die als ernst und schwierig gilt. Bernstein
empfindet es offenbar anders. Ohne die Sache selbst,
die Musik also, leichtzunehmen, weiß er es seinen
Lesern und Hörern leichtzumachen.

Konrad Adam, Frankfurter Allgemeine Zeitung

Knaus

*Albrecht Knaus
Verlag*

*München
und Hamburg*

Opern der Welt

Ludwig van Beethoven
Fidelio (33002)

Georges Bizet
Carmen (33007)

Albert Lortzing
Zar und Zimmermann (33047)

Wolfgang Amadeus Mozart
Don Giovanni (33046)

Die Entführung aus dem Serail
(33017)

Die Zauberflöte (33001)

Figaros Hochzeit (33004)

Così fan tutte (33088)

Otto Nicolai
Die lustigen Weiber von Windsor
(33053)

Jacques Offenbach
Hoffmanns Erzählungen (33039)

Carl Orff
Der Mond / Die Kluge (33040)

Giacomo Puccini
La Bohème (33024)

Friedrich Smetana
Die verkaufte Braut
in deutscher Sprache (33050)

Richard Strauss
Der Rosenkavalier (33029)

Giuseppe Verdi
Rigoletto (33020)

Aida (33022)

Othello (33009)

Der Troubadour (33012)

Richard Wagner
Der Fliegende Holländer
(33014)

Tannhäuser (33063)

Lohengrin (33042)

Das Rheingold
Der Ring des Nibelungen
(33072)

Die Walküre
Der Ring des Nibelungen
(33073)

Siegfried
Der Ring des Nibelungen
(33074)

Götterdämmerung
Der Ring des Nibelungen
(33075)

Tristan und Isolde (33083)

Die Meistersinger von Nürnberg
(33011)

Parsifal (33057)

Carl Maria von Weber
Der Freischütz (33044)

Verlangen Sie das Gesamtprogramm beim
Goldmann Verlag·Neumarkter Straße 18·8000 München 80

GOLDMANN SCHOTT

BERND ENDERS

LEXIKON MUSIK- ELEKTRONIK

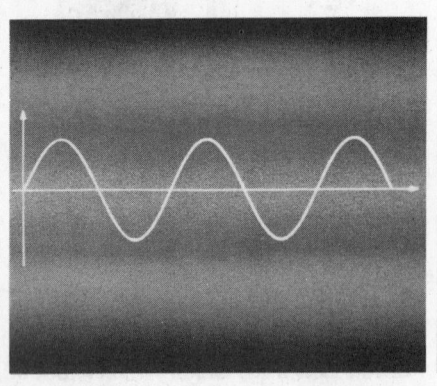

Bd. 33600

Wieland Ziegenrücker

Allgemeine
Musiklehre

mit Fragen und Aufgaben
zur Selbstkontrolle

Bd. 33003

SCHOTT Fachbücher zur Musik

Boyden, David D.

Die Geschichte des Violinspiels
von seinen Anfängen bis 1761

Mit einer Einführung von Max Rostal, 630 Seiten mit 1 Farbtafel, 7 Abbildungen und 240 Notenbeispielen im Text sowie einer umfassenden Bibliographie, einem Glossar, einer Nomenklatur der Violine und des Bogens, einem umfangreichen Register und 40 schwarz-weiß Bildtafeln auf Kunstdruckpapier im Anhang, Leinen.

Bestell-Nr. ED 6060 (ISBN 3-7957-2100-8)   DM 75,–

Kotonski, Wlodzimierz

Schlaginstrumente im modernen Orchester

Inhalt: Einführung – Die Membranophone – Die Metallidiophone – Die Holzidiophone. Bestell-Nr. ED 5522 (ISBN 3-7957-2480-5), 96 Seiten mit zahlr. Abb., br.   DM 30,–

Linde, Hans-Martin

Handbuch des Blockflötenspiels

Inhalt: Abkürzungen – Vorwort – Die Blockflöte – Spielweise der Blockflöte – Blockflötenmusik und ihre Wiedergabe – Aufgaben der Blockflöte im 20. Jahrhundert – Bibliographie – Register.
Neuauflage 1972. 108 Seiten mit zahlreichen Abbildungen und Notenbeispielen.

Bestell-Nr. ED 4846 (ISBN 3-7957-2530-5), broschiert.   DM 20,–

Peinkofer, Karl / Tannigel, Fritz

Handbuch des Schlagzeugs. Praxis und Technik. (2. erw. Auflage)

Bestell-Nr. ED 5524 (ISBN 3-7957-2641-7), 284 Seiten, broschiert.   DM 36,–

Ragossnig, Konrad

Handbuch der Gitarre und Laute

Ein erstes umfassendes deutschsprachiges Handbuch für Gitarre und Laute.
Bestell-Nr. ED 6732 (ISBN 3-7957-2329-9), 245 Seiten mit 70 Abbildungen, Paperback.   DM 28,–

Scheck, Gustav

Die Flöte und ihre Musik

264 Seiten mit 49 hochinteressanten bildlichen Darstellungen und 196 Notenbeispielen.
Bestell-Nr. ED 6364 (ISBN 3-7957-2765-0), Leinen.   DM 48,–

Riemann Musiklexikon

Das renomierte, große deutschsprachige Musiklexikon mit 30.000 Stichwörtern auf 5.000 Seiten. In fünf Bänden: Personenteil 2 Bände, zusammen 2.000 Seiten (12.000 Stichwörter), 2 Ergänzungsbände zum Personenteil, zusammen 1.670 Seiten (15.000 Stichwörter), Sachteil 1 Band, 1.100 Seiten (3.400 Stichwörter). Die Bände sind einzeln beziehbar.
Preis pro Band: in Ganzleinen DM 168,– / in Halbleder DM 183,–

Weitere Informationen im Musikbuchkatalog
B. Schott's Söhne · Mainz